GOLDMANN

Zur großen Fernsehserie *A-Team*
liegen im Goldmann Verlag bereits vor:

Charles Heath: Aufräumen in Mexiko.
A-Team 1 · 8207
Charles Heath: Schmutzige Kriege.
A-Team 2 · 8210
Charles Heath: Auf dem Kriegspfad.
A-Team 3 · 8211

Weitere Bände folgen.

A-TEAM
4

CHARLES HEATH

Alte Liebe rostet nicht

Nach Motiven
der Fernsehserie »A-Team«
von Frank Lupo
und Stephen J. Cannell

Aus dem Amerikanischen
von Bettina Zeller

Deutsche Erstveröffentlichung

GOLDMANN VERLAG

Der Goldmann Verlag
ist ein Unternehmen der Verlagsgruppe Bertelsmann

Made in Germany · 9/91 · 1. Auflage

Adapted from the episodes »The Only Church in Town«,
written by Babs Greyhosky, and
»Recipe for Heavy Bread«, written by Stephen J. Cannell

Umschlaggestaltung: Design Team München
Umschlagfoto: Inter Topics, Hamburg
Satz: IBV Satz- und Datentechnik GmbH, Berlin
Druck: Elsnerdruck, Berlin
Verlagsnummer: 8215
Redaktion: Ursula Walther/SN
Herstellung: Peter Papenbrok
ISBN 3-442-08215-3

Kapitel eins

In Hollywood *geht* man nicht zum Mittagessen, man *nimmt* es ein. Die Redewendung »das Mittagessen einnehmen« wird am häufigsten verwendet und gehört zu der Trilogie patentierter Redensarten, aus denen sich das Unterhaltungspotential der Mogule im Land des Flitters zusammensetzt. »Ein Meeting haben« und *»ciao«* sind die anderen Teile des Trios. Ciao, das wie Tschau gesprochen wird, gehört aber nicht zum Hollywoodslang, denn das ist ja ein ziemlich langweiliges Wort, dem es nicht gelingt, das richtige Bild von einem aufwendigen, steuerlich absetzbaren Mahl zu zeichnen. Man ergötzt sich an Sushi, Weinbergschnecken oder an einer anderen Köstlichkeit, die zufälligerweise gerade den Geschmack der saisonalen Stars der Filmindustrie treffen. Aber was man ißt, ist noch lange nicht so wichtig wie die Entscheidung, wo man in dieser Stadt ißt. Zahlreiche Restaurants verköstigen die Elite des Showbusiness, und sie tun es in einer exklusiven und snobistischen Atmosphäre. Im Vergleich dazu wirken die meisten Country Clubs wie Schnellimbisse. Doch es existiert kein Restaurant, das den Selbstgefälligen begehrlicher erscheint als Arkan's. Hierbei handelt es sich um ein piekfeines Etablissement, das von allen großen Filmstudios aus in kürzester Zeit mit dem Chauffeur zu erreichen ist. Arkan's, um protzige Tradition bemüht, ist mit elegantem Brokat und poliertem Teakholz ausgestattet. Das Personal setzt sich aus herausgeputzten Franzosen zusammen, die ebensoviel Zeit damit verbringen, ihren einheimischen Akzent zu kultivieren, wie ihre kleinen Schnauzbärte zurechtzustutzen.

Insgesamt betrachtet schien Arkan's nicht gerade der Ort zu sein, wo sich solche Leute wie die Mitglieder des A-Teams tummeln, zumal der Mittagsansturm auf dem Höhepunkt angelangt war. Dennoch bog unverkennbar ein schwarzer Kombi mit roten Diagonalstreifen vom Sunset Boulevard ab und parkte in zweiter Reihe neben den vielen langgezogenen, glänzenden Limousinen, die den Bürgersteig vor dem Restaurant belegten. Eine Horde von Parkwächtern in roten Jacketts beäugte das Fahrzeug, als ob es sich um ein Ufo handelte, das gerade aus dem planetarischen Himmel heruntergepurzelt war. Nach einem kurzen Durcheinander wurde der jüngste Parkwächter entsendet. Er sollte sich vergewissern, ob sich die Insassen des Kombis vielleicht verirrt hatten oder Stadtpläne suchten, auf denen die Häuser der Stars eingezeichnet waren. Doch bevor er bei dem Kombi war, flog die Beifahrertür auf, und Templeton Peck alias Face kletterte heraus. Er trug einen cremefarbenen Calvin-Klein-Anzug mit farblich passendem Seidenhemd und hatte ein ermunterndes Lächeln aufgelegt, um das sich Gebrauchtwagenverkäufer ein Leben lang bemühten.

»Na, hat es dir die Sprache verschlagen, André?« begrüßte Peck den Parkwächter und lief zur Schiebetür des Kombis, um sie zu öffnen. »Der Lincoln ist den ganzen Tag in der Reparaturwerkstatt. Das hier war der einzige Ersatz, den sie hatten. Gehört dem Mechaniker.«

»Ooooh ... ja, ja, natürlich«, stammelte André und trat beiseite, als drei Fahrgäste aus dem hinteren Bereich des Kombis stiegen: Hannibal Smith trug einen blendend sitzenden marineblauen Anzug, in dem er wie ein Banker aussah, der gerade eine Buchprüfung feiern wollte, die glatt über die Bühne gegangen war. Amy Allen trug ein elfenbeinfarbenes Kleid, das gute zwölf Zentimeter über ihren Knien endete und ein paar schlanke, braungetönte Beine entblößte, die formschön in wadenhohen Lederstiefeln steckten. Der Knoten in Andrés Hals rutschte unter die Fliege, als er schwer schluckte und versuchte, Amy nicht mehr anzusehen. Und als wolle er dem Parkwächter in seiner Not behilflich sein, stieg Howling Mad Murdock als letzter aus. Mit der Unnahbarkeit eines Bandenmitglieds sprang er aus dem Kombi. Murdocks einziges

Zugeständnis an Arkan's berühmten Bekleidungscode war der Aufdruck eines Smokings auf dem T-Shirt, das er unter seiner Fliegerjacke trug. Dennoch hatte er darauf Wert gelegt, seine neueste Baseballkappe und seine saubersten Turnschuhe zu tragen.

»Mitwirkende in meinem neuen Film«, informierte Peck André, als er seinen Kollegen zuwinkte. »Wir kommen gerade vom Drehort, deshalb hatten wir keine Zeit, uns umzuziehen.«

»Ich verstehe.« André lächelte dünn, als das Gefolge an ihm vorbeispazierte und dann das ungläubige Stieren der anderen Parkwächter auf sich zog. Dann lief er zur Fahrerseite des Kombis und öffnete die Tür.

»Guten Tag, Sir, darf ich...«

Andrés Stimme versagte, und sein Adamsapfel war sofort wieder in Bewegung, als sein Blick auf B. A. Baracus fiel, der hinter dem Steuerrad saß. Wie gewöhnlich bestand seine Kleidung aus Goldketten und Schmuck, abgeschnittener Hose und Weste und natürlich seinem kunstvollen Irokesen-Haarschnitt.

»Darfst du was, Trottel?« erkundigte sich B. A. und warf André einen bösen Blick zu.

»Äh... Ihr Wagen... ich meine Kombi... Fahrzeug. Darf ich Ihr Fahrzeug parken?«

»Kommt nicht in die Tüte!« erwiderte B. A. und legte ruckartig einen Gang ein. »Niemand außer mir fährt meine Mühle, Mann!«

Während B. A. Gummi auf dem Asphalt zurückließ und auf einen Parkplatz einen Block weiter zuraste, wanderte André benommen zur Ecke zurück, wo die anderen Mitglieder des A-Teams herumlungerten und auf ihren Kumpel warteten. Hannibal bemerkte, wie konsterniert der Parkwächter war, und versicherte ihm: »Mr. Baracus ist ein berühmter französischer Schauspieler. Ein wenig exzentrisch, aber ein Talent, das seinesgleichen sucht.«

Die anderen nickten zustimmend, aber André war nicht überzeugt. »Er sah gar nicht französisch aus. Und sein Akzent, nun...«

»Aber, aber, André«, schalt Peck. »Sie müssen wissen, er hatte fünf Jahre lang Unterricht an der Harvard School of Performing Art. Er kann einen Abschluß in nicht weniger als einem Dutzend Dialekten vorweisen.«

»Und er kennt auch eine Menge Möglichkeiten, sich verständlich zu machen«, sagte Murdock.

André beobachtete B. A., der aus dem Kombi kletterte und auf das Restaurant zulief. »Aber, es tut mir leid, er hat in einer Zone geparkt, wo man nur ein- und ausladen darf. Es gibt strenge...«

»Stell diesen Kombi ja nicht um, Trottel«, drohte B. A. und stieß einen seiner beringten Finger in Andrés Brustbein, »oder ich werde wiederkommen und dir deine Socken ins Maul stopfen!«

Als B. A. und die anderen den mit Teppichboden ausgelegten Zugang hinunterliefen, der ins Arkan's führte, applaudierte Murdock und schloß die Augen wie ein Zuschauer, den die Ekstase gepackt hat. »Encore! Encore!«

»Sir?« wunderte sich André. B. A.s Warnung ließ ihn immer noch zittern.

Murdock schlug die Augen auf und schaute André an, als ob er ein nicht erleuchteter Heide sei. Dann schwärmte er: »Was, Sie sehen nicht, daß Sie gerade eben ganz umsonst eine Kostprobe von einem Genie in Aktion bekommen haben?«

»Was?«

»Die berühmte ›Ich werde dir deine Socken ins Maul stopfen‹-Rede aus *Nur weiter so, Ruth*. Dieses Stück von Margaret Henley hat den Pulitzer-Preis gewonnen. Das kennen Sie doch ganz sicher. Er hat es wundervoll gebracht, finden Sie nicht auch? Genau die richtige Mischung aus Erhabenheit...«

»Murdock!« rief Hannibal vom Eingang des Restaurants. »Spar dir noch was für die Unterhaltung beim Essen auf, in Ordnung?«

»Komme.« Doch bevor Murdock André verließ, drückte er den Arm des Parkwächters und flüsterte: »Denken Sie daran, man hat Sie wirklich geehrt.«

Während Murdock davonschlenderte, warf André seinen Arbeitskollegen einen Blick zu und zuckte murrend mit den Schultern. »Verrückte Amerikaner. Tun doch alles, nur damit sie kein Trinkgeld geben müssen.«

In hartem Kontrast zum hellen, luftigen Äußeren von Arkan's war das Restaurant selbst in höhlenartiger Dunkelheit gehalten. Fenster fehlten. Jeder Hauch Sonnenschein wurde ausgeschlossen, und die wenigen Lampen, die von der Decke hingen und ein fahles Licht produzierten, beleuchteten eher die eingerahmten Fotos von verstorbenen Berühmtheiten, die an der Wand hingen, als die Tische, an denen die Lebenden dinierten. Die Atmosphäre war daraufhin ausgerichtet, eine Aura einhüllender Intimität zu schaffen, aber nur wenige Gäste frequentierten Arkan's, um ein intimes Essen einzunehmen. Die überwältigende Mehrheit der Restaurantbesucher wandte nur einen kleinen Teil ihrer Zeit auf, um sich mit ihren Tischnachbarn zu unterhalten. Ständig schauten sie von ihren Tischen auf, um die Aktivitäten, die um sie herum stattfanden, in sich aufzusaugen. Revolverblattjournalisten und andere Klatschmäuler nippten an Drinks, während ihre Sinne darauf ausgerichtet waren, den neuesten Skandal oder die leiseste Andeutung des Trends aufzuspüren, der in der nächsten Woche in dieser Stadt angesagt sein würde. Agenten waren auf der Suche nach Produzenten oder Vorstandsmitgliedern, die sie mittels ihrer Rhetorik zugunsten ihrer unsichtbaren Klienten einfangen konnten. Und natürlich hing auch ein Häufchen Stars herum. Sie aalten sich in der Aufmerksamkeit, mit der man sie bedachte, und verdrehten immer wieder die Köpfe, um den einzelnen Fans einen kurzen Blick auf ihr Lieblingsprofil zu gewähren.

Beim Eintreffen des A-Teams breitete sich ganz plötzlich eine schneidende Stille im Restaurant aus. All diejenigen, die schon Platz genommen hatten, zermarterten sich fieberhaft das Gehirn und versuchten herauszufinden, ob sie dieses seltsame Quintett kennen sollten, das ihnen schlagartig seine Gegenwart aufgedrängt hatte. Die geflüsterten Spekulationen zogen alles in Betracht: Bei den Neuankömmlingen konnte es sich um Ostküsten-Investoren handeln, um die Besetzung eines neuen Musicals, das bald im Pantages aufgeführt werden sollte, vielleicht auch um Lieferanten aus der Halbwelt, die die Industrie mit wiederbelebenden Stimulanzien versorgten. Das A-Team blieb vor dem Speisesaal stehen und wartete neben der Theke auf einen Kellner, wo sie sich in der Aufmerksamkeit sonnten, die ihnen zuteil wurde. Der Oberkellner am anderen Ende des Saals entdeckte sie und bewegte sich beleidigt und mit erhobenem Kinn auf sie zu. Mit jedem Schritt wanderte seine Nase ein Stückchen weiter nach oben. Unruhig fummelte er an den Aufschlägen seines Smokings herum.

»Dieser Trottel wird uns sagen, daß wir zu Burger King gehen sollen«, motzte B. A.

»Na, B. A., ich habe dir doch schon gesagt, daß wir hier zuvorkommend behandelt werden«, beruhigte ihn Peck. »Vertraut mir.«

»Das letzte Mal, als ich dir vertraut habe, hat man mir ins Bein geschossen«, erinnerte B. A. Peck.

Der Oberkellner machte den Eindruck, als wolle er ihnen die Adresse für ein anderes Restaurant geben, aber dann entdeckte er Faces Gesicht in der Gruppe. Sein vorgeschobenes Kinn nahm umgehend wieder die Normalposition ein, und ein warmes Lächeln breitete sich aus, als er vortrat und Peck leicht, aber enthusiastisch umarmte.

»Ah, Mr. Peck«, gurrte er. »Wie wunderbar, Sie wiederzusehen. Ihr Tisch wartet auf Sie.«

»Wie reizend von Ihnen, Henri«, strahlte Peck. »Es besteht gar kein Zweifel, Sie haben das beste Restaurant in der Stadt.«

»Wir geben uns Mühe, *Monsieur*«, sagte Henri lächelnd und zog ein paar Menükarten aus einem Halter. »Sind Sie schon mal bei unserem Sonntagsbrunch gewesen? Wir haben ein ausgezeichnetes Buffet, ganz zu schweigen von der großen Auswahl...«

»Wie lange soll das Geschwafel noch dauern, bis wir endlich was zu essen kriegen, Mann?« schaltete sich B. A. ein und verschränkte die Arme. »Wir sind zum *Essen* hierhergekommen.«

Henris Lächeln gefror, und er blinzelte, als hoffe er, daß B. A. nur eine Täuschung sei, die aus einem verschwommenen Fleck auf seinen Kontaktlinsen resultierte. Dennoch gelang es ihm, Haltung zu bewahren. Er deutete auf den Speisesaal. »Erlauben Sie mir, Sie an Ihren Tisch zu begleiten?«

Als die Gruppe durch die luxuriöse Umgebung schritt, wurden die Blicke, die man ihnen zuwarf, noch intensiver. Murdock und B. A. zogen die meiste Aufmerksamkeit auf sich. Murdock nahm seine Kappe ab, eine Geste der Beschwichtigung, aber B. A., unkontrolliert trotzig wie eh und je, warf den Neugierigen wütende Blicke zu. Schweratmend murmelte er Amy zu: »Seit dem Erntedankfest habe ich nicht so viele Truthähne gesehen!«

»Sachte, B. A.«, mahnte Face. »Das Essen wird dir zusagen, und es ist das ganze Theater wert.«

»Ich esse nichts, was ich nicht aussprechen kann«, warnte B. A.

Im ganzen Restaurant gab es nur einen einzigen freien Tisch, der mitten im Raum unter einem üppigen Kronleuchter plaziert war. Henri half Amy, sich zu setzen, während die Männer allein Platz nahmen.

»Ich habe eine Flasche von Mr. Pecks Lieblingswein für Ihren Tisch geordert«, berichtete Henri der Gruppe. »Auf Empfehlung des Hauses. Viel Spaß! Viel Spaß!«

»Merci«, bedankte sich Peck und legte eine Hand auf den Arm des Oberkellners. »Sie sind ein Schatz, Henri.«

Henri verbeugte sich zurückhaltend und schlenderte dann davon, um sofort die anderen Gäste zu beschwichtigen, die sich über das Eindringen von unerwünschten Personen wie Murdock und B. A. in ihre ausgesuchten Kreise ärgerten.

»Wann ist die Hochzeit, Face?« erkundigte sich Hannibal bei Peck. Dabei entfaltete er seine Serviette und legte sie sich quer über den Schoß. »Oder hast du vor, mit Henri durchzubrennen?«

»Oberkellner müssen gehätschelt werden, Hannibal«, verteidigte sich Peck. »Und B. A., reiß dich zusammen, ja? Es ist schon schlimm genug, daß du wie ein Statist aus *Fort Apache* aussiehst, da brauchst du nicht auch noch Henri das Leben schwerzumachen. Hör mal, ich habe hier schon drei Filmbetrugsgeschichten angeleiert, also geh nicht los und köpfe meine goldene Gans, in Ordnung?«

»Gans, hmm.« Murdock schlug die Speisekarte auf und widmete sich den Vorspeisen. »Gans, was für eine ausgezeichnete Idee. Einen Gänserich würde ich wirklich gern zu mir nehmen, mit einer raffinierten Orangensauce, auf ein Beet aus knackiger Petersilie drapiert. Ach, verflixt, Ente ist das einzige hier, was in die Richtung geht. Und Ente tut es eben nicht, wenn einem der Sinn nach Gans steht.«

»Dein Sinn funktioniert doch überhaupt nicht, Trottel«, höhnte B. A.

Murdock streckte B. A. die Zunge heraus. Währenddessen lächelte Peck den Gästen an den umliegenden Tischen entschuldigend zu. Hannibal prüfte die Liste der Appetitanreger sorgfältig, und Amys Blick schweifte zur Wand, wo eine Handvoll weißgekleideter Köche über einem Buffettisch schwebten und die einzelnen Platten mit der überlegten Präzision von Innenarchitekten arrangierten. »Nun gut, Face«, murmelte sie, »welcher ist es?«

Während die anderen die Köche musterten, grunzte B. A.: »Er ist nicht da, Mann.«

»Wahrscheinlich steckt er in der Küche«, sagte Face. »Ich weiß, daß er es ist, er muß es sein. Zuerst dachte ich, ich würde mich irren, aber je öfter ich hier gegessen habe... vor allem das Brot... Erinnert ihr euch an das Brot, das er immer gebacken hat? An diesen Hauch Ginseng? Erinnert ihr euch daran?«

Auf dem Tisch stand ein Brotkorb, in dem ein frischer Brotlaib lag, der in eine burgunderrote Serviette gewickelt war. Als Hannibal die Serviette wegzog, strömte das Aroma aus. Murdock und

Amy stöhnten genußvoll. Hannibal brach Stücke ab und verteilte sie. Während die Mitglieder des A-Teams von dem Brot kosteten, tauchte ein Kellner mit dem Wein am Tisch auf und goß ein paar Tropfen in Pecks Glas. Face nahm das Glas beim Stiel und inspizierte die Klarheit des Weines im Licht des Kronleuchters, dann ließ er die Flüssigkeit langsam auf der Zunge zergehen und verkündete: »Trocken und leicht und großartig wie immer. Danke.«

Der Kellner begann die Gläser der anderen zu füllen, während B. A. sein Stück Brot hinunterschluckte. »Mann«, sagte er zwischen zwei Bissen, »das hier schmeckt genau wie das Brot, das wir immer in unserem Vietcong-Knast gekriegt haben.«

Der Kellner, der die Bemerkung aufgeschnappt hatte, hielt mitten im Einschenken inne und richtete sich gerade auf. Die Bemerkung ärgerte ihn offensichtlich. Peck streckte seinen Fuß unter dem Tisch aus und kickte B. A. ins Schienbein, um ihm den Mund zu verbieten. Murdock tupfte seine Lippen mit einer Serviette ab und improvisierte mit einem Hauch Selbstgefälligkeit: »Sie müssen wissen, mein Lieber, die Küche in den nordvietnamesischen Straflagern wurde doch sehr unterschätzt. Die Saucen waren exquisit. Der braune Bratensaft wurde mit Wein aufgekocht. Wir alle wurden so fett wie Zsa Zsa Gabors Pudel.«

Der Kellner erblaßte bei dieser Bemerkung, errang aber seine Fassung wieder und konnte mit dem Einschenken fortfahren.

»Sie sind Komödianten aus Second City, die im Comedy Store eine Aufführung zum Besten geben«, erklärte Peck dem Ober. »Sind zum Schießen, nicht wahr? Aber es ist so schwierig, sie ihre Rollen vergessen zu lassen.«

»Natürlich, Sir.« Der Kellner verdrehte die Augen und stellte die halbleere Flasche in einen Eiskühler neben dem Tisch. Als er wegging, fuhr Peck B. A. und Murdock harsch an: »Kommt schon, Jungs. Versucht euch zusammenzureißen, ich möchte auch in Zukunft hier essen können.«

Nachdem Amy ihr Brot verschlungen hatte, meldete sie sich zu

Wort: »Face, du glaubst doch nicht wirklich, daß euer Koch, der euch vor zehn Jahren im Strafgefangenenlager verköstigt hat, heute der Chef de Patisserie in diesem Restaurant ist?«

»Amy hat ganz recht«, warf Hannibal ein. »Ich gebe ja zu, daß mir der Geschmack des Brotes bekannt vorkommt, aber es paßt einfach nicht zusammen. Ich meine, wie soll es Lin Duk Coo gelungen sein, heil aus dem kommunistischen Gebiet zu entkommen?«

»Wer weiß?« sagte Peck. »Vielleicht genauso wie uns.«

»Dem kleinen Würstchen sind wir wirklich was schuldig«, erklärte Murdock Amy.

»Wie kommt das?«

»In diesem Lager gab es einen General, der eine ziemlich fiese Ader hatte«, sagte Murdock. »Seine Vorstellung von Vergnügungen bestand darin, daß er Gefangene verhungern ließ. Lin Duk Coo hat für uns Lebensmittel abgezweigt. Ein Haufen Leute haben durch seine Hilfe überlebt, und er hat dafür sein Leben aufs Spiel gesetzt. Wenn General Kao ihm auf die Schliche gekommen wäre, hätte er ihn umgebracht, daran besteht kein Zweifel.«

»Hört sich ganz interessant an«, meinte Amy. »Vielleicht hat Peck dann doch recht. Wenn es ihm gelungen ist, für euch etwas abzuzweigen, dann könnte es doch auch sein, daß er irgendwie abhauen konnte, meint ihr nicht auch?«

»Alles ist möglich«, gab Hannibal zu.

»Mann, das hier schmeckt genau wie sein Brot, stimmt schon«, sagte B. A. und schnappte sich noch ein Stück.

Genau in diesem Augenblick flog die Küchentür auf und eine kleine Gestalt kam mit einem Tablett voller Backwaren heraus. Die Chefkochmütze war tief in die Stirn gezogen, aber nicht tief genug, um die asiatischen Gesichtszüge zu verdecken. Ohne auf das A-Team aufmerksam zu werden, schob der Koch seinen Speisewagen zum Buffet und half seinen Kollegen, den Tisch herzurichten.

»Dort«, flüsterte Face und lenkte die Aufmerksamkeit der anderen auf den Buffettisch. »Dort, ist das Lin Duk Coo, oder ist das sein Zwillingsbruder, oder was?«

»Zum Teufel noch mal«, murmelte Hannibal und starrte den Asiaten an. »Verdammt, das sieht ganz nach ihm aus.«

»Wir müssen es aber ganz genau wissen«, gab Murdock zu bedenken.

»Warum fragen wir ihn nicht einfach?« schlug Amy vor. »Face, warum hast du ihn nicht gleich auf dich aufmerksam gemacht, als du dachtest, daß er es ist? Ich verstehe nicht ganz.«

»Tja, ich habe einfach gezögert, etwas zu sagen«, erläuterte Face. »Ich meine, ich suhlte mich gerade in der Rolle des Produzenten, der an einer Eliteuniversität ausgebildet worden ist, und ich bin mit ein paar Leuten hier gewesen... weißt du, von der Sorte Großkotz. Es schien äußerst unpassend, an so einem Ort einfach aufzustehen und den Namen des Kochs zu rufen.«

B. A. stand auf, legte die Hände trichterförmig an den Mund und rief quer durch den Raum: »Hallo, Lin Duk Coo!«

Kapitel zwei

Lin Duk Coo hatte bei Arkan's unter dem Namen Peter Pereime zu arbeiten angefangen, und soweit es das Restaurant betraf, war er weder ein vietnamesischer Flüchtling noch ein Mann, der heimlich amerikanische Strafgefangene gerettet hat, sondern der Adoptivsohn einer kalifornischen Familie, die momentan in Orange County lebte. Seine wahre Herkunft hatte er aus gutem Grund geheimgehalten, und in dem Augenblick, als er hörte, daß jemand seinen Namen rief, taten sich sein Instinkt und Adrenalinausstoß zusammen, um den weiteren Handlungsverlauf zu bestimmen. Das Ergebnis war die sofortige Flucht. Aus Erfahrung wußte er, daß die einzigen Personen in Los Angeles, die ihn aus den Kriegszeiten kannten, genau diejenigen waren, die ihn vorzugsweise tot wissen wollten. Deshalb verschwendete er keine Sekunde damit, herauszufinden, wer seinen Namen gerufen hatte, sondern hielt überstürzt auf den nächsten Ausgang zu.

»Ay-yi-yi!« heulte er. Hastig flitzte er durch die Schwingtüren, die in die Küche führten, nicht ohne zuvor den Speisewagen mit den Backwaren umzukippen und den Buffettisch so anzurempeln, daß die kompliziert angerichteten Gaumenfreuden umgestoßen wurden.

»Hallo, Lin, ich bin es, B. A. Baracus!« rief B. A. und setzte gleich zur Verfolgung des fliehenden Chef de Patisserie an. Eine üppige Topfpflanze schirmte die Nischen von der Raummitte ab, und B. A., der sich weigerte, einen Bogen um das Hindernis zu machen, stolperte über den Topf. Dabei verhedderte er sich in den dicken Farnwedeln und landete beinah auf dem Schoß einer älteren Dame, die zitternd in ihrer Nische saß.

»Tun Sie mir nicht weh, bitte!« flehte die Frau. »Ich werde bald Großmutter!«

»Ich kann Ihnen einen Scheck ausstellen«, erbot sich der Ehegatte.

»Mann, gehen Sie mir nur aus dem Weg!« schnappte B. A., wickelte sich aus der Tischdecke und versuchte daraufhin, sich durch die verunsicherten Gäste zu schieben.

Unter Geschrei erhoben sich die Besucher an den anderen Tischen von ihren Stühlen und setzten zur Flucht vor dem an, was sie für einen Ausbruch von Gewalt hielten. Diese Gewalt schien ihnen die unausweichliche Konsequenz zu sein, wenn man es zuließ, daß der gemeine Mann von der Straße in die Sphäre von Reichtum und Kultiviertheit eindringt. Das Chaos breitete sich wie erstklassiger Tratsch aus und bot den anderen Mitgliedern des A-Teams genau den hektischen Rahmen, der es ihnen ermöglichte, ihren Tisch zu verlassen und sich aus dem Restaurant zu drängen. Auf halbem Weg zum Vorderausgang stand Face plötzlich dicht vor dem Oberkellner, dessen bewunderungswürdige Haltung unter dem schweren Schock und der Empörung zusammengebrochen war.

»Ich bin Ihnen ja so dankbar, Henri«, flötete Face atemlos, als er mit Hannibal, Murdock und Amy weiterhastete. »Zu dumm, daß ich mich so beeilen muß, aber Ihre Gastfreundlichkeit ist wie immer...« Face küßte seine Fingerspitzen, das war die einzige Möglichkeit, wie er der Tiefe seiner Gefühle über die Bewirtung Ausdruck verleihen konnte. Hannibal trieb ihn weiter, bevor es ihm möglich war, ein Trinkgeld anzubieten, das seine verzweifelte Schmeichelei untermauert hätte.

Während das A-Team in Richtung Vorderausgang hetzte, erreichte Lin die Küche. Der Abstand zwischen ihm und B. A. war beträchtlich. Der Vietnamese stolperte über den Küchenmeister, einen kugelbäuchigen Schweden, der gerade einen Arm voll sauberer Töpfe zum Herd zurückbrachte.

»Verdammt noch mal!«

Der Koch, der durch die Wucht des Zusammenstoßes nach hinten taumelte, rutschte in einer Wasserpfütze aus, die von der Geschirrspülmaschine stammte. Mit wild wedelnden Armen versuchte er vergeblich, sein Gleichgewicht wiederzufinden, statt dessen aber ließ er die Töpfe fallen und stieß mit dem Rücken an ein Geschirregal, das nun auch ins Wanken kam. Sein schwedisches Geschimpfe wurde vom Klacken der tanzenden Schüsseln und dem zersplitternden Porzellan gedämpft. Lin, der bei dem Zusammenprall ebenfalls das Gleichgewicht verloren hatte, steuerte direkt auf eine Theke zu, wo ein Eimer voll frischer Hummern in kaltem Wasser zappelte. Den Krustentieren wurde ein kurzer Tötungsaufschub gewährt, denn Lin warf den Eimer in seiner Hast um. Er war darauf bedacht, seinen Vorwärtsdrall auszunutzen und so auf schnellstmögliche Weise zum Hinterausgang zu gelangen. Als B. A. schließlich in die Küche stürmte, war Lin schon aus der

Tür geschlüpft und ließ dem A-Team-Mann nur einen Hindernisparcours zurück, der aus verstreuten Kochutensilien, Porzellanscherben, zitternden Hummern und einem halbverrückten Koch bestand, der aussah, als würde er gerade für Ingmar Bergmans ersten Versuch einer Slapstick Comedy proben.

Wenn das Restaurant – bildlich gesprochen – der Regen war, aus dem Lin Duk Coo kam, dann war der hintere Parkplatz die sprichwörtliche Traufe. Gerade eben war eine lange, schwarze Limousine auf den Parkplatz gerollt, und aus dem Fahrzeug stiegen zwei von Lins wirklichen Feinden. Hierbei handelte es sich um zwei Männer mit markigen Gesichtszügen und feisten Körpern, die in Brook-Brothers-Anzügen steckten. Der eine von beiden hielt ein israelisches Uzi-Maschinengewehr in der Hand, und als Lin zu seinem heruntergekommenen Chevy Nova eilte, bohrten sich mehrere Ladungen heißes Blei in den Boden vor seinen Füßen. Die Kugeln überredeten ihn, stehenzubleiben.

»Was glaubst du, wo du hingehst, Frühlingsrolle?« brüllte der Schütze. »Stehengeblieben!«

Der Schütze ging ein paar Schritte auf Lin zu, aber in diesem Augenblick tauchte B. A. auf. Und das restliche A-Team war auch nicht mehr weit. Hannibal und die anderen hatten sich vom Vordereingang nach hinten gearbeitet. Doch bevor einer von ihnen die Situation richtig erfassen und entsprechende Entscheidungen fällen konnte, zischte eine Gewehrsalve über ihre Köpfe hinweg.

»Alle auf den Boden!« bellte der Mann mit der Uzi. »Sofort, oder ihr kriegt ein Lochmuster verpaßt.«

Das A-Team warf sich auf den Asphalt. Sie sahen wie Zivilisten aus, die während der Mittagspause Liegestütze machten, weil der Fitneßbeauftragte der Firma es so angeordnet hatte.

»Ich hasse Löcher«, stöhnte Murdock leise. »Vor allem rote.«

»Das habe ich davon, wenn ich mich wegen deiner schnöseligen Freunde richtig herausputze«, sagte Hannibal zu Face. »Du schuldest mir einen neuen Anzug.«

»So wie die Dinge stehen, sieht es aus, als könntest du ihn dir in der Leichenhalle anpassen lassen«, erwiderte Face und behielt das Maschinengewehr im Auge, das auf sie gerichtet war. »Wenn er den Abzugshahn berührt, dann sind wir alle im Jenseits.«

Aber der Mann mit der Uzi war weitaus mehr an Lin Duk Coo als am A-Team interessiert. Er marschierte zu der Stelle, wo der Koch sich auf den asphaltierten Boden geworfen hatte, während sein Partner wieder in die Limousine stieg und vor den Nova fuhr.

»Okay, Kumpel«, sagte der Schütze zu Lin und trieb ihn mit dem Gewehrlauf an. »Auf die Beine. Wir gehen, du begleitest uns.«

Vor Angst zitternd kniete Lin sich hin. Als er seinen Blick dann endlich von der Waffe abwandte, erkannte er den Mann, der ihn im Restaurant gerufen hatte.

»B. A.!«

»Halt die Klappe und steig ein!« Der Schütze packte Lin am Hemd und schleppte ihn zur Limousine. Die hintere Tür war immer noch offen, und Lin kletterte widerwillig auf den plüschigen Rücksitz. Der Schütze folgte ihm, blieb dann aber stehen und feuerte ein paar Kugeln ab, die dicht über die Köpfe des A-Teams fegten. »Falls ihr wißt, was gut für euch ist, dann bleibt ihr, wo ihr seid, bis wir von hier verschwunden sind.«

»Sollen wir die Augen zumachen und bis hundert zählen?« flüsterte Hannibal wütend, als er hörte, wie die Wagentür zuschlug.

»Ich habe keine Angst vor der Spielzeugpistole dieses Idioten«, schimpfte B. A., als die Limousine rückwärts aus dem Parkplatz fuhr und dabei fast in einen alten Stutz Bearcat rauschte. Während der Fahrer des Stutz in einem Wutanfall auf seine Hupe drückte, sprang B. A. auf die Füße und versuchte im Schutz der geparkten Fahrzeuge den vorderen Gehweg zu erreichen. Der Mann mit der Uzi entdeckte ihn und feuerte eine Salve ab, während der Fahrer der Limousine sich in den fließenden Verkehr einfädelte. Mehrere Autos waren mit Einschlaglöchern überzogen, aber B. A. erreichte seinen Kombi unverletzt, und als Lins Entführer bei der nächsten Ampel, einen Block weiter, ein Rotlicht überfuhren, saß B. A. schon hinter dem Steuerrad und startete den Motor. Die anderen Mitglieder des A-Teams schlossen sich ihm eilig an.

»Nun gut«, lautete Hannibals Kommentar, der auf den Beifahrersitz hechtete. »Dann spielen wir also die große Verfolgungsjagd.«

»Darauf kannst du Gift nehmen!« B. A. ließ langsam die Kupplung kommen. Der Kombi fuhr an, zwängte sich durch die verstopfte Kreuzung und verfolgte die Limousine mit einiger Distanz.

»Ich frage mich, wer diese Typen waren«, sagte Face und klopfte den Staub aus seinem Anzug. »Und wie es kommt, daß sie zur gleichen Zeit wie wir auftauchen?«

»Karma«, spekulierte Murdock. »Ich bin mir ganz sicher, daß ich eine Interpretation parat gehabt hätte, wenn ich Ching aufgesucht hätte, bevor ihr mich heute morgen aufgelesen habt...«

»Halt die Klappe, oder ich stopf sie dir, Trottel!« rief ihm B. A. über seine Schulter zu. »Ich bin jetzt gar nicht in der Stimmung für dein hirnrissiges Gequatsche!«

»Wer immer sie auch waren, sie waren offensichtlich hinter Lin her«, sagte Hannibal, »und ich glaube nicht, daß sie nur einen Blick auf seine grüne Karte werfen wollten.«

»Seid ihr Jungs euch sicher, daß es wirklich Lin war?« erkundigte sich die immer noch atemlose Amy. »Ich meine, es ist schon zehn Jahre her, seit...«

»Natürlich war er es!« schnitt B. A. ihr das Wort ab. »Du hast doch gesehen, wie er losgespurtet ist, als ich im Restaurant seinen Namen gerufen habe.«

»Es wäre mir wirklich lieber, wenn du mich nicht daran erinnern würdest, B. A.«, stöhnte Face. »In diesem Restaurant kann ich mich nie wieder blicken lassen, dank der charmanten Vorführung, die du für die Leute dort gegeben hast.«

»Tja, dann wirst du eben diese geheimnisvolle Penthouse-Wohnung benutzen müssen, in der du dich die letzten paar Wochen verkrochen hast, hm, Face?« witzelte Hannibal. Dann nahm er sich einer seiner besonderen Zigarren an. »Wie steht es, B. A.?«

»Ich kann sie immer noch sehen.« B. A. rang mit dem Lenkrad, versuchte, die Geschwindigkeit des Kombis beizubehalten und schnitt mehrere Kurven, um die Distanz zwischen ihnen und der Limousine nicht allzu groß werden zu lassen. Die Verfolgungsjagd wurde jetzt in die Seitenstraßen verlegt, die durch einen Wohnbezirk führten, der ein paar Blocks hinter dem verblaßten Glitter von Hollywood und Sunset Boulevard begann. Kleine, malerische Häuschen säumten die ruhigen Straßen. Ein paar Rasensprenger waren in Betrieb, aber das war – abgesehen von einer Handvoll anderen Fahrzeugen, die in der Gegend ihre Runden drehten – auch schon das einzige Anzeichen von Aktivität.

»Ay-yi-yi«, sagte Murdock. »Habt ihr gehört, wie er ›Ay-yi-yi‹ sagte? Er sagte ›Ay-yi-yi‹.«

»Ja«, erinnerte sich B. A. »Nur Lin sagt so ›Ay-yi-yi‹.«

»Was?« wunderte sich Amy. »Wovon redet ihr?«

»Murdock hat Lin beigebracht, wie man Westernsongs singt, während wir im Straflager festsaßen«, erzählte Hannibal ihr. »Weißt du, diese Dinger wie ›Home on the Range‹. Der Refrain von ›The Chisolm Trail‹ geht so: ›Come-a-ti-yi-yipee-yipee-ay-yipee-ay‹. Lin liebte dieses Lied, aber er hat es nie richtig hingekriegt. Am Ende sang er immer ›Ay-yi-yi‹.«

»Das ist Murdocks Schuld, er hat es ihm nicht richtig vorgesungen«, lästerte B. A. »Insofern sind wir uns hundertprozentig sicher, daß er es ist.«

»Ich habe es ihm richtig beigebracht«, behauptete Murdock.

»Hast du nicht«, verteidigte B. A. seine Meinung.

»Hab' ich doch.«

B. A. griff nach hinten und packte Murdock beim Kragen. »Was hast du gesagt?«

»Du hast recht«, gestand Murdock verlegen. »Hab' ich nicht.«

»He, was ist das hier, Jungs, die Shari-Lewis-Show?« intervenierte Hannibal. »Laßt den Mist, ihr beide. B. A., konzentriere dich auf die Straße und paß auf, daß uns diese Gangster nicht entwischen.«

B. A. bog um eine Kurve und trat dann ganz schnell auf die Bremse. »Mann, wo sind sie denn?«

Sie hatten einen Punkt erreicht, an dem sich die Straße in drei Richtungen gabelte. Die Limousine war nirgendwo zu sehen.

»Großartig«, sagte Face mißmutig. »Was nun?«

Murdock fragte laut: »Erinnert sich jemand daran, wie man ›Ene mene‹ spielt...?«

Kapitel drei

»Ich habe nichts getan!« protestierte Lin Duk Coo. Vor den Fenstern der Limousine rauschte die Landschaft vorbei. »Laßt mich gehen! Ich bin Peter Pereime, nur ein armer Koch mit einem...«

»Halt's Maul!« befahl der Mann neben ihm und stieß den Gewehrlauf seiner Uzi in Lins Rippen. »Wir wissen verdammt genau, wer du bist, also komm uns nicht mit dieser Armer-Koch-Sing-und-Tanznummer.«

Lin wich zurück. »Wer sind Sie?«

»Ich habe dir gesagt, du sollst dein Maul halten! Wenn du einen Knebel willst, dann mach nur so weiter, und ich stopfe dir die Krawatte in den Mund, kapiert?« Der Schütze fuhr sich mit seiner freien Hand an den Kragen und fing an, den Knoten seiner Krawatte zu lockern. Lin verstand den Hinweis und wurde stumm. Er versuchte sich darüber klarzuwerden, wie es diesen Männern gelungen war, ihn aufzuspüren. Es war tatsächlich unnötig gewesen, zu fragen, wer sie sind. Er wußte es nur zu gut.

Der Fahrer schaute in den Rückspiegel und kontrollierte den spärlichen Verkehr hinter der Limousine nach einem Anzeichen des schwarzen A-Team-Kombis. Als er ihn nicht entdecken konnte, grinste er und ließ seinen Blick zu dem Gefangenen auf dem Rücksitz wandern. »Der Boss wird äußerst zufrieden sein, wenn er dich sieht, kleines Gemüse. Ich bin sicher, daß er es dir heimzahlen wird, weil du ihm so oft entwischt bist.«

Lin sagte nichts. Mißmutig starrte er seine Knie an und verfluchte sich insgeheim dafür, daß er aus dem Restaurant abgehauen war, ohne sich zu vergewissern, wer nach ihm gerufen hatte. Wenn er eine Sekunde darauf verwandt hätte, B. A. genauer zu betrachten, dann wäre er in der Gesellschaft des A-Teams gewesen, als diese Spießgesellen aufgetaucht waren. Wenn ihn jemand davor hätte beschützen können, in die Hände seiner eingeschworenen Feinde zu fallen, dann wären das Hannibal Smith, Templeton »Face« Peck, B. A. Baracus und Howling Mad Murdock gewesen. Ja, es war ihnen ja beinah gelungen, ihn zu retten, bevor der Fahrer der Limousine sie in den Seitenstraßen abgehängt hatte. Wenn, wenn, wenn. Beinah, beinah, beinah. Das alles war jetzt vollkommen unwichtig. Nach dem kurzen Genuß von unbeschwerter Freiheit hatte Lin Duk Coo das Gefühl, daß seine Vergangenheit ihn schlußendlich eingeholt hatte und daß es nur eine Frage der Zeit war, bevor er nicht nur seine Freiheit, sondern sogar sein Leben verlor.

Mittlerweile hatten sie den Wohnbezirk hinter sich gelassen und waren jetzt am Rand eines Industriegebietes. Fabriken und Lagerhäuser standen still in der Sonntagnachmittagssonne. Das einzige Geräusch stammte von den Generatoren, die die Eingeweide am Leben erhielten, bis der hektische Gleichschritt der nächsten Arbeitswoche wieder neu einsetzte. Die Limousine rollte langsamer durch das Zentrum des Industriegebietes, bog dann von der Hauptstraße ab und blieb vor einem verschlossenen Tor stehen. Dahinter führte eine Zufahrt auf einen Parkplatz, auf dem blaßblaue Lieferwagen in ordentlichen Reihen neben Gebäuden der gleichen Farbe abgestellt waren. Die Schriftzüge auf den Lieferwagen und den Gebäuden besagten, daß es sich hier um den Sitz der Angel-Brotfabrik handelte. Lins Aufpasser reichte dem Fahrer sein Maschinengewehr, stieg dann aus und schloß das Tor auf. Dann schob er es so weit auf, daß die Limousine auf den Parkplatz fahren und hinter der Ecke des ersten Lagerhauses verschwinden konnte. Nachdem er das Tor zugeschoben und abgeschlossen hatte, kontrollierte der Mann im blauen Anzug die Straße ein letztes Mal und schlug daraufhin die Richtung ein, die das Fahrzeug eben genommen hatte.

Knapp eine Minute später rumpelte ein kleiner Lieferwagen an der Backfabrik vorbei. Der schwarze Kombi des A-Teams rollte rechts nebenher. B. A., immer noch hinter dem Lenkrad, drückte konsequent das Gaspedal durch und paßte seine Geschwindigkeit der des Lieferwagens an. Deshalb konnte jemand, der von der Brotfabrik auf die Straße schaute, nur den größeren Lieferwagen sehen. Etwa fünfzig Meter weiter die Straße hinunter fuhr B. A. auf den Seitenstreifen und zwängte den Kombi in einen knapp bemessenen Unterschlupf hinter einem wild wuchernden Strauch knospender Kamelien.

»Sehr gut geraten, Murdock«, lobte Hannibal, als B. A. den Motor abstellte. »Wenn wir die falsche Richtung eingeschlagen hätten, dann hätten wir nie mitgekriegt, daß sie von der Straße heruntergefahren sind.«

Murdock streckte seinen kleinen und seinen Mittelfinger hoch. »Ohne Ene mene wäre mir das nicht gelungen.«

Face spähte durch das Heckfenster des Kombis und schaute sich das Gebäude an, in das ihr Freund gebracht worden war. »Angel-Brotfabrik? Ich weiß ja, daß Lin großartiges Brot macht, aber ich kann nicht glauben, daß jemand solche Mühen auf sich nimmt, um an sein Rezept zu kommen.«

»Ich denke, es gibt nur eine Möglichkeit, wie wir es herausfinden können«, sagte Hannibal, kletterte aus dem Wagen und ging zum Heck. Dann öffnete er die Hintertüren und fing an, eine Anzahl von Waffen an die Mitglieder des A-Teams zu verteilen. »Da wir nicht wissen, was hier läuft, werden wir uns trennen müssen, in Ordnung?«

»Tun wir das nicht immer?« sagte Face, schnappte sich eine M-16 und klopfte abergläubisch auf den Kolben.

»Sieht nach 'ner Gans aus, Sauce hin oder her«, faselte Murdock, als Hannibal ihm eine hochleistungsfähige Waffe reichte.

»Hör auf über Essen zu schwafeln, Mann!« beschwerte sich B. A. »Wir haben alle noch nichts gegessen, bis auf die paar Bissen Brot!«

»Na, und wessen Schuld ist das, B. A.?« fragte Face. »Wenn du dein Maul nicht aufgerissen und den ganzen Krawall gestartet hättest, dann könnten wir jetzt Mousse au chocolat vertilgen – nach einem fünfgängigen Menü.«

»Falls wir Glück haben, verteilen sie in der Brotfabrik kostenlos Gebäckstangen«, sagte Hannibal. Er gab Amy eine automatische Pistole und trug ihr auf: »Du übernimmst das Steuer, Kleine. Wenn wir herauskommen, dann fahr so nah ran wie möglich und halte dich startbereit.«

Nickend streckte Amy die Hand aus, damit B. A. ihr die Schlüssel geben konnte. Doch der rückte sie nur widerwillig heraus. »Geh mit meinem Kombi vorsichtig um. Ich habe ihn gerade hergerichtet, nach all dem, was Hannibal ihm in San Pedro angetan hat. Als er ihn in das Hafenbecken gefahren hat, war er beinah schrottreif.«

»Lieber der Kombi als wir«, erinnerte Hannibal.

»Mach dir keine Sorgen, B. A.«, versicherte Amy. »Ich werde ihn wie meinen eigenen fahren, ich verspreche es.«

Während Amy sich auf den Fahrersitz setzte, kauerten sich die Männer schnell hinter das Fahrzeug und konzentrierten sich auf ihr Ziel auf der anderen Straßenseite.

»Face, du deckst die rechte Flanke ab, ich werde als erster gehen«, sagte Hannibal. »B. A., du hältst dich links, Murdock, du bildest die Nachhut. Geh los, wenn du bis hundert gezählt hast. Wenn wir uns zurückziehen, legst du ein Kreuzfeuer ein, falls wir es brauchen sollten.«

»Hab' verstanden, Colonel«, antwortete Murdock strahlend.

»O Mann«, B. A. schnitt eine Grimasse, »laß doch diesen Verrückten nicht so etwas erledigen, Hannibal. Dieser Narr wird uns alle aus Versehen abknallen, weil er sich für Sergeant York oder sonst irgendein großes Tier hält!«

»Hierbei handelt es sich nur um eine Rückendeckung, falls wir in Schwierigkeiten geraten, B. A.«, erklärte Hannibal. »Und wir werden keine Schwierigkeiten kriegen.«

B. A. machte eine abfällige Bemerkung und umklammerte sein Gewehr.

»Betrachte es doch einmal so, B. A.«, scherzte Face, als sie langsam über die Straße gingen. »Wenn Murdock hinten bleibt, kann er wenigstens nicht deine Gans treffen, richtig?«

B. A. schaute Peck finster an. »Mann, ich hab' nur Geisteskranke um mich versammelt. Los, bringen wir es hinter uns.«

Als Hannibal auf das Haupttor zuging, trennten sich B. A. und Face und liefen auf zwei der Brotfabrik gegenüberliegende Punkte zu. Ein hoher Zyklonzaun umgab das Grundstück, und dicht darüber war straff gespannter Stacheldraht als zusätzliches Abschrekkungsmittel gegen Eindringlinge angebracht worden. Beim Tor angekommen, blies Hannibal eine Zigarrenrauchwolke in die Luft und schlüpfte aus seiner Anzugsjacke. Dann knöpfte er die dazugehörige Weste auf, worauf seine Beweglichkeit nicht mehr so eingeschränkt war. Das Gewehr über die Schulter gehängt, schleuderte er die Bekleidungsstücke hoch, damit sie sich über den Stacheldraht legten.

»Perfekt«, murmelte er in sich hinein. »Mach nur so weiter, und schon bald bist du für ein Rodeo bereit.«

Hannibal vergewisserte sich, daß sich Peck und B. A. weiter links und rechts ein Stück Zaun ausgesucht hatten, dann trat er ein paar Schritte zurück und atmete tief durch. Mit einem Anlauf hielt er auf den Zaun zu und nutzte seinen Schwung aus. Gleich darauf war er dicht unter der Jacke. Er atmete erneut tief durch, zog sich zu dem Stacheldraht hoch und landete mit katzenähnlicher Leichtigkeit auf dem asphaltierten Parkplatz. Dort nahm er sein Gewehr ab, duckte sich und rannte zum nächsten Lieferwagen, der ihm Deckung bot.

»So weit, so gut«, flüsterte er. »Jetzt wird es verzwickt.«

Mit der präzisen List trainierter Truppen sprangen Hannibal, Peck und B. A. von Lieferwagen zu Lieferwagen und näherten sich dem Gebäude. Hannibal bog als erster um die Ecke des Hauptlagerhauses. Geschwind versteckte er sich hinter einem Müllcontainer, damit er von den beiden bewaffneten Männern nicht entdeckt werden konnte. Die Wachen standen in der Nähe der Laderampe der Brotfabrik und luden Körbe mit frischgebakkenem Brot in den Laderaum eines Lieferwagens, der neben der leeren Limousine stand.

Gute dreißig Meter entfernt schlich Peck um die andere Ecke des Gebäudes. Und auch er war gezwungen, schnell in Deckung zu gehen, als er die beiden Schützen bemerkte. Face spähte hinter den aufgestapelten Kisten hervor, hatte dann Augenkontakt mit Hannibal und deutete nach rechts. Hannibal folgte seiner Geste und sah den Durchgang auf der anderen Seite des Müllcontainers. Nachdem er sich vergewissert hatte, daß die beiden bewaffneten Männer mit dem Beladen des Lieferwagens beschäftigt waren, schlich er von dem Container weg und arbeitete sich durch den Durchgang zu einem innenliegenden Korridor vor. Am Ende des Korridors war eine einsame Tür zu sehen, und als Hannibal auf sie zuging, spürte er, wie sich ihm jemand von hinten näherte. Vorsichtig ließ er seinen Zeigefinger auf den Abzugshahn seines Gewehrs gleiten, drehte nach einer Seite ab und wirbelte herum. Nur sein scharfer Instinkt bewahrte ihn davor, aus einem Reflex heraus B. A. niederzuschießen, der ganz plötzlich stehenblieb und voller Unruhe in den Gewehrlauf starrte, den man ihm ins Gesicht hielt.

»Tut mir leid, B. A.«, flüsterte Hannibal und nahm seine Waffe herunter.

»Bist ganz schön schnell, Hannibal«, erwiderte B. A., dem ein Grinsen gelang. »Hast deine Fähigkeiten nicht verloren.«

Als sie zusammen zur Tür gingen, murmelte Hannibal: »Ich habe da so 'ne Ahnung, daß sie abgeschlossen ist. Hast du deine kleinen Hilfsartikel mitgebracht?«

B. A. nickte und zog ein Schlosserkästchen aus seiner Weste. Und während er vor das Schloß trat und sich daran zu schaffen machte, beobachtete Hannibal den Korridor. Es gelang ihnen, ohne Zwischenfälle in das Gebäude einzubrechen. Hinter der Tür lagen weitere Korridore, die alle nur schwach ausgeleuchtet waren, da die Brotfabrik heute eigentlich geschlossen war. Doch das Aroma von frischem Brot lag in der Luft.

»Was nun?« fragte B. A. leise.

Hannibal antwortete ihm nicht. Er neigte den Kopf und legte einen Finger auf seine Lippen. B. A. lauschte aufmerksam, und dann hörte er es auch – Stimmen, die aus einem geräumigen Empfangsbereich zu den Laderampen drangen. Seite an Seite trotteten die beiden Männer den Korridor hinunter und blieben dann neben einer geöffneten Tür stehen, hinter der ihr Freund von den beiden Gewehrschützen bedrängt wurde, die ihn hinter dem Restaurant aufgegriffen hatten.

»Ich denke, du weißt, daß du schon tot bist, Kleiner.«

Lin Duk Coo saß auf einer Kiste, die Hände hatte man ihm auf dem Rücken zusammengebunden. Er erwiderte den finsteren Blick des Mannes im blauen Anzug und schimpfte: »Vor einer Drohung von einem Mann, der keinerlei Autorität hat, braucht man sich keine Sorgen machen. Sie reden wie ein Großer, aber Sie kriegen Ihre Befehle von einem anderen.«

»Ach ja?« Der Mann im Anzug schlug Lin mit dem Handrücken ins Gesicht. »Hast du gesehen, daß ich jemanden gefragt habe, ob ich das hier tun darf? Hm?«

Lins Kopf flog auf die Seite, obwohl er sich mitbewegte. Auf seiner Wange waren rote Striemen zu sehen. Trotzdem weigerte er sich, den Schmerz zur Kenntnis zu nehmen. Mit zusammengebissenen Zähnen saß er schweigend da und stierte auf den Boden, bereit, alle weiteren Demütigungen zu ertragen, die man eventuell noch für ihn bereithielt.

Abgesehen von der Tür, hinter der sich B. A. und Hannibal aufhielten, gab es noch zwei andere Türen, durch die man den Empfangsbereich betreten konnte. Der Fahrer der Limousine kam durch die Tür, die direkt neben den Laderampen lag, und rief seinem Partner zu: »Mr. Anderson sagt, daß wir ihn mit der nächsten Fuhre rausbringen und ihn an die Krabben verfüttern sollen.«

Lins Peiniger blühte bei dieser Nachricht auf. Er packte den Koch beim Kinn, schob seinen Kopf so weit hoch, daß sie sich in die Augen blicken konnten und höhnte: »Für den Fall, daß du nicht kapierst, das heißt, ich habe die Autorität, dich alle zu machen! Was hältst du davon?«

»Ich denke, daß es eine Schande ist, daß ich durch die Hände von hirnlosen Idioten sterben soll«, erklärte Lin. »Nur zu, schlagen Sie mich doch noch mal, solange meine Hände auf den Rücken gebunden sind! Feigling!«

Der Schütze mußte sich zurückhalten. Beinah hätte er Lin tatsächlich geschlagen. Aber sein Gesicht war vor Zorn gerötet. Er lief zur nächsten Werkbank, schnappte eine Rolle Paketklebeband und schnaubte: »Na, ich ruiniere mir doch nicht meine Krawatte, um dich zu knebeln, Frühlingsrolle. Ich werde dir dein Mundwerk ein für allemal schließen, und solltest du mich dann immer noch nerven, dann stopf' ich dir auch die Nase zu, und du kannst langsam, aber sicher ersticken.«

»Nimm doch das Klebeband mit und kümmere dich unterwegs

um ihn«, schlug der Fahrer vor. »Der Lieferwagen ist jeden Augenblick beladen, und Anderson will, daß wir von hier verschwinden, pronto.«

Der Schütze riß ein Stück Klebeband ab. »Dieses kleine Stück werd' ich wohl noch draufkleben können.«

Bevor das Klebeband auf Lins Mund befestigt werden konnte, hallten Gewehrschüsse durch den Raum, und der Bereich, in dem sich Lin und seine beiden Entführer aufhielten, sah plötzlich wie ein Schießübungsplatz aus, der gerade voll genutzt wird. Kugeln drangen in die Wände, zischten über den Boden und zwangen die beiden Kidnapper zur Aufführung einer Art von improvisiertem Storchtanz.

Hannibal und B. A. schossen sich bis in den Empfangsbereich vor, ließen dann aber ihre Waffen schweigen.

»Okay, Jungs«, rief Hannibal den Übeltätern zu. »Nehmt die Waffen runter und die Hände hoch, sonst sind wir diejenigen, die euch alle machen.«

»Ihr Typen!« schrie der Fahrer der Limousine, als er Hannibal und B. A. erkannte. »Ihr konntet euch nicht raushalten, nicht wahr?«

Hannibal schüttelte den Kopf. »Ihr seid mit dem Koch verschwunden, bevor wir ihm unser Lob aussprechen konnten. Schlechte Manieren. Die werden wir euch jetzt beibringen.«

»Hannibal!« heulte Lin erleichtert auf. »B. A.!«

»Wie geht es, Lin?« fragte Hannibal. »Lange Zeit her, daß wir dein Brot gegessen haben, hm?«

Hannibals großspuriges Benehmen ging auf Kosten notwendiger Vorsicht, und weder er noch B. A. sahen, wie der andere Schütze in der dritten Tür auftauchte. Glücklicherweise feuerte der Mann zu schnell, um akkurat zu zielen, und Hannibal gelang es, den Kugeln auszuweichen. Gleichzeitig verpaßte er B. A. einen Schubs, so daß dieser auch nicht verletzt wurde. Lin nutzte das Durcheinander aus, sprang von der Kiste und rammte dem Mann im dunklen Anzug seine Schulter in den Rumpf. Der Mann stolperte gegen seinen Partner und rief Lin harmlose Profanitäten zu, während der Koch zu Hannibal und B. A. hetzte. Zu dritt zogen sie sich in ein Gewirr aus aufgestapelten Brotkisten zurück, um der nächsten Salve zu entgehen, und dann flohen sie in Richtung Laderampe.

Vor dem Gebäude luden die beiden Männer die letzten Brotkisten in den Lieferwagen, als sie das Gewehrfeuer hörten und schnell ihre Waffen schnappten, um ihren Partnern zu helfen. Doch bevor sie ins Gebäude stürmen konnten, ballerte Peck los und nagelte die Männer in einem Alkoven fest, der sich nur ein paar Meter neben dem Durchgang befand, durch den Hannibal und B. A. die Brotfabrik betreten hatten. Peck trat aus der Dekkung der schützenden Kisten, flitzte über den Parkplatz und sicherte sein Vordringen mit den letzten Kugeln ab, die ihm noch zur Verfügung standen. Als er den Lieferwagen erreicht hatte, sprang er hinter das Lenkrad und schaltete den Motor ein. Genau in dem Augenblick, als er zur Abfahrt bereit war, stürmten Hannibal und B. A. aus dem Gebäude. Lin war dicht hinter ihnen.

Peck streckte den Kopf aus dem Fenster und rief: »Steigt ein, Jungs. Gleich sind wir von hier verschwunden.«

Hannibal nahm die beiden Männer im Alkoven unter Beschuß und verschaffte B. A. und Lin auf diese Weise genug Zeit, um in den Laderaum des Lieferwagens zu krabbeln. Als Peck losfuhr, holte Hannibal ihn zu Fuß ein. Gerade in dem Augenblick, als ein Kugelhagel durch die Luft schwirrte, zog er sich in den Wagen hoch und nahm auf dem Beifahrersitz Platz. Die Kugeln schlugen genau an der Stelle ein, wo er eben noch gestanden hatte.

»Nette Arbeit, Face«, lobte Hannibal keuchend. »Wie die Hippies sagen, fahr immer nur weiter.«

Im Vergleich zum Kombi war der Lieferwagen äußerst schwerfällig, aber Face drückte das Gaspedal konstant durch und erreichte so eine Geschwindigkeit, daß er die beiden Männer abhängen konnte, die sie zu Fuß verfolgten. Immer wieder mußte er das Lenkrad scharf herumreißen, um Zusammenstöße mit anderen Lieferwagen zu vermeiden. Der Wächter war zum Haupttor gegangen, um nachzusehen, was es mit der Jacke auf sich hatte, die über dem Stacheldrahtzaun hing, und als er hörte, wie der Lieferwagen näher kam, riß er seine Pistole heraus und stellte sich aufrecht vor das Tor. Mit erhobener Waffe brüllte er: »Stehenbleiben, oder ich schieße!«

Der Wachmann brauchte ein paar Sekunden, um zu begreifen, daß Peck nicht vorhatte anzuhalten. Kurz bevor er mit dem Lieferwagen in Berührung kam, sprang er beiseite. Dabei brachte er unabsichtlich ein Regal mit Rollen zu Fall, das auf ihn herunterpurzelte. Der massige Lieferwagen riß das Tor aus seinen Angeln und schleuderte es weg, während Face unter Einsatz seiner ganzen Körperkraft das Lenkrad festhielt, um die Kontrolle über das Fahrzeug nicht zu verlieren.

Murdock hockte mit einem Spitzengewehr bewaffnet auf dem Dach des A-Team-Kombis. Als Amy sah, daß Peck im Lieferwagen saß, fuhr sie den Kombi geschwind zur Seite, um ihm Platz zu machen. In der Zwischenzeit nahm Murdock die Limousine aufs Korn, die gerade um die Ecke des Lagerhauses bog und auf das Tor zuraste. Das Magazin des Gewehrs war voll, und Murdock leerte es bis auf die letzte Kugel. Beide Vorderreifen der Limousine waren kaputt, ebenso der Kühler und der Motorblock. Dampf entwich dem Luxusgefährt, das wie ein in der Arena zur Strecke gebrachter Bulle auf dem Asphalt zusammengebrochen war. Die Insassen krochen heraus und schickten den Befreiern von Lin Duk Coo ein paar Schüsse aufs Geratewohl hinterher, aber da waren sowohl der Kombi als auch der Lieferwagen schon viel zu weit entfernt.

»Heeeeeeeeeahhhhhhhhh!« heulte Murdock, der sich am Kombidach festklammerte. »Reite ihnen nach, Cowboy!«

»Uh – oh«, murmelte Hannibal. Durch das Lieferwagenfenster

beobachtete er Murdocks exaltierte Vorstellung. »Ich glaube, der Range Rider ist für ein kurzes Zwischenspiel zurückgekehrt!«

»Wenn es nicht mein Kombi wäre, dann würde ich Amy sagen, daß sie ihn abschütteln soll«, sagte B. A. und grinste höhnisch.

»Aber, aber, B. A.«, mahnte Hannibal. »Zoll Murdock doch ein wenig Respekt. Schließlich hat er dich ja nicht in seinem Kreuzfeuer niedergestreckt, oder?«

»Der verdammte Narr hatte ja auch keine Möglichkeit dazu!« konterte Baracus.

Hannibal entspannte sich im Laderaum des Lieferwagens und gönnte sich eine neue Zigarre. Die andere hatte er auf der Flucht verloren. »Na, was sagst du, Lin?« sagte er in scherzhaftem Ton. »Ich könnte wetten... Lin?«

Lin Duk Coo saß in sich zusammengefallen neben einer vollen Brotkiste, aber seine Augen waren geschlossen und sein Kopf seltsam seitlich geneigt. B. A. bemerkte auch, daß etwas nicht in Ordnung war, und beide Männer krochen an Lins Seite.

»Heh, Hannibal, der ist bewußtlos!«

Smith schaute sich den Koch gründlich an. »Nach dem, was ich sehe, ist er nicht angeschossen worden.«

»Stimmt was nicht?« erkundigte sich Face, der immer noch den Wagen steuerte.

»Kümmere dich nicht drum, fahr einfach weiter!« rief Hannibal nach vorn. »Lin ist bewußtlos, aber wir wissen nicht, was ihm...«

»Hier, schau dir mal seinen Kopf an, Mann«, brummte B. A. und fuhr mit der Hand über das Haar des Kochs. »Der hat eine Beule, so groß wie ein Osterei. Muß sich den Kopf an der Brotkiste angeschlagen haben, als er in den Wagen gesprungen ist.«

Hannibal untersuchte den Bluterguß. »Das ist wirklich ein sauberes Ding – nun gut. Er wird sich wohl 'ne Zeitlang im Traumland aufhalten.«

»Verdammt!« murrte B. A. »Ich hatte gehofft, daß wir ein paar Antworten kriegen auf das, was um ihn herum vorgeht.«

»Tja, das wird wohl noch warten müssen«, sagte Hannibal und legte Lin bequemer hin, bevor er sich wieder neben Face setzte. »Ich glaube, in der Zwischenzeit sollten wir uns bedeckt halten, damit unser Fanclub aus der Brotfabrik uns nicht aufspürt. Face, in dem Haus, in dem du jetzt wohnst, gibt es da eine Tiefgarage?«

»O nein, uh – oh«, sagte Face und schüttelte den Kopf wild. »Seht mal, ich habe da gerade eine gute Sache am Laufen, und ich werde sie nicht vermasseln, indem ich euch dort anschleppe. Nichts Persönliches, aber eine versaute Beziehung pro Tag reicht mir.«

»Sag mal, Face«, sagte Hannibal und blies Rauch aus. »Was war dein Rang, als du das letzte Mal nachgesehen hast?«

»Er ist ein Lieutenant«, platzte B. A. heraus. »Und du bist ein Colonel, Hannibal. Du bist der Boss!«

»Danke, B. A.« Hannibal grinste. »Na dann, Face, was hast du gesagt, willst du uns nun deine Wohnung zeigen?«

Kapitel vier

Früher sagte man, daß Städte wie New York und Chicago aus geographischen Gründen vertikal – mit einer verschwenderischen Fülle von Hochhäusern – wachsen, während die unermeßlichen Flächen erschließbaren Landes, das Los Angeles umgab, es dieser Metropole erlaubten, sich in jede Richtung auszudehnen, vom Ozean einmal abgesehen. Diese Einschätzung bewahrheitete sich beinah hundertprozentig, denn Dekade um Dekade entfernten sich die Vororte vom Zentrum L. A.s. Und dennoch gibt es die Bezirke in dieser an der Küste gelegenen Stadt, in denen Hochhäuser wie giftige Pilze unter dem Einfluß von heftigem Regen aus dem Boden sprießen. Der Wilshire Corridor erwies sich als ein besonders fruchtbares Gebiet. Er hat seinen Ursprung in Downtown und erstreckt sich von dort bis nach Santa Monica und dem am Pazifik gelegenen Sandstrand. Obwohl ein gewisser Flächenanteil der Hochhäuser, die an diesem Boulevard stehen, an Firmen vermietet wird, fällt der größte in die Kategorie Luxusapartments. Angefangen von ein paar hunderttausend Dollar bis hin zu mehreren Millionen können die wohlhabenderen Einwohner von L. A. sich für die Annehmlichkeit entscheiden, in dieser aufrechten Gegend zu wohnen, wo man sich nicht mit lästiger Gartenarbeit herumplagen muß und es außerdem eine angeblich immer wachsame Horde Sicherheitsbeamter gibt, die darauf achten, daß Zeugen Jehovas, Amway-Hausierer und andere Figuren, die sich von Tür zu Tür vorarbeiten, nicht in die eigene Privatsphäre eindringen.

Templeton Peck residierte in so einer Behausung, einem zwölfstöckigen Gebäude aus Beton und verspiegeltem Glas, umgeben von Grünanlagen, die von angeheuerten Gärtnern gehegt wurden, und von einem spitzzackigen Schmiedeeisenzaun, den schnell herausschießende Bougainvilleen und Maulbeerbüsche zu überwuchern drohten. Das Hochhaus hieß Century Tower East, und sinnigerweise stand nebenan ein gleich aussehendes Gebäude mit Namen Century Tower West. Die beiden Gebäude sahen wie High-Tech-Türme in einem Schachspiel von Paul Bunyan aus.

Lin Duk Coo kam gerade wieder zu Bewußtsein, als Peck den Lieferwagen in die Tiefgarage fuhr, die sich unter den beiden Türmen befand. Amy folgte ihm im Kombi, und Murdock war in Sicherheit, das heißt im Fahrzeug. Sie parkten auf zwei nebeneinanderliegenden Parkplätzen in Sichtweite der Fahrstühle. Lin bewegte sich unruhig und blinzelte. Vollkommen durcheinander benötigte er ein paar Sekunden, bis er die Männer erkannte, die bei ihm waren. Amy und Murdock gingen zum Lieferwagen und öffneten die Hintertür, damit die anderen aussteigen konnten.

»O Junge! Da bin ich ja noch in letzter Minute gerettet worden«, blubberte Lin aufgeregt, als ihm B. A. beim Aussteigen behilflich war. »Danke.«

»Wenn du dich umgesehen hättest, bevor du weggelaufen bist, dann hättest du uns entdeckt, Mann«, klärte B. A. ihn auf.

»Ja, ja.« Lin nickte heftig und jammerte sofort, als die Bewegung das Pochen in seinem Schädel noch verstärkte. Er rang sich zu einem Lächeln durch und legte einen Finger auf die Beule auf seinem Kopf. »Dich kann man kaum übersehen.«

»Sieht so aus, als hätten die Jahre es gut mit dir gemeint«, sagte Face und trat vor, um den Koch freundschaftlich zu umarmen. »Ist gut, dich zu sehen, Lin.«

»Das möchte ich euch auch sagen... euch allen. In der Brotfabrik habt ihr mir das Leben gerettet.« Lin umarmte auch die anderen Mitglieder des A-Teams und schüttelte Amys Hand, als er sich ihr vorstellte.

»Was läuft denn ab, Lin?« erkundigte sich Hannibal, nachdem die Begrüßungszeremonie abgeschlossen war.

»Ich habe große Schwierigkeiten«, berichtete Lin. Sein Lächeln verblaßte. »Ein alter Geist ist wieder aufgetaucht und verfolgt mich.«

»Sieht nach einem ziemlich wirklichen Geist aus«, meinte Hannibal.

Doch bevor Lin ins Detail gehen konnte, fuhr ein Rolls-Royce – von denen gab es mehrere in der Tiefgarage – auf den Parkplatz neben dem Kombi. Ein Ehepaar, Mitte Fünfzig, stieg aus und betrachtete die Gruppe betroffen. Das Paar trug maßgeschneiderte Bekleidung und nickte den A-Team-Mitgliedern mit ihren ergrauenden Köpfen zu.

»Mr. Toney?« fragte der Ehemann. »Ist alles in Ordnung?«

Während sich die anderen nach dem geheimnisvollen Mr. Toney umsahen, schenkte Face dem Ehepaar ein breites Lächeln. »Vollkommen in Ordnung, Dr. Peters.« Und als er spürte, daß Mrs. Peters immer noch wegen der Anwesenheit seiner Partner unruhig war, schwafelte Peck aus dem Stegreif weiter: »Diese Leute hier helfen dabei, Mrs. Wrights L-förmiges Apartment im sechzehnten Stock herzurichten. Warten Sie nur, bis Sie es anschauen können. Das ist ein kleines Stück Himmel.«

»Hervorragend.« Dr. Peters war offensichtlich erleichtert.

»Oh, Mr. Toney«, rief Mrs. Peters, bevor ihr Mann sie zu den Fahrstühlen drängen konnte. »Wir hoffen doch, daß Sie immer noch diesen Brunch planen, von dem Sie uns letzte Woche erzählt haben.«

»Oh, absolut, Mrs. Peters. Den würde ich um nichts in der Welt verpassen wollen.« Peck grinste die Frau verschlagen an. »Sie kennen mich doch, oder etwa nicht?«

»Vorsichtig, Mr. Toney.« Der Doktor kicherte. »Sie bringen meine Frau zum Erröten.«

»Vergeben Sie mir.«

Während sich das Ehepaar Arm in Arm davonmachte und wieder der Unterhaltung zuwandte, die es beschäftigt hatte, bevor es dem A-Team über den Weg gelaufen war, musterte Hannibal Peck. »Mr. Toney? Du machst wohl Witze!«

»Hört sich nach einem Friseur an«, spottete B. A.

»Mr. Toney...«, murmelte Amy und versuchte den Namen einzuordnen. »Ist das nicht ein berühmter Innenarchitekt in L. A.?«

»Hört mal, können wir aus der Garage verschwinden, bitte?« flehte Peck. »Wenn ich euch Typen auch nur die geringste Chance biete, meine Tarnung auffliegen zu lassen, dann werden wir ein Scheißleben führen.«

B. A. schaute sich die Jaguars, Bentleys und Daimlers an, die zusammen mit den Rolls-Royces in der Tiefgarage standen. »Hier wohnen wohl ein paar Leute, die die große Kugel schieben. Wie hast du dich dazwischengedrängelt, Face?«

Face vergewisserte sich, daß die Peters hinter den Schiebetüren des Fahrstuhls verschwunden waren, und sagte dann: »Laßt uns in meine Penthouse-Suite gehen, in Ordnung? Und probiert, so auszusehen, als ob ihr wenigstens ein bißchen Klasse hättet. Wir haben es hier mit den oberen Zehntausend zu tun.«

»Nur voran, Euer Lieutenantheit«, sagte Hannibal spitz und zog eine neue Zigarre aus seiner Tasche. »Nur keine Sorge, ich werde sie nicht im Fahrstuhl anzünden.«

Face führte die anderen zum Fahrstuhl, drückte auf den Knopf und wandte sich an Lin. »Okay, eins interessiert uns alle brennend: Wie hast du es geschafft, von Nam hierherzukommen?«

Grinsend tippte sich Lin auf die Stirn. »Man kann darauf wetten, daß ein guter Koch auch ein spitzfindiger Kerl ist. Ich wollte aus dem Land kommen... wie sagt ihr, auf Bogen und Brechen?«

»Biegen und Brechen«, korrigierte Hannibal. »Zumindest bezweifle ich, daß du einen Bogen benutzt hast, um rauszukommen.«

Eine Glocke ertönte, und die Türen des linken Fahrstuhls gingen summend auf. Wieder war da ein vermögendes Ehepaar. Diese beiden waren zwar jünger als die Peters, aber ebenso gut gekleidet.

»Hallo, Mrs. Kline, Mr. Kline«, platzte Face heraus. In seiner Stimme klang plötzlich ein Hauch Charme mit. Als die Klines besorgt Platz machten und das A-Team inspizierten, wobei sie B. A. besondere Aufmerksamkeit schenkten, ging Face seine Kameraden unvermittelt scharf an. »Wie oft habe ich euch schon gesagt, daß ihr weiße Handschuhe tragen sollt, wenn ihr ein Knittersamtsofa ausliefert? Beim Transport habt ihr Fingerabdrücke hinterlassen.«

Die Klines gingen zu ihrem BMW, die anderen stürmten in den Fahrstuhl. Nachdem sich die Türen geschlossen hatten, drückte Peck auf den Knopf für das oberste Stockwerk. Lin lachte kurz und sagte: »Faceman ändert sich nie. Immer noch verrückt wie eh und je.«

»Von uns hat jeder seine Berufung«, sagte Peck, als sich der Fahrstuhl in Betrieb setzte.

»Ein Innenarchitekt?« höhnte B. A. »Du verarschst diese Leute, indem du den Innenarchitekt spielst?«

»Mir gefällt es«, kicherte Amy. »Tony Curtis könnte bei dir

Unterricht nehmen, Face. Erzähl mal, bei dem Theater, das du abziehst, entwickelst du da etwas mehr Geschmack?«

»Ich kann nicht glauben, was ich da höre!« beklagte sich Peck. »Ich setze die am besten abgesicherte Tour seit Jahren aufs Spiel, um euch zu verstecken, und was ist der Dank dafür? Beleidigungen! Das allein genügt schon, mich selbständig zu machen.«

»Ach, komm schon, Face, verträgst du keinen Scherz mehr, oder was?« Hannibal führte ein Streichholz an seine Zigarre.

»Du hast versprochen, daß du das Ding nicht im Fahrstuhl anzündest«, erinnerte ihn Face.

»Du hast recht. War mein Fehler.« Hannibal gab das Streichholz an B. A. weiter, der es lange genug hielt, damit Hannibal seine Zigarre anzünden konnte.

Face warf Lin einen Blick zu und schüttelte den Kopf. »Harte Zeiten kommen auf dich zu, Lin. Du brauchst Hilfe, aber nur ein paar Komiker stehen dir zur Verfügung.«

Kapitel fünf

Es war nicht die Präsidentensuite, aber die fünf Penthouse-Zimmer, die Peck sein Heim nannte, hätten bei den Mitgliedern der meisten Königshäuser Anklang gefunden. Das Apartment war ein Wunder an Extravaganz: angefangen von elegantem Teppichboden, so dick wie Rockefellers Brieftasche, bis hin zu den Wänden, an denen Drucke und Gemälde hingen, die mit den Kollektionen der schickeren Kunstgalerien der Stadt konkurrieren konnten. Die Amateurfotografen des *Architectural Digest* würden darum betteln, hier ein paar Aufnahmen machen zu können. Ein Plakat auf einer Staffelei im Korridor verwies auf die wahre Bestimmung, die diese Luxussuite hatte, und während Peck den anderen erlaubte, die Räume staunend zu betrachten, entfernte er diskret das Schild und versteckte es hinter einem überaus üppig gepolsterten Sofa im Wohnzimmer.

»Face, das ist ja unglaublich!« Amy hatte es den Atem verschlagen. Ihr Blick ruhte auf zwei Ming-Vasen, die links und rechts von einem Bronze-Gong standen, der auf einem Kaminsims ruhte. »Diesmal hast du dich selbst übertroffen.«

»Wie hast du dir diese Wohnung überhaupt unter den Nagel reißen können, Trottel?« motzte B. A. »Ich wohne in einer schäbigen Klitsche und du in einem verdammten Palast!«

»Hört mal, können wir die Wohnung mal vergessen?« Face setzte sich in Bewegung und nahm B. A. eine mundgeblasene Glasballerina aus der Hand, die dieser von einem Beistelltisch genommen hatte. »Warum widmen wir uns nicht einfach wieder unserem Geschäft? Ich meine, wir sollten herausfinden, weshalb diese Typen versuchen, Lin zu töten.«

Doch anscheinend interessierte sich keiner für Pecks Vorschlag. Amy widmete ihre ganze Aufmerksamkeit den Wänden und bewunderte die Kunstwerke, während Lin in die Küche spazierte und die Fülle der Küchenutensilien mit begehrlichen Blicken bedachte. Murdock setzte sich neben B. A. auf das Sofa und hob einen Bonsai-Baum hoch, der auf dem Tisch stand. Er riß die kleinen Blätter ab und mampfte sie in sich hinein, als handele es sich um importierte Bonbons.

Hannibal hatte beobachtet, wie Peck das Schild versteckt hatte, nachdem sie das Apartment betreten hatten, und zog es nonchalant wieder hervor. Er streckte den Arm aus und las:

VORFÜHR-PENTHOUSE-APARTMENT
EINRICHTUNG VON MR. A. TONEY
INNENDEKORATION NACH MASS

»Das gefällt mir, Face«, sagte Hannibal, stellte das Schild wieder weg und ging vom Sofa zur großen Schiebeglastür, durch die man auf eine Terrasse treten konnte. Dort genoß er den Ausblick über die Stadt. »Du bist schwer in Ordnung, Junge. Das hier ist genau die Art Unternehmen, die mich beeindruckt.«

»Deine Zustimmung freut mich«, erwiderte Face mit einem sarkastischen Unterton. »Meine Mutter hat mir immer wieder gesagt, daß alles, was ich tue, wert ist, daß ich es richtig tue.«

»Ich dachte, du seist von kleinauf ein Waisenkind gewesen«, mischte sich Murdock ein, bevor er wieder Bonsai-Blätter mampfte.

Hannibal blies eine Rauchwolke in den Raum und widmete sich dann wieder der Erkundung des Wohnzimmers. Er konnte nicht aufhören, Peck das Leben schwerzumachen. »So fristest du also dein Dasein, lebst in Mr. Toneys plüschigem Laufstall, vertust den lieben Tag beim Brunch mit Dr. und Mrs. Peters... schläfst in Mr. Toneys seidenen Schlafanzügen.« Hannibal schnappte sich den Pyjama, der über einen Stuhl drapiert war, und wirbelte ihn wie eine Siegesflagge durch die Luft. »Ja, Sir, ich bin stolz auf dich, Face. Und als Anführer des A-Teams beschließe ich, daß dieser Schuppen fürs erste als mein Hauptquartier herhalten muß.«

Während Hannibal seinen Entschluß mit einem Schlag auf den Kamingong besiegelte, warf Peck seine Hände resigniert in die Höhe. »Großartig. Einfach großartig. Da versucht man, euch behilflich zu sein, und dann wird man nur ausgenutzt. Denkt dran... wenn ihr irgend etwas kaputtmacht, dann könnt ihr es bezahlen.«

»Also, ich möchte jetzt endlich was zwischen die Kiemen schieben, Mann«, sagte B. A. und schnappte sich einen Apfel aus dem Früchtekorb, der auf dem Kaffeetisch stand. Kaum hatte er aber hineingebissen, verzog er das Gesicht. Der Apfel war aus Wachs.

»Gott, B. A., das tut mir aber wirklich leid«, höhnte Peck. »Ich glaube, der ist noch nicht reif, hm?«

B. A. spuckte das Wachs aus, sprang auf und schoß zu Lin in die Küche. »Heh, gibt es hier was Richtiges zu essen?«

Lin hatte natürlich schon die Schränke durchgesehen. Als er die

Kühlschranktür aufriß, sagte Face: »Da ist auch nicht viel drinnen, Lin. Hör mal, B. A., das hier ist eine Vorführwohnung. Kapiert? Nur zur Demonstration. Ich habe nicht vor, hier Lebensmittel einzulagern und zu riskieren, daß meine Deckung auffliegt. Verdammt noch mal, meistens muß ich bis nach Mitternacht warten, bevor ich mich hier reinschleichen kann, damit die Leute nicht merken, daß ich hier schlafe.«

»Wir alle haben unser Kreuz zu tragen«, sagte Hannibal. »Hört mal, ich habe in der Nähe einen kleinen Lebensmittelladen gesehen. Amy, meinst du, du könntest etwas besorgen, während wir uns mit Lin ein bißchen unterhalten?«

»Aber sicher.«

Amy nahm die Bestellungen auf und machte sich auf den Weg. Da das A-Team befürchtete, daß Lins Entführer sich in der Gegend herumtrieben, wollte Amy nicht das Risiko eingehen, mit dem Kombi entdeckt zu werden. Deshalb ging sie zu Fuß zu dem Lebensmittelgeschäft. Es dauerte gute fünfundvierzig Minuten, bis sie wieder auftauchte, und mittlerweile hatte Lin Duk Coo schon ein Großteil seiner Erlebnisse erzählt, die sein Leben geprägt hatten, seit er das A-Team zum letzten Mal gesehen hatte.

»... Ich bin nach Amerika gekommen«, sagte er gerade. »General Kao hat das für mich in die Wege geleitet. Er sagte zu mir, nimm Kontakt mit Mr. Anderson in der Angel-Brotfabrik auf, übergib ihm einen Brief, und genau das habe ich getan.«

Amy stellte die Tüte mit dem Essen auf den Kaffeetisch. Die Unterhaltung brach kurz ab, da sich jeder seine Ration unter den Nagel riß und losmampfte.

»Ich hoffe, ihr geht nicht davon aus, daß ich das hier als Geschäftsausgabe bei der Zeitung absetze«, sagte Amy und streckte ihre Hand aus. »Dann zahlt mal ein, Lin natürlich nicht. Lin, Ihr Essen geht auf meine Rechnung.«

»Ich danke Ihnen, Miss Amy. Das ist sehr nett.« Lin verschlang ein paar Bissen des Submarine-Sandwich, das er geordert hatte und wartete, bis die anderen Amy die Auslagen für ihr Essen bezahlt hatten. Dann fuhr er mit seiner Geschichte fort. »Es stellte sich heraus, daß Mr. Anderson Lieutenant Angel vom Strafgefangenenlager ist.«

»Dieser Mistkerl aus der C-Kaserne?« stotterte Murdock mit vollem Mund. Als Beilage zu seinem Bonsai-Bäumchen hatte er ein Pastrami-Sandwich bestellt. »Dieser schleimige Marine-Lieutenant, der jeden fertiggemacht hat? Mr. Diebstahl?«

»Und ist General Kao nicht dieser Sadist, von dem ihr mir im Restaurant erzählt habt?« warf Amy ein. »Warum sollte er Lin bei der Flucht aus seinem eigenen Strafgefangenenlager helfen?«

»Man muß Kao persönlich kennen, dann weiß man, daß er seine Gründe hat«, sagte Hannibal. »Er hatte schon immer die Durchsetzungskraft und den Mut, das zu tun, was er will. Offensichtlich wollte er, daß Lin diesem Lieutenant Angel eine Nachricht überbringt. Der ist nicht nur der größte Dreckskerl im ganzen Lager gewesen, während wir dort waren, sondern hat auch noch mit dem Feind kollaboriert. Kao und Angel waren vom gleichen Schlag.«

»Und jetzt lebt Angel hier unter dem Namen Anderson?« fragte Amy.

»Richtig, und augenscheinlich besitzt er die Brotfabrik, aus der wir Lin gerade rausgeholt haben, oder er leitet sie zumindest.« Hannibal wandte sich dem Koch zu. »Was weißt du sonst noch? Hast du gewußt, was in dem Brief steht?«

Lin schüttelte den Kopf. »Der Brief war versiegelt. Ich habe ihn ausgehändigt, bevor mir klar war, daß Mr. Anderson Mr. Angel ist. Zuerst ging ich davon aus, daß es sich um ein Empfehlungsschreiben handelt, daß er mir eine Arbeit gibt, denn bevor ich das mit Angel herausgekriegt habe, kommt der Mann, dem ich den Brief gegeben habe, vom Büro des Chefs zurück und bietet mir einen Job in der Brotfabrik an. Ich habe noch nicht mal den ersten Arbeitstag hinter mir, da höre ich, daß sie mich umbringen und es wie einen Unfall aussehen lassen wollen. Ich haue gerade noch rechtzeitig ab, laufe ziellos in der Stadt herum und weiß nicht, was ich tun soll. Schließlich stoße ich auf einen Landsmann, der mir Mut macht und mir den Job bei Arkan's beschafft. Ich denke, sie haben mich erst heute gefunden und versucht, mich endgültig fertigzumachen.«

»Die werden dir nichts antun, solange wir ein Wörtchen mitreden können, Lin«, beruhigte Hannibal ihn. »Ich denke, es ist das beste, wenn du für die nächste Zeit bei uns bleibst. Man kann nicht wissen, ob sie schon wissen, wo du wohnst.«

»Es ist gut, gute Freunde zu haben«, kommentierte Lin. »Ich weiß nicht, wie ich mich bei euch bedanken soll.«

»Ich schon«, sagte Face und legte sein Schinken-Roggen-Sandwich weg. »Wenn es erst einmal wieder etwas ruhiger geworden ist, dann könntest du ja vielleicht eine deiner alten Spezialitäten für uns kochen. Dieses Brot im Restaurant hat Erinnerungen geweckt.«

»Das ist ein Handel«, versprach Lin. »Was ihr im Lager bekommen habt, war nichts. Wartet, bis ihr das kostet, was ich zaubern kann, wenn mir alle Gewürze zur Verfügung stehen.«

»Mann, jetzt kommst du endlich mal zur Sache«, sagte B. A.

Während die anderen ihre Brote aufaßen, knabberte Hannibal gemächlich an seinem Roastbeef-Sandwich herum und schaute nachdenklich aus dem Fenster. »Wenn General Kao und Angel nach all diesen Jahren noch unter einer Decke stecken, dann haben die garantiert etwas Wichtiges vor. Ich frage mich nur, was es ist.«

Kapitel sechs

Tom Angel hatte sich in den sechziger Jahren pro forma darum bemüht, ein anständiges Leben zu führen. Es war ihm gelungen, die Hälfte der College-Zeit hinter sich zu bringen, ohne mit dem Gesetz in Konflikt zu geraten. Doch während er sich durch sein Unterstufenjahr quälte, bemerkte Tom, daß die Verlockungen der Aktivitäten nach dem Unterricht zu verführerisch waren, und so konnte er nicht mehr widerstehen. Hin und wieder hatte er kleine Mengen Gras gekauft, sie unzenweise an Freunde und Bekannte verkauft, um so ausreichend Profit zu machen. Dieser Gewinn sollte gewährleisten, daß sein Bedürfnis nach einem ehrlichen Leben finanziell abgesichert war. Aber in jenem Jahr freundete er sich mit einem Großhändler an. Sein Handel dehnte sich daraufhin bis zu dem Punkt aus, an dem er sich nicht mehr darum kümmerte, die Schulausbildung abzuschließen, sondern sich weitaus mehr damit beschäftigte, von Pfunden auf Kilos umzustellen. Angel bemühte sich, seine Klientel zu vergrößern und wurde dabei nachlässiger: sein Nebenerwerb wurde in weiteren Kreisen bekannt. Zu jener Zeit war das ein Fehler, den unzählige andere Leute auch machten, und dieser Fehler hatte das typische Nachspiel. Der Tag kam, an dem er an einen Undercoveragenten von der Drogenfahndung verkaufte. Daraufhin wurde er unter Anklage gestellt und von seinem Schlafsaal in das hiesige Gefängnis verlegt. Toms Glück war zwiespältig: Sein Vater war eine Figur aus der Welt des organisierten Verbrechens, der aber überhaupt keine Lust hatte, in die Probleme seines Sohnes verwickelt zu werden. Roger Angel hätte keinerlei Schwierigkeiten gehabt, ein paar Fäden zu ziehen, und schon wäre sein Sohn wieder frei gewesen. Ihm selbst hätte diese Hilfe nur einen kleinen Makel in seiner Akte eingebracht. Aber der alte Herr weigerte sich so sehr, daß er nicht mal die Kaution für Tom stellte. Das alles hatte zum Ergebnis, daß der junge Mann mit einem der zu jener Zeit berühmten Entweder-oder-Vorschläge konfrontiert wurde. Entweder er trat freiwillig in die Armee ein und ging nach Vietnam, oder man steckte ihn für fünf bis zehn Jahre ins Staatsgefängnis. Und so trat Thomas Angel sein Gastspiel bei der Armee an. Im Laufe der Jahre mogelte er sich durch die Ränge, bis er 1974 als Lieutenant mit einer ehrenhaften

Entlassung und einem Purple Heart in die Staaten zurückkehrte. Die Auszeichnung hatte er für ein Bündel Thaisticks erworben, das den Umfang eines Baumstammes hatte. In Übersee hatte er genug über die verschiedensten Korruptionsmöglichkeiten gelernt, um seinen Vater zu beeindrucken, und in den vergangenen acht Jahren hatte er als Roger Angels Mittelsmann in L. A. fungiert. Die Brotfabrik diente als Deckmantel für die zahlreichen illegalen Aktivitäten, für die er in Vietnam die Fähigkeiten erworben hatte.

Tom genoß seine Position und die Bequemlichkeiten, die mit ihr einhergingen. Er hatte sowohl Leibwächter als auch eine Limousine zur freien Verfügung, und er konnte sich an teurer Kleidung, schönen Frauen und an sonstigen Sünden erfreuen, die seiner jeweiligen Laune entsprachen.

Aber das war noch nicht genug. Tom langweilte es, die Geschäfte zu erledigen, die sich auf das Gebiet von Los Angeles beschränkten. Er wollte sein Territorium ausdehnen. Er wollte einen ganzen Staat als Spielwiese. Und an dem Tag, als Lin Duk Coo in der Brotfabrik auftauchte und die handgeschriebene Nachricht seines alten Kriegskameraden, General Kao, überbrachte, hatte Angel seine Chance gewittert. Während der letzten Wochen hatte er alle notwendigen Beziehungen und Vorbereitungen für den großen Schlag arrangiert, der ihn unweigerlich auf die nächste Machtposition im Familiengeschäft katapultierte.

Und dann war dieser Sonntag gekommen – mit einer Reihe von Schwierigkeiten, die nicht nur seine zahlreichen Vorbereitungen bedrohten, sondern auch jede Faser seines hiesigen Imperiums. Angel hatte buchstäblich jeden Heller in das Unternehmen mit General Kao gesteckt, und falls nichts getan werden konnte, um den Schaden zu begrenzen, der entstanden war, dann war er finanziell, wenn nicht sogar physisch am Ende. Und das alles nur wegen Lin Duk Coo. Tom war in einem Spiel gefangen, bei dem es um hohe Einsätze ging, und die Chancen hatten sich zu seinen Ungunsten verändert.

»Wann werden wir endlich dort sein?« schimpfte er ungeduldig auf dem Rücksitz der Limousine.

Die beiden Männer, die Lin Duk Coo tags zuvor aus dem Restaurant entführt hatten, saßen auf der Vorderbank. Der Schütze im blauen Anzug warf seinem Boss einen Blick zu und sagte: »In ein paar Minuten. Wir sind gleich bei der Ausfahrt.«

Sie rasten über den Freeway, der in Richtung Norden führte, ließen die Stadt und die Vororte hinter sich und durchquerten das relativ unfruchtbare Antelope Valley. Es war kurz nach Tagesanbruch, und der wolkenlose Himmel wurde mit jeder Sekunde heller, ganz im Gegensatz zu Angels Stimmung, die sich zusehends verdüsterte. Er öffnete die Tür des kleinen Kühlfachs, das im Rücksitz eingelassen war, und holte eine kleine Flasche Orangensaft heraus. Es waren nur noch wenige Schlucke übrig, und bevor Angel sie in seinem Magen verschwinden ließ, zog er einen silbernen Flachmann aus seiner Anzugsjacke und füllte den Saft mit einem guten Schuß Wodka auf. Das Mixgetränk jagte abwechselnd heiß und kalt durch sein Blut und verschaffte ihm den Auftrieb, der seine Selbstsicherheit wiederbelebte. Er wußte, daß er bei dem Treffen mit General Kao, das gleich stattfand, in die Offensive gehen mußte. Es war nicht der richtige Zeitpunkt, um Schwäche zu zeigen.

Angel führte den Flachmann ein letztes Mal an den Mund, verstaute ihn dann wieder in seiner Jacke und zündete sich eine Zigarre an, um seinen nach Alkohol riechenden Atem zu übertünchen. Er fühlte sich schon wesentlich lockerer, und als die Limousine dann den Freeway verließ und in die Seitenstraße einbog, die zu einem abgelegenen Flüßchen führte, hatte er schon wieder das Gefühl, alles im Griff zu haben.

»Da sind wir, Chef«, sagte der Fahrer und blieb neben der Betoneinfassung des Flüßchens stehen. »Genau nach Zeitplan.«

»Das gefällt mir«, erwiderte Angel und drückte seine Zigarre aus. Er wartete darauf, daß der andere Mann ausstieg und ihm die

Tür öffnete, dann begab er sich ins Freie, rückte seine Krawatte zurecht und atmete tief durch. Die Luft war rein und smogfrei. Angel schaute sich um, entdeckte ein paar vereinzelte Eichen und dichtgedrängte Manzanillobäumchen, die am Flußufer wuchsen. In der Ferne hob sich eine Bergkette gegen den Himmel ab, hinter der die Sonne Tag um Tag aufstieg.

Gerade in dem Moment, als Angel einen Blick auf seine Armbanduhr werfen wollte, hörte er das leise Dröhnen von Rotoren. Die Hand schützend über die Augen gelegt, blickte er in die Richtung, aus der das Geräusch kam, und bemerkte einen Fleck am Himmel. Je mehr sich dieser Fleck näherte, um so deutlicher konnte man die Umrisse eines Hubschraubers ausmachen. Das Brummen schwoll an, als sich der Helikopter dem Flüßchen näherte und für wenige Sekunden in der Luft schwebte, bevor er auf einer Lichtung, gute fünfundzwanzig Meter von der Limousine entfernt, niederging. Angel trat ein paar Schritte vom Wagen weg, gerade weit genug, daß seine Spießgesellen ihn nicht verstehen konnten, und stand dann tapfer abwartend herum.

»Dann laß ich ihn mal zu mir kommen«, murmelte er in sich hinein.

Der Hubschrauberpilot ließ den Motor laufen. Die Seitentür ging auf, und ein kleiner Mann in einem weißen Seidenanzug stieg aus. Wegen der rotierenden Flügel mußte General Kao geduckt gehen, bis er dann endlich an Tom Angels Seite war. Kao, glatzköpfig und gebräunt, wirkte viel eher wie ein orientalischer Unternehmer als wie ein Angehöriger des Militärs, der über die Jahre hinweg ein unglaubliches Vermögen zusammengetragen hatte, indem er seine einflußreiche Stellung dahingehend ausgenutzt hatte, auf dem privaten Sektor in seinem Heimatland und einem halben Dutzend Nachbarländern ein Verbrechernetz aufzubauen. Seine Augen waren so dunkel, daß man die Pupillen nicht erkennen konnte. Sein Blick, der auf Angel ruhte, während die beiden anderen Männer sich verzogen, wirkte durchdringend.

»Man hat mich über die Patzer von gestern abend informiert«, begann Kao kalt. So sprach er mit einem Untergebenen, bevor er ihm eine gnadenlose Strafe aufbrummte.

Unverfroren begegnete Angel dem Blick seines Gegenübers und wartete darauf, daß der Alkohol seinen Adrenalinausstoß anregte. »Laß mich dir etwas sagen, Kao«, erwiderte er, »wir sind hier nicht in Vietnam. Du bist kein Lagerkommandant mehr, und ich bin kein Strafgefangener. Es stünde dir gut an, dich daran zu erinnern, daß wir gleichwertige Partner sind... und das hier ist mein Land, nicht deins.«

General Kaos Gesichtsausdruck veränderte sich nicht. Es war, als habe er kein Wort von dem verstanden, was Angel gerade gesagt hatte. »Du hast zugelassen, daß Lin Duk Coo entwischt ist«, bemerkte er einfach, nachdem Angel verstummt war. »Du hast mich meiner Rache beraubt.«

»Wir sind im Drogengeschäft und nicht die großen Rächer«, erinnerte Angel Kao genervt. »Du hast eine Quelle in China, und ich habe hier ein Verteilernetz aufgebaut. Ich sehe nicht, wo da die Rache ins Spiel kommt.«

Kao seufzte herablassend und setzte dann zu einer Erklärung an. »Du bist nicht Teil meiner Kultur. Vielleicht solltest du deinen Vater über die Gesetze des Schweigens befragen... das *Omérta* der amerikanischen Unterwelt. Vielleicht kann er dir etwas über Rache erzählen.«

Angel erwiderte Kaos abfälliges Verhalten und führte aus: »Wenn du bei deinem veralteten Ehrenkodex bleiben willst, dann ist das dein Problem. Ich schere mich um die wichtigeren Dinge. Die Leute, die Coo gerettet haben, haben einen Lieferwagen gestohlen, in dem die erste Ladung des chinesischen Stoffs war. Zweihundert Päckchen, Kao. Zehn Millionen Dollar. Die Hälfte davon gehört dir. Deshalb mache ich mir Sorgen – und nicht darüber, ob du mit einem unwichtigen Koch, mit dem du noch eine Rechnung offen hast, abrechnest oder nicht.«

»Lin Duk Coo hat amerikanischen Gefangenen geholfen, aus meinem Konzentrationslager zu fliehen«, erklärte General Kao geduldig. »Das habe ich schon vor langer Zeit herausgefunden, aber niemandem erzählt. Ich habe auf den richtigen Augenblick gewartet, um mich zu rächen. Als ich fühlte, daß die Zeit für unser kleines Unternehmen gekommen war, habe ich Lin Duk Coo als meinen Kurier geschickt und bin davon ausgegangen, daß er getötet wird, sobald er seine Aufgabe erledigt hat. Das sollte meine Rache sein für seine treulosen Aktivitäten. Und ich habe mich gefreut, wenn ich daran dachte, wie perfekt ich alles eingefädelt hatte. Aber nicht so perfekt, wie ich dachte, so scheint es, denn ich habe die Exekution jemandem überlassen, der Rache nicht zu schätzen weiß. Du hast mich im Stich gelassen, Lieutenant.«

»Jetzt hör aber auf, Kao!« schnappte Angel erregt. »Ich habe es satt, das zu hören, in Ordnung?«

»Nein, es ist nicht in Ordnung«, erklärte Kao ihm. Er wartete einige Sekunden, begegnete Angels Blick, zermürbte den Widerstand des anderen Mannes, bis der erste Hauch Angst durch den Mantel der Tapferkeit schimmerte, der auf Alkohol basierte. »Ein neues Verteilernetz kann aufgebaut werden, sollte die Notwendigkeit bestehen, aber dieser Koch, der mich hintergangen hat, muß sterben. Ich will Lin Duk Coo tot sehen.«

»Das habe ich bemerkt.«

General Kao hob einen seiner dünnen Finger und hielt ihn Angel vors Gesicht. »Du wirst das zu Ende bringen, oder ich werfe deinen Leichnam in sein Grab.«

Der Mann in dem weißen Anzug wartete nicht, wie Angel auf seine Drohung reagierte, sondern drehte sich um und lief zum Hubschrauber zurück. Der Pilot machte sich an den Hebeln und Gängen zu schaffen. Dann stieg der Helikopter auf und flog weg. Dreck wurde durch das Drehen der Flügel aufgewirbelt. Angel blieb unerschütterlich stehen und beobachtete, wie sich das Flugzeug entfernte. Das war das einzige, was ihn vom Zittern abhielt.

Kapitel sieben

Wenn Amy Allen nicht gerade mit dem A-Team die Gefahr suchte, verdiente sie ihren Lebensunterhalt als Reporterin beim Los Angeles *Courier Express*. Ihre journalistischen Quellen hatten dem Team bei zahlreichen Aufträgen in der Vergangenheit geholfen, und sie ging davon aus, daß ein paar Stunden Recherche im Zeitungsarchiv nicht schaden konnten. Vielleicht würde sie auf wertvolle Informationen stoßen, was die Verbindung zwischen General Kao und Tom Angel betraf. Kaum aber war sie im Büro aufgetaucht, sah sie sich gezwungen, den halben Tag damit zu verbringen, eine Story über einen betrügerischen Kunsthändler zu schreiben. Erst danach konnte sie sich aus dem Büro schleichen und über den Akten im Keller des *Courier Express* brüten. Zu ihrer freudigen Überraschung stieß sie während der ersten halben Stunde auf einen Berg sachdienlicher Zeitungsausschnitte. Nachdem sie sie durch das Kopiergerät strapaziert hatte, stellte sie ein Dossier zusammen. Daraufhin kehrte sie in ihr Büro zurück und erledigte ein paar Telefonanrufe, die das Material, das sie im Archiv zusammengetragen hatte, untermauerten und auf den neuesten Stand brachten. Als sie dann endlich wieder zu der Luxuswohnanlage zurückkehrte, ging schon die Sonne unter. Die Wolken, die über dem Ozean hingen, wurden in leuchtende Farbschattierungen getaucht, die von den verspiegelten Außenflächen der beiden Türme reflektiert wurden.

Amy fuhr mit dem Fahrstuhl ins oberste Stockwerk und war mitten im Korridor, als sie gedämpften, aber ausgelassenen Gesang wahrnahm. Howling Mad Murdock machte seinem Namen alle Ehre und trällerte wie ein Kojote unter dem Fluch des Vollmonds die Melodie von »The Old Chisholm Trail«.

Lin Duk Coo stimmte beim Refrain mit ein, war aber immer noch nicht in der Lage, viel mehr als ein lautstarkes »Ay-yi-yi«

herauszupressen, und dabei war es egal, wie sehr er sich auch bemühte, die Laute richtig zu artikulieren.

Als B. A. auf dem Weg zur Tür war, um Amy einzulassen, konnte sie ihn schimpfen hören. »Murdock, ich habe gesagt, du sollst damit aufhören! Mann, mit dem Gesang treibst du mich in den Wahnsinn!«

B. A. öffnete die Tür einen Spaltbreit, um sich zu vergewissern, wer gekommen war. Dann erst ließ er Amy eintreten.

»Ist Range Rider wieder im Geschäft?« witzelte Amy.

B. A. nickte mißmutig und warf Murdock einen finsteren Blick zu. »Und wenn der so weitermacht, dann werde ich ihn in die weite Ebene zurückschicken, bis ich ihn nicht mehr hören kann!«

Hannibal saß auf der Terrasse und rauchte eine Zigarre. Zusammen mit Face genoß er den Sonnenuntergang. Als die beiden Männer auf Amy aufmerksam wurden, kamen sie wieder herein.

»Glück gehabt?« fragte Hannibal sie.

»Über General Kao habe ich nichts herausgefunden«, erwiderte Amy und gab Hannibal die Akte, die sie zusammengestellt hatte, »aber über Angel gibt es genug Material. Das dürfte helfen, die Puzzleteile zusammenzusetzen, glaube ich.«

»Ach ja?«

Während Hannibal schnell die Zeitungsausschnitte überflog, erstattete Amy den anderen Bericht. »Das wird euch wirklich überraschen. Sein Vater ist Big Rog Angel, eine alte, aber einflußreiche Nummer in der Welt des Verbrechens, der sich jetzt so halb in Arizona zur Ruhe gesetzt hat. Scheint so, als habe sein Sohnemann Tommy seinen Namen geändert. Heißt jetzt Anderson. Hat den Decknamen, seit er hier vor fünf, sechs Jahren die Brotfabrik übernommen hat. Natürlich ist die Brotfabrik nur eine Fassade. Man munkelt, daß er von Anfang an das Familiengeschäft, den Drogenhandel, über die Brotfabrik abgewickelt hat, obwohl bis jetzt niemand in der Lage war, ihm etwas anzuhängen.«

»Die Drogensache überrascht mich nicht«, warf Peck ein. »Damals in Nam hat er 'ne ganze Menge verdealt, während er im Knast war. Wir sind davon ausgegangen, daß er etwas beiseite schaffen konnte, als Belohnung dafür, daß er Kao mit Informationen gefüttert hat.«

»Und das Zeugs, das Angel verschoben hat, war lächerlich, verglichen mit dem, was der General am Laufen hatte«, fügte B. A. hinzu. »Ich könnte eine Wette darauf abschließen, daß die genau das jetzt wieder betreiben. Irgendeine Drogenchose.«

»Was meinst du, Lin?« fragte Hannibal.

Lin zögerte kurz, dann nickte er freudlos. »General Kao hat seine Finger in vielen dunklen Geschäften. Ich habe versucht, mich nicht darum zu scheren, konnte aber nicht umhin, gewisse Dinge zu hören und zu sehen.«

»Das ist dann wahrscheinlich auch der Hauptgrund, weshalb er dich töten wollte, nachdem er für dich keine Verwendung mehr hatte«, riet Hannibal.

»Wir müssen einen Weg finden, wie wir ihr Ding platzen lassen können«, sagte Face. »Mir würde es gar nichts ausmachen, wenn sowohl Kao als auch Angel am Ende in einer Zelle sitzen, deren Schlüssel man weggeworfen hat.«

»Was wir brauchen, ist ein Plan«, murmelte Hannibal, der immer noch die Zeitungsausschnitte in der Akte durchblätterte. »Hmm, Amy, du hast an den Rand dieses Artikels das Wort ›Golf‹ gekritzelt. Es geht darum, daß Angel Mitglied in einem Country Club ist. Was bedeutet das?«

»Offensichtlich ist er ein Golffreak«, sagte Amy. »Ich habe den Club angerufen, und sie sagten, daß er dienstags, donnerstags und samstags achtzehn Löcher spielt.«

»Allein?«

Amy schüttelte den Kopf. »Mit zwei anderen Typen. Einem Chauffeur und einem Leibwächter. Der Clubprofi sagt, daß sie beide besser als Angel spielen, aber sie nicht so blöd sind, ihn zu schlagen.«

»Klingt in meinen Ohren sehr loyal«, sagte Face.

»Und klingt auch so, als ob das die beiden Typen sind, die Lin im Restaurant geschnappt haben.« Hannibal grinste ganz leicht, und in seinen Augen lag ein Glanz, der einen das Fürchten lehren konnte.

»Ich mag es gar nicht, wenn er diesen Blick kriegt«, grummelte Face.

Lin Duk Coo grinste. »Der Colonel mag es, wenn ein Plan hinhaut.«

»Genauso ist es, Lin«, bemerkte Hannibal, schloß die Akte und tippte die Zigarrenasche in einen Untersetzer auf dem Kaffeetisch. »Das mag er. Morgen ist Dienstag, nicht wahr?«

»Natürlich«, sagte Amy.

»Na, dann wissen wir ja, was wir zu tun haben«, verkündete Hannibal.

»Was tun wir denn?« erkundigte sich B. A.

Hannibal blies einen Rauchring in die Luft, schnappte sich einen imaginären Golfschläger und rief: »Achtung!«

Kapitel acht

Der Hillfair Country Club lag in den Bergen von Hollywood, und übertraf die Opulenz der meisten Häuser und Anwesen, die den hügeligen Golfplatz einrahmten. Ihre Üppigkeit war keine große Herausforderung für den weitläufigen Club. Der Golfplatz, der in allerbestem Zustand gehalten wurde, war sowohl bei den Profis als auch bei Berühmtheiten äußerst beliebt. Viele von ihnen wohnten in der Nähe des ersten Abschlags und konnten den Platz zu Fuß erreichen. Tom Angel wohnte zwar in Malibu, wo es mindestens ein Dutzend erstklassige Golfplätze gab, die für ihn leichter zu erreichen waren als Hillfair, aber hierher kam er dreimal pro Woche.

Seine Vorliebe hatte einen simplen Grund: diesen Platz konnte er mit einem Punktestand spielen, der um ein halbes Dutzend Punkte niedriger lag als auf jedem anderen Platz, den er ausprobiert hatte, seit er in Los Angeles wohnte. Außerdem schätzte er die Speisekarte des Clubhauses, in dem er unweigerlich seine zweistündige Pause zwischen den Runden verbrachte. In dieser Zeit nahm er eine Mahlzeit ein und erledigte Geschäfte über ein Telefon, das man ihm an den Tisch brachte.

Angel machte dieses Spiel Spaß, aber er spielte Golf auch, weil es ihm die Möglichkeit bot, seinen Körper in Form zu halten und Streß abzubauen. Doch heute gingen ihm so viele Dinge im Kopf herum, daß ihn die Beschäftigung mit dem kleinen weißen Ball, den er über die hügelige Rasenfläche drosch, nicht zu beruhigen vermochte. Die ersten neun Löcher hatte er hinter sich gebracht, und er hatte grauenhaft gespielt. Seit seinem Beitritt in diesen Club war das sein schlechtester Tag gewesen. Aber anscheinend war das noch lange nicht genug, nein, dem Koch waren die frischen Shrimps ausgegangen, und so konnte er sich nicht mal an seinem Lieblingsgericht erfreuen. Statt dessen entschied sich Angel gezwungenermaßen für ein Sandwich mit französischem Dip, das so schwer wie Hanteln in seinem Magen lag. General Kaos Warnung hing wie eine dunkle Rauchwolke über ihm und beunruhigte ihn. Im Vergleich dazu schienen das besorgniserregende Golfspiel und die grauenhafte *au-jus*-Sauce wahrlich unbedeutend.

»Na, dann mal ran an die zweite Neuner-Runde, oder?« sagte er, nachdem er seine Unterschrift auf einen Scheck gekritzelt hatte. Sein Chauffeur und sein Leibwächter, beide in Designerklamotten vom Profi-Shop nebenan, willigten schweigend ein, erhoben sich von ihren Stühlen und gingen zur Tür in Richtung zehntes Loch.

Drei Männer, in mittleren Jahren, saßen in der Nähe des ersten Abschlags. Sie trugen schäbige, karierte Polyesterklamotten und tauschten Witze aus, während sie die Golfschläger überprüften, die sie für Angel und seine Kumpane schleppten.

»... und dann sage ich also: ›Ich setze meine Frau.‹« Einer der grauhaarigen Caddies kicherte schon, bevor die Pointe klar war. »Und er sagt: ›Deine Frau? Ich hatte gehofft, du würdest deinen Hund ins Spiel bringen!‹«

Als die beiden anderen Caddies sich anschauten, um sich zu vergewissern, daß ihnen nichts entgangen war, brach der Mann, der den Witz erzählt hatte, in schallendes Gelächter aus. Dabei mußte er sich so schütteln, daß er beinah seinen falschen Schnurrbart verloren hätte, der seine wahre Identität kaschierte. Natürlich handelte es sich bei dem Möchtegern-Caddy um Hannibal Smith.

»Wer sind Sie?« erkundigte sich Angel und fixierte Hannibal. »Wo ist Melville?«

»Hat sich krank gemeldet, während Sie beim Essen waren, mein Herr«, erläuterte Hannibal.

»Krank? Der schien mir bei den ersten neun Löchern doch noch ganz fit zu sein.«

»Irgendwie ganz plötzlich gekommen, denk' ich«, antwortete Hannibal schleppend. »Ist ja auch egal, Melville hat gesagt, ich könnte Ihnen zur Abwechslung mal Glück bringen, aber ich muß zugeben, mein Herr, daß ich nicht genau weiß, was er da quatscht.«

»Kümmern Sie sich nicht um den Aberglauben. Wie heißen Sie?«

»Eugene. Aber meine Freunde nennen mich Genie, weil ich anderen Glück bringe«, sagte Hannibal und zog einen Driver aus Angels Golftasche. »Hier, mein Herr. Mit Genie werden Sie zufrieden sein, das kann ich Ihnen versprechen.«

»Tja, nun, ich bin mit einem Caddy zufrieden, der weiß, wann er die Klappe halten soll!« schnauzte Angel, nahm Hannibal den Schläger ab und ging zum ersten Abschlag.

Er schaute zu, wie Hannibal ein paar Schritte nach hinten trat und sich zu den anderen Caddies gesellte.

»Genie, huh?« spottete einer. »Das werden wir ja noch sehen. Angel hat schon den ganzen Tag eine absolut miese Laune.«

Die ganze Gruppe wurde plötzlich still, als Angel seinen Ball auf den Abschlag legte und ein paar Übungsschwünge absolvierte. Dann endlich schlug er zu, und der Ball flog gute zweihundertundfünfzig Meter, mitten ins Zentrum des Fairways.

»Zum Teufel noch mal!« entfuhr es ihm.

»Netter Schuß, Sir«, sagte sein Leibwächter.

Hannibal strahlte, als er Angel den Driver abnahm. »Das war wirklich gut Holz, mein Herr. Ja, in der Tat.«

»Ja, ich war gut, nicht wahr?« Angel grinste zum ersten Mal an diesem Tag. »Vielleicht bringen Sie mir ja doch Glück.«

»Aber wie heißt es doch so schön, das war erst der Anfang«, versprach Hannibal. Er dachte nicht im Traum daran zu erwähnen, daß er Angel präparierte Bälle untergeschoben hatte, während dieser beim Essen gewesen war. Selbst Mutter Teresa hätte mit dem Ball, den Angel geschlagen hatte, eine gute Entfernung herausgeholt.

An Angels Gürtel hingen sowohl ein Pieper als auch ein transportables Telefon, und während seine beiden Mitspieler einen Ball vom ersten Abschlag spielten, lief er zur nächsten Golfballwaschanlage und telefonierte kurz mit der Brotfabrik, um zu erfahren, ob es irgendwelche neuen Ergebnisse bei der Suche nach Lin Duk Coo gegeben hatte. Hannibal war leider nicht nah genug dran, um die Unterhaltung mithören zu können, aber da Angel vor sich hin schimpfte, kaum daß er das Telefon wieder an seinen Gürtel gehängt hatte, ging Hannibal davon aus, daß keiner der Mitarbeiter des Golfers Lin auf die Spur gekommen war – und somit auch nicht auf seine.

Der Chauffeur und der Leibwächter schlugen angeschnittene Bälle, die beide ganz schön weit weg von Angels kleiner, weißer Kugel landeten. Beide Männer mußten erneut schlagen, um Angel einzuholen und in den Bereich des Fairways zu kommen, der einen Hauch Grün bot, das von Bäumen und Sandfallen eingerahmt war. Während sich die Gruppe um Angel scharte, der gerade zu einem Schuß mit dem Dreier-Eisen ansetzte, bemerkten sie zwei Männer, die auf dem Rasen herumlungerten und sich offenbar weitaus mehr für ihre Unterhaltung interessierten als für das nächste Loch.

»Na los, Jungs!« brüllte Angel ihnen zu. Er hoffte sehr, daß sein zweiter Schuß dem ersten in nichts nachstand. »Wir warten hier. Schlagt endlich, ja?«

Das Duo bewegte sich keinen Zentimeter vom Flaggenstock weg. »Sie können Sie nicht verstehen, oder sie wollen Sie nicht verstehen, mein Herr. Das ist jedenfalls meine Meinung.«

»Braucht nicht gerade viel, um das zu erkennen«, erwiderte Angel aufgeregt. Er wandte sich an seine Spielpartner und sagte: »Don, Solly, geht hinauf und bringt diese Typen auf Trab, ja? Ich bin gerade in Schwung und habe nicht die geringste Lust, ihn zu verlieren.«

Chauffeur und Leibwächter reichten ihre Schläger den Caddies und marschierten zielbewußt auf das Stück Rasen zu, wo Templeton Peck und Howling Mad Murdock alles taten, nur eben keinen Ball schlugen. Die beiden A-Team-Mitglieder waren so eigenwillig gekleidet wie die verrückten Nachkommen eines wohlhabenden Clans. Peck mobilisierte bei jedem Schuß jede mögliche Technik. Das einzige, was ihm noch fehlte, war ein Computer, der die verschiedensten Variablen berechnete, die in Betracht gezogen werden mußten, wenn man zu einem Zwanzig-Zentimeter-Schlag ansetzte. Murdock aber hatte sich hingekniet und erweckte den Eindruck, als mache er Kniebeugen vor einem außerirdischen Wesen, das sich dafür entschieden hatte, in Form eines Topflite-Turfmasters auf die Erde zu kommen.

»Und ich sage dir, Face, mein Ball kann sprechen«, insistierte Murdock. »Das kann er wirklich.«

»Stimmt, Murdock, und mein Putter kann zu Dixieland-Musik auf Zehenspitzen tanzen.«

Murdock hob seinen Ball auf, auf dessen Oberfläche ein Riß

war, so daß er eine leichte Ähnlichkeit mit dem fröhlichen Kaffeebecher hatte, der in den siebziger Jahren viel Zeit damit verbracht hatte, den Menschen einen schönen Tag zu wünschen. »Sag was Nettes zu Faceman«, bat Murdock den Ball.

»Viele von denen können sprechen«, gab Face zu. Aus den Augenwinkeln heraus bemerkte er, daß Angels Brutalos näher kamen. »Aber kann er auch singen?«

»Ich hab' ihm bis jetzt noch keine Lieder beigebracht«, antwortete Murdock schnell. »Aber das ist 'ne gute Idee, Face.«

Murdock hatte gerade eben die erste Hälfte der Strophen von »The Old Chisholm Trail« geschmettert, als er und Face mit vierhundertundfünfzig Pfund potentieller Gewalt konfrontiert wurden.

»Wollt ihr Typen vom Rasen verschwinden?« Don, der Leibwächter, erkundigte sich mit verhaltener Höflichkeit. »Mr. Anderson wartet dort oben darauf, daß er seinen Ball schlagen kann.«

Murdock streckte seinem Ball die Zunge entgegen. »Da bekommen wir Besuch, und du bist nicht angezogen. Tsk, tsk.«

»Wirklich komisch, Jungs«, mischte sich Solly mit unbewegter Miene ein. Er ließ seine Fingerknöchel laut knacken, und Peck und Murdock verstanden den Hinweis, daß ihre Knochen dieselben Geräusche von sich geben könnten, wenn er sich ihrer annahm.

»Nun, wenn Ihnen die Witze nicht gefallen, dann versuchen wir es mal mit einem Geschäft.« Peck hatte eine Position eingenommen, bei der sein Rücken dem Fairway zugewandt war. Er trug weite Hosen. Der .38er Revolver, der in der vorderen Hosentasche versteckt war, war in der Stoffülle nicht zu sehen. Face zog die Waffe blitzschnell heraus und hielt sie dicht an die Hüfte, damit Angel, der viel weiter hinten stand, sie nicht sehen konnte. Don und Solly sahen die Waffe allerdings, und die Tatsache, daß sie auf sie gerichtet war, gefiel ihnen überhaupt nicht.

»Heh, Klugscheißer, ich weiß schon, was das Kaliber eines...«

»Halt die Klappe, und bleibt stehen, wo ihr seid. Wenn Angel oder Anderson... oder wie immer ihr ihn nennt, wenn er argwöhnisch wird, dann verpasse ich jedem von euch eine Kugel, genau dorthin, wo es schön weh tut.«

Die Waffe war auf Dons Mitte gerichtet. Obwohl Don nicht vorhatte, eine Familie zu gründen, liebte er seine Juwelen doch sehr. Insofern dachte er nicht im Traum daran, das Risiko einzugehen, einen Teil seiner Kollektion zu verlieren. Sowohl Don als auch Solly blieben ruhig stehen und versuchten, ihrem Boss keinen Blick zuzuwerfen.

Angel lief um seinen Ball herum und schaute finster in die Gegend. »Was haben die denn dort oben für ein Problem?« Dann brüllte er: »Komm schon, Don! Verscheuch diese Penner vom Rasen und kommt endlich zurück, damit wir weiterspielen können!«

Hannibal nahm die Golftasche von der Schulter und zog den gestrickten Schonbezug von einem Gegenstand, der eigentlich ein Zweier-Eisen hätte sein sollen. Statt dessen kam ein A. R.-15-Gewehr zum Vorschein. Angel brauchte ein paar Sekunden, um zu begreifen, was gerade passiert war, aber in dieser kurzen Zeit hatte Hannibal die Waffe schon herausgezogen und getestet, denn er wollte sichergehen, daß sie funktionierte. Und das tat sie auch: Ein paar Kugeln rissen den Rasen neben Angels Gucci-Schuhen auf.

»Ich bin sicher, daß du irgendwo eine Spielzeugpistole hast, Freundchen«, sagte Hannibal. »Hol sie ganz vorsichtig heraus und leg sie hin.«

Die beiden anderen Caddies schreckten zurück, als Angel in seine Tasche griff und eine kleine .22er herauszog, die er am Lauf hielt. Die ganze Zeit über schaute er Hannibal an. »Wer sind Sie?«

»Ich habe gesagt, daß Sie sie hinlegen sollen.« Nachdem Angel Hannibals Aufforderung nachgekommen war, riß Hannibal den Schnurrbart weg und entfernte das Make-up. »Nun, wie geht es Ihnen, Lieutenant? Verkaufen Sie immer noch die Sachen anderer Leute... genau wie in Nam?« fragte er.

Nachdem Angel nun endlich ein Gesicht hatte, das er mit der Stimme in Verbindung bringen konnte, gelang es ihm auch, die dazugehörigen Erinnerungen hervorzukramen. Und dann wußte er, wem er gegenüberstand. »Colonel? Colonel Smith?«

»Nicht zu Ihren Diensten.« Hannibal zielte immer noch auf Angel, griff aber mit der anderen Hand in die Seitentasche des Golfbeutels und holte ein Walkie-talkie heraus. Er hielt sich das Gerät vor den Mund und sagte: »Wir sind bereit.«

Zwischen den Bäumen war plötzlich ein Motor zu hören, und B. A. schoß mit seinem Kombi ins Freie, brauste über das unwegsame Gelände und rollte auf die Grünfläche, wo Hannibal Angel in Schach hielt. Face und Murdock brachten Don und Solly zum Kombi, während Amy hinten ausstieg und die Türen offenhielt.

»Hinein mit euch, mit euch allen«, befahl Hannibal Angel und seinen Schlägern. »Wir werden einen Kriegsrat abhalten.«

»Sie wissen nicht, worauf Sie sich da einlassen, Smith«, warnte Angel und weigerte sich, sich zu bewegen.

»Sicher weiß ich das«, antwortete Hannibal, »aber ich bin ungestüm. Außerdem bin ich verrückt und schießwütig. Steig ein, bevor mir der Schaum vor den Mund tritt und ich anfange, wild um mich zu schießen.«

Don und Solly gingen nicht davon aus, daß Hannibal bluffte. Ohne zu zögern kletterten sie in den Kombi. Peck kontrollierte die beiden mit seiner .38er. Schließlich gab Angel nach und folgte seinen beiden Untergebenen.

»Kluge Entscheidung, Angel«, lobte Hannibal. »Na, dann hauen wir mal ab und fahren irgendwohin, wo wir unter uns sind.«

Kapitel neun

B. A. steuerte den Kombi in die Berge. Im Laderaum des Fahrzeugs hatte sich eine beklemmende Stille breitgemacht. Den drei Gefangenen war es nicht erlaubt, sich miteinander zu unterhalten oder irgendwelche Fragen über ihre Entführung zu stellen. Sie saßen einfach nur da und funkelten Hannibal und Peck böswillig an. Die beiden A-Team-Mitglieder bewachten ihre Gefangenen mit vorgehaltener Waffe. Murdock saß auch hinten und wischte die kleinen Dreckklumpen und Grasflecken von seinem Lieblingsgolfball. Als er bemerkte, daß Don ihn beobachtete, setzte er zu einer Bauchrednernummer an. Der Golfball diente ihm als Gegenüber.

»Glaubst du, daß es uns Spaß macht, den lieben, langen Tag herumgehauen zu werden?« jammerte der Ball mit einer hohen Stimme. »Nun, das ist nicht der Fall. Das hier ist nur eine Warnung der Golfball-Befreiungsarmee... laßt mein Volk in Ruhe!«

Don schaute erst Murdock an, dann Solly, dann Hannibal. »Geht es darum?« fragte er. »Nehmen Sie uns als Geiseln, weil wir auf Golfbälle schlagen?«

»Rate noch mal, Bizepsgehirn«, höhnte Hannibal. »Tu doch nicht so, als ob du uns nicht vom Restaurant und der Brotfabrik her kennen würdest. Du weißt, warum wir eine kleine Spazierfahrt unternehmen.«

»Don, halt die Klappe«, befahl Angel seinem Leibwächter. »Wenn sich hier jemand mit diesen Außenseitern unterhält, dann bin ich das.«

»Wie nett«, sagte Hannibal. »Es war mir schon immer lieber, wenn ich meine Beschwerden beim Boss vortragen kann. Heh, B. A., wie steht's?«

»Sind gleich oben, Hannibal.«

Auf der Bergkuppe befand sich ein unerschlossenes Grundstück, auf dem Gräser und Myrtensträucher wucherten. Wenn man die Parzelle ein bißchen landschaftlich gestalten und die Werbetrommel rühren würde, hätte man das Grundstück in ein paar Monaten für eine gute Million verkaufen können. Aber bis dahin diente es den Kindern aus der Nachbarschaft als Spielplatz und den Jugendlichen aus der Gegend als ein Mekka, wo sie sich ungestört küssen und begrapschen konnten. B. A. verließ die Hauptstraße und folgte zwei tiefen Furchen, die in dichtes Gebüsch führten. Von dort aus konnte man von den umliegenden Häusern nicht gesehen werden. Kaum stand der Kombi, öffnete Murdock schon die Tür einen Spalt und streckte den Arm hinaus. In der Hand lag sein Golfball. Die weiße Kugel schien die Gegend mit der Sorgfalt eines Comic-Periskops zu inspizieren und dann zu melden: »Alles klar!«

Die hinteren Türen flogen ganz auf, und Murdock hüpfte hinaus. Die Gefangenen, Hannibal und Peck stiegen nach ihm aus. Amy und B. A. liefen nach hinten und stellten sich zu den anderen.

»Face, Amy, ihr nehmt die Beobachtungsposten ein«, ordnete Hannibal an.

Peck gab seine Waffe an Murdock weiter und schnappte sich das alte Thompson-Maschinengewehr, das im Kombi lag. Dann stürmte er in die Richtung, aus der sie gekommen waren. Amy nahm das Fernglas, das an ihrem Hals hing, herunter und lief auf die Bergkuppe zu, von der aus sie einen unversperrten Blick auf die ganze Gegend werfen konnte. Als Hannibal dann schließlich die letzten Reste seiner Caddy-Verkleidung abgelegt hatte, verschränkte Angel die Arme über der Brust. »In Ordnung, sehr nett, Colonel«, sagte er. »Sie hatten ja schon immer ein Faible für ungewöhnliche Pläne. Nun gut, ich bin also beeindruckt.«

»Du steckst in Schwierigkeiten.« Hannibal deutete auf eine Stelle ein paar Meter weiter drüben. »Warum gehst du nicht dort hinüber, weg von deinen Freunden?«

Doch Angel brauchte erst einen kräftigen Stoß in die Rippen, bevor er sich in Bewegung setzte. Murdocks Waffe bewirkte also doch etwas. »Ihr Typen seid es, die in Schwierigkeiten stecken«, klärte Angel Hannibal auf. Dazu benötigte er den letzten Funken Tapferkeit, der noch in ihm steckte. »Ich denke, daß Sie herausgefunden haben, wer mein Vater ist.«

»Ja, ein großer Drogendealer. Genau der richtige Typ, um einen kleinen Drogendealer wie dich heranzuzüchten, Tommy. Das einzige Problem ist, daß dein Daddy weit weg ist. Du kannst weinen, und er wird dich nicht hören.« Hannibal hielt kurz inne, um sich eine Zigarre anzuzünden, löschte das Streichholz und warf es gutmütig in Angels Richtung. Auf dem Hemd des Drogendealers blieb ein brauner Fleck zurück. »Laß dir gesagt sein, wie wir die Sache sehen, Angel. General Kao hat mit Drogen gehandelt, schon lange Zeit bevor es modern wurde, und sein Geschäft lief so gut, daß er bald der Vizekönig des Orients war. Als sich dann die Staaten in Nam einmischten, dachte er, daß es an der Zeit war, seine Operation auszudehnen. Er suchte eine Möglichkeit, seinen Stoff nach Amerika zu bringen. Und dann, vor zehn Jahren, taucht da auf einmal Big Rog Angels kleiner Junge Tommy auf. Er landet im Gefangenenlager des Generals, und – *voilà* – Kao hat die perfekte Lösung für sein Verteilungsproblem gefunden. Er hat dich beeindruckt, und du hast Verrat begangen, richtig, Junge? Die anderen Gefangenen fressen Kakerlaken und Gras, während du in General Kaos Hauptquartier sitzt, geräucherte Austern in dich hineinstopfst, dir die Nägel polieren läßt. Und währenddessen schmiedet ihr Pläne für die kommenden Jahre.«

»Das ist schon zehn Jahre her«, konterte Angel. Seine Stimme klang ein bißchen gequält. »Nicht einmal Sie können über einen so langen Zeitraum sauer sein.«

»Viele Jungs sind dort verreckt, Mann!« rief B. A., trat einen Schritt vor und verpaßte Angel einen leichten Schubs. Angel taumelte an den Myrtensträuchern vorbei. Seine Gorillas, die von Murdock beaufsichtigt wurden, konnten ihn nun nicht mehr sehen. »Viele Typen sind verreckt, und du hättest ihnen helfen können!« fuhr B. A. fort. Seine Wut wurde immer schlimmer. »Du hattest die Möglichkeiten, aber du hast sie nicht genutzt!«

»Und wir werden das jetzt für sie abrechnen. Wir werfen dich in ein tiefes Loch, und dann sind alle Schulden beglichen.«

»Heh, machen Sie doch nicht so eine finstere Miene!« Angel kicherte nervös. »Glauben Sie nicht, daß Sie ein bißchen zu weit gehen?«

»Das finde ich überhaupt nicht, Lieutenant.« Hannibal trat vor und verpaßte Angel noch einen Schubs. Doch dieses Mal gab der Boden nach, als der Golfer nach hinten stolperte, und er schrie vor Schreck, als er in ein offenes Grab fiel. Er landete hart auf dem Erdreich, verstauchte sich einen Knöchel und stöhnte vor Schmerzen. Als er versuchte, wieder aufzustehen, riet ihm Hannibal: »Versuchen Sie es mit Hinknien, Angel. Die Zeit fürs Beten ist gekommen.«

Angel schaute auf und sah, wie Hannibal mit einem automatischen Gewehr auf ihn zielte. »Wenn Sie schießen, wird es jemand hören«, blubberte er verzweifelt. »Damit kommen Sie nicht davon.«

Hannibal klopfte auf seine Waffe. »Wird sich nach Feuerwerkskörpern oder nach einem Preßlufthammer anhören. Niemand wird einen zweiten Gedanken daran verschwenden, mal abgesehen von deinen Schlägern. Wahrscheinlich müssen wir ihre Windeln wechseln, bevor wir sie auf dich schmeißen.«

Angel zermarterte sich den Kopf, versuchte, einen Ausweg aus dem Dilemma zu finden. Und entschied sich dann für das Mittel, das Kriminelle am liebsten einsetzen, um zu überzeugen – Bestechung. »Sie dürften doch ein weitaus weitsichtigerer Geschäftsmann sein, Colonel. Ich kenne euch Typen. Ich lese die Zeitungen. Ihr seid heiß... ganz schön heiß. Sie könnten Geld brauchen, richtig? Vielleicht können wir ja einen Handel abschließen?«

»Ich bin nicht Monty Hall«, erwiderte Hannibal. »Und ich lasse mich nicht kaufen.«

»Jeder läßt sich kaufen, Colonel«, hakte Angel nach. »Das ist eine der wenigen Konstanten im Leben. Es kommt nur darauf an, den richtigen Preis herauszufinden.«

»Du glaubst das wirklich, nicht wahr, Trottel?« knurrte B. A. und schob mit dem Fuß eine Ladung Erde zu Angel hinunter. »Vergiß es, Mann!«

Angel tat so, als hätte er B. A. nicht gehört. Er schüttelte den Dreck aus seinem Haar, blickte Hannibal an und setzte seinen Handel fort. »Sie haben meinen Lieferwagen aus der Brotfabrik, und Sie haben Lin Duk Coo. Ich brauche beide. Ich bin bereit, eine Million in bar zu zahlen, wenn Sie mir beide aushändigen.«

»Kein Handel.« Und doch hatte es den Anschein, als ziehe Hannibal die Idee einer Verhandlung mittlerweile schon eher in Betracht. Er nahm sein Gewehr herunter und schnippte seine Zigarrenasche auf Angel. »Du mußt schon etwas Gewichtigeres ins Spiel bringen.«

Angels Miene wurde um eine Nuance freundlicher. »Zum Beispiel was?«

»Nicht was. Wen. Ich will General Kao.«

Angel wurde starr und hielt den Atem an. »Der ist ja nicht mal in diesem Land«, log er.

»Lin sagt, er ist hier«, widersprach Hannibal. »Sieh mal, Lieutenant, es gibt viele Möglichkeiten, Drogen aus dem Orient herauszuschmuggeln. Du brauchst ihn nicht. Du bist ein kluger Mann. In Kürze hast du einen anderen, der dir das Zeug liefert.«

»Worauf wollen Sie hinaus?«

»Das hab' ich dir schon gesagt. Ich will Kao. Ich kann dir nicht deine Nägel polieren lassen, Tommy, aber ich kann dich leben lassen. Denk darüber nach.«

»Das kann ich nicht, wenn ich in diesem Loch festsitze«, schimpfte Angel. »Sie müssen mir etwas Zeit lassen. Ich muß meinen Vater anrufen.«

»Du hast vier Stunden. Gib uns eine Nummer.«

Angel zog seine Brieftasche heraus, in der er seine Visitenkarten verstaut hatte. Eine davon reichte er Hannibal. »Das ist mein Büro in der Brotfabrik. Auf der Rückseite steht auch eine Nummer. Die gehört zu dem Telefon an meinem Gürtel.«

»Gut. Aber denk dran, vier Stunden.«

B. A. und Hannibal drehten sich um und liefen weg. Angel blieb in dem Loch zurück. Er rief: »Ihr wollt mich laufenlassen, hm? Einfach so? Was, wenn ich mit euch ein doppeltes Spiel treibe?«

Hannibal blieb stehen und drehte sich zu Angel um. »Heh, Junge, so clever bist du nicht. Damals in Nam hab' ich ein paar ziemlich fiese Dinger gedreht. Das weiß man. Und seit ich wieder in den Staaten bin, ist es mir auch ganz gutgegangen. Für mich bist du nur ein Nichts, du gehörst mir, wann immer es mir in den Sinn kommt. Das einzige, was dich rettet, ist der General. Den will ich noch mehr als dich.«

B. A. und Hannibal marschierten durch das Gebüsch. Auf der anderen Seite stießen sie auf Murdock, der Don und Solly mit Handschellen aneinandergebunden hatte. Dons Hände waren mit Sollys Handgelenken verbunden. Die beiden sahen wie lebende Bretzeln aus, wie sie da so auf dem Rasen lagen.

»Es lebe der Golfball!« rief Murdock triumphierend. Offensichtlich verbuchte er die Gefangennahme als Sieg für seinen unterdrückten Kameraden.

»Nette Arbeit, Murdock«, sagte Hannibal und bewunderte die Fähigkeiten seines Mitarbeiters. »Na, dann laßt uns mal von hier verschwinden.«

Kapitel zehn

»Sei jetzt endlich ruhig, Idiot! Ich kann diesen Auspuff nicht ausbauen, wenn du mir die ganze Zeit dein Gesabber reindrückst!«

B. A. rollte unter dem Lieferwagen der Brotfabrik, der noch immer in der Tiefgarage stand, hervor und wedelte mit dem gebogenen Schraubenschlüssel nachdrücklich vor Murdocks Gesicht herum. Murdock hatte sich auf die hintere Stoßstange gesetzt und suhlte sich in einer tiefen Melancholie. Mit düsterer Miene starrte er den Golfball in seiner Hand an, als ob es sich dabei um Yoricks Schädel handeln würde. Aber sein einsames Wehklagen erinnerte nicht im mindesten an Shakespeare.

»Sicher... sicher.« Er rümpfte die Nase. Mit zitternder Stimme fuhr er fort: »Du wohnst in einem netten Hotel. Wie würde es dir gefallen, wenn man dich in das Seitenfach einer Golftasche steckte, zusammen mit angekauten Bleistiften und alten Tees, an denen noch der Dreck klebt?«

»Wie würde es dir gefallen, wenn ich den verdammten Ball in den Gully werfe und mit diesem Schraubenschlüssel deine Stimmbänder neu ordne, Trottel?«

Murdock nahm den Ball in beide Hände, damit man ihn nicht mehr sehen konnte. Dann lächelte er B. A. entschuldigend an.

»Mann, niemand kann uns vorwerfen, daß wir keine Behinderten einstellen«, schimpfte B. A., als er sich wieder unter den Lastwagen schob. Mit viel Kraft machte er sich an die widerspenstige Schraube, die den Auspuff am Fahrgestell festhielt.

»B. A.?« flüsterte Murdock ganz leise. Er wollte testen, ob Baracus ihn noch hören konnte. Und als keine Antwort kam, nahm Murdock eine Hand vom Golfball und fing an, ihn zu streicheln. Zuerst redete er mit dem Ball ganz leise, aber seine Gefühle verstärkten sich zusehends, und so sprach er bald lauter. »Haarige Finger holen dich heraus, zwingen dich, auf Zehenspitzen auf diesem dreckigen, ersten Tee zu stehen... obwohl du noch nicht mal richtig wach bist. Und dann ziehen sie einen Schläger heraus – einen *Schläger* –, gleich darauf stehen sie über dir, und du schließt deine kleinen Augen, während sie die Arme hochnehmen... und diesen Schläger mit voller Kraft schwingen, daß du mit einer Wucht von diesem Tee weggeschleudert wirst...«

Murdock war so sehr in seine Anteilnahme vertieft, daß er nicht bemerkte, wie B. A. wieder unter dem Lieferwagen hervorkam, den Auspuff in der Hand. B. A. packte Murdock beim Hemdkragen und zog ihn zu sich heran. »Das ist ein Golfball, Idiot! Das hier ist nur ein Golfball! Du treibst mich in den Wahnsinn, Mann! Da, siehst du das hier?« Er hielt Murdock den Auspuff vor die Nase. »Noch ein Wort, und ich benutze den hier wie einen Baseballschläger und schlag damit so hart auf den Ball, daß er sich wünschen wird, die Fabrik niemals verlassen zu haben. Kapiert?«

Lin Duk Coo und Amy standen im Lieferwagen neben den Brotregalen und schnitten jedes einzelne Brot der Länge nach auf, als wollten sie Riesensandwiches zubereiten. Lin, der B. A. und Murdock beobachtet hatte, sagte: »Es verändert sich nichts.«

»Das ist aber sicher«, stimmte Amy zu. »Die beiden sind wie Öl und Wasser.«

»Wie Laurel und Hardy, denke ich«, sagte Lin. »Sogar im Gefangenenlager haben sie immer alle zum Lachen gebracht.«

»Wie war es im Lager?« fragte Amy, deren journalistischer Instinkt nicht lange unterdrückt werden konnte. »Anscheinend haben die Jungs nie richtig Lust, davon zu erzählen.«

»Sehr schlimme Zeit«, sagte Lin. »Vielleicht wollen sie nicht darüber reden, weil dann die Erinnerung wiederkommt. Es ist am besten, wenn man vergißt, wie hart manche Menschen andere behandeln.«

»Ich hab' noch nie erlebt, daß Hannibal so darauf bedacht ist, eine alte Rechnung zu begleichen. Er will General Kao schnappen, und dann wird es wirklich hart.«

»So, wie Hannibal hinter Kao her ist, so ist Kao hinter mir her«, sagte Lin. Der Gedanke ließ ihn schaudern. »Ich hatte Glück, daß ich vom A-Team gerettet wurde, bevor General Kao mich erwischt hat, sonst wäre ich als menschliches Sushi an seine Schweine verfüttert worden.«

Die Tür des Fahrstuhls ging auf und Hannibal trat heraus. Peck war bei ihm.

»Na, wie läuft's?« fragte Hannibal auf dem Weg zu ihnen nach. »Was gefunden?«

Während die anderen den Kopf schüttelten, flehte B. A.: »Nimm diesen Idioten nachher mit, in Ordnung, Colonel? Ich kann von diesem Golfball-Befreiungsgequassel nicht mehr viel vertragen.«

»B. A., du unterhältst dich doch auch manchmal mit deinem Werkzeug«, verteidigte sich Murdock. »Und ich würde es nicht wagen, das zu wiederholen, was du zu ihm sagst.«

»Seht ihr, was ich meine?« wollte B. A. wissen. »Der ist schon zu lange nicht mehr in der Klapsmühle gewesen. Ich denke, wir sollten ihn wieder ins Veteranenkrankenhaus bringen. Soll sich doch einer dieser Hirnklempner anhören, was er seinem Ball zu sagen hat. Hauptsache, ich bin es nicht.«

Hannibal schaute die verschiedenen Teile durch, die B. A. vom Lieferwagen abgeschraubt hatte. Da lagen der Auspuff und die Innenverschalungen, die er herausgeholt hatte, die Radkappen, und der Motorblock war auch schon zur Hälfte auseinandergenommen. Hannibal hob den Luftfilter auf, schüttelte ihn mehrmals und legte ihn dann wieder auf den Boden. »In diesem Lieferwagen muß es etwas Wertvolles geben«, murmelte er.

Als B. A. sich wieder daran machte, die hintere Stoßstange abzunehmen, rief Face aus: »Heh, B. A., du hast hier überall irgendwelches Zeug verstreut!«

»Wo soll ich es denn deiner Meinung nach hintun?« fragte B. A.

»Hör mal, in diesem Haus gibt es eine Instandhaltungsordnung«, beschwerte sich Peck. »In den öffentlichen Bereichen darf man keine Unordnung schaffen, und die Garage ist ein öffentlicher Bereich.«

»Ich produziere Unordnung, wenn ich Unordnung produzieren will, Mann.« Und zur Untermauerung seiner Worte ließ er die abgelöste Stoßstange auf den Betonboden fallen. Lehmbrocken und Ruß flogen durch die Luft. Face sprang gerade noch im richtigen Augenblick zurück, um seine weißen Hosen vor Dreck zu verschonen.

»Wenn wir das nächste Mal wieder ein Versteck suchen, dann kannst du auf mich zählen«, sagte Peck zu Hannibal. »Ich habe es langsam satt, daß alle meine guten Dinger von Attila und seinen fröhlichen Hunnen fertiggemacht werden.«

Amy meldete sich aus dem Innern des Lieferwagens. »Hannibal, wieso bist du dir so sicher, daß hier überhaupt etwas versteckt ist?«

»Angel wollte uns für den Lieferwagen und Lin eine Million Dollar zahlen. Das hat meine Neugier geweckt.« Hannibal schnappte sich einen Brotlaib und brach ihn in der Mitte durch. Nichts zu sehen. »Ich gehe mal davon aus, daß hier irgendwo chinesisches Rauschgift versteckt ist. In irgendeinem Loch.«

»An den Film kann ich mich auch erinnern!« rief Murdock aufgeregt. »Popeye Doyle hat eine Limousine ganz auseinandergenommen, um der French Connection auf die Schliche zu kommen. Mann, wir könnten hieraus ja einen zweiten Teil machen!«

»Es hat schon einen zweiten Teil gegeben«, erinnerte Peck ihn.

»Na, dann eben einen dritten Teil!« Murdocks Augen leuchteten auf einmal. Er dachte an ein Kino, dessen Reklame von weitem zu sehen war. »*Die China Connection 3-D*, mit Odorama! Helfen Sie dabei, den Verbrecher herauszuziehen! In der Hauptrolle Brutus Doyle, Popeyes lange verschwunden geglaubter Cousin und erster Ermittler bei Interpol...«

Während Murdock sich ausmalte, wie sein Geruchsvision-Meisterwerk sein sollte, fuhr ein Mercedes auf den Parkplatz neben den Lieferwagen und eine umwerfend gutaussehende Rothaarige stieg aus. Sie trug ein schwarzes Cocktailkleid und hochhackige Schuhe. Instinktiv warf sie ihren Kopf zurück und begutachtete kritisch die seltsame Szene in der Garage. Der Anblick von Männern mit dreckigen Händen beunruhigte sie.

»Mr. Toney, um Himmels willen, was geht denn hier vor?«

Peck lief schnell nach vorn und stellte sich direkt vor die Frau. Sein Versuch, ihr den Blick auf B. A.s Arbeit zu verwehren, war mehr als kläglich. »Ich... äh... ich plane gerade eine kleine *merci soirée* für die Bewohner des Hauses«, stammelte er. »Wissen Sie, Kaffee und Kuchen in der Vorführwohnung. Eine Art Dankeschön für all die Umstände, die durch Mr. Toneys Inneneinrichtungen während der letzten drei Monate entstanden sind. Der Lieferwagen von diesem Kerl aus der Brotfabrik funktioniert auf einmal nicht mehr. Er hat meine Bestellung ausgeliefert.«

»Das ist ja alles schön und gut, Mr. Toney«, erwiderte die Rothaarige schnippisch, »aber das hier ist ein öffentlicher Bereich.«

»Ich weiß, ich weiß, ich weiß«, sagte Peck. »Ich fühle mich wirklich grauenhaft, aber Pannen passieren nun mal, meine liebe Stella.«

Pecks Erklärung beschwichtigte Stella nur teilweise, und sein charmantes Benehmen, durch und durch Heuchelei, war leider gar nicht hilfreich. Auf dem Weg zum Fahrstuhl sagte sie zu Peck: »Nun, es wäre besser, wenn Sie hier aufräumen, bevor Mr. Yerkovitch das heillose Durcheinander sieht.«

»Das werde ich«, versprach Face und winkte. »*Ciao*, meine Liebe.«

Stella trat in den wartenden Fahrstuhl, drehte sich noch mal um und lächelte dem angeblichen Mr. Toney steif zu. »*Ciao.*«

Als sich die Fahrstuhltüren schlossen und Stella in ihr Apartment im achten Stock katapultiert wurde, wandte sich Peck an seine Kameraden. »Was habe ich euch denn getan, Jungs, hm? Euch wird es schon noch gelingen, daß ich rausgeschmissen werde, aber das hier ist die beste Sache, die ich je promoted habe... oder gehört wenigstens zu den besten zehn.«

»Du bist bis jetzt noch nicht dazu gekommen, uns zu erzählen, wie du diesen Schwindel eingefädelt hast, Face«, erinnerte Amy ihn und widmete sich einem neuen Brotregal. »Ich bin neugierig.«

»Mr. Toney ist für vier Monate in Europa. Vorher war er noch nie persönlich in diesem Haus. Eines Tages bin ich zufälligerweise vorbeigekommen, um mir die Vorführwohnung anzusehen, und ich... nun, irgendwie bin ich einfach nicht mehr gegangen.« Bei der Erinnerung an die Vorgänge mußte Peck grinsen. »Als man mich das erste Mal in dem Apartment erwischt hat, hielten sie mich für Mr. Toney. Na, und ich wollte sie eben nicht enttäuschen, und so habe ich mitgespielt, und deshalb sind wir jetzt auch hier. Heh, es handelte sich einfach um eine Art Verwechslung.«

»Hmm.« Hannibal griff in seine Tasche und zog eine Visitenkarte hervor. »Nun, dann erzähl mir mal, Face, hast du die hier verteilt, bevor oder nachdem die Leute dich für Mr. Toney hielten?«

Auf der Visitenkarte war Pecks Foto, und darauf stand, daß er Mr. Toney war und daß er »Sie in eine Penthouse-Wohnung einläd, die so üppig ausgestattet ist, daß es einem den Atem verschlägt«. Peck errötete, als er die Karte entgegennahm. »Na, ihr wißt doch, wie das läuft. Wenn sich die Gelegenheit auftut...«

»So üppig ausgestattet, daß es einem den Atem verschlägt?«

»So reden die Innendekorateure eben«, erklärte Face und klatschte sich in die Hände wie ein Trainer, der sein Team nach der Halbzeit motivieren möchte. »Kommt schon, Leute, laßt uns diese Unordnung beseitigen, ja? Ich würde ja helfen, aber ich habe oben noch ein paar Dinge zu überprüfen.«

»Ach ja?« bemerkte Hannibal. »Wir sind doch gerade oben gewesen.«

»Ich weiß, aber vorhin muß ich meinen Verstand verloren haben. Verstehst du, ich muß mich mit einem Ehepaar treffen, die wollen mir eine Anzahlung für meine Arbeit aushändigen, die ich im nächsten Monat für sie ausführe.«

»Das kann doch nicht dein Ernst sein«, mischte sich Amy ein. »Face, du kannst nicht mal ein Osterei anmalen, ohne irgend etwas zu verhunzen.«

»Ich bin der Subunternehmer«, klärte Face sie auf. »Okay, hört mal, wenn ich mir diese Anzahlung unter den Nagel gerissen habe, werde ich euch alle zum Abendessen einladen, vorausgesetzt, daß der Lieferwagen bei Sonnenuntergang von hier verschwunden ist.«

»Das ist vielleicht zu knapp«, sagte Hannibal. »Wie wär's, wenn du uns bis acht Zeit läßt und uns dann nur zum Nachtisch einlädst?«

»So soll es sein.«

»Während du dort oben bist, versuch doch, Angel noch mal anzurufen, und erkundige dich, ob er schon General Kao eingesackt hat.«

»Werde ich machen.« Face ließ die anderen in dem ganzen Durcheinander zurück und betrat den Fahrstuhl. Aber anstatt auf den Knopf für das oberste Stockwerk zu drücken, fuhr er nur ins Erdgeschoß. Dabei pfiff er leise vor sich hin. Kaum hatten sich die Türen geöffnet, eilte er in die Cocktailbar und stellte dort eine Platte mit Horsd'œuvres zusammen, die in der Happy Hour serviert wurden. Die kleinen Häppchen spülte er mit einem frisch gezapften Bier hinunter, während er auf das Eintreffen seiner zukünftigen Kunden wartete. Es stellte sich heraus, daß das Ehepaar, auf das Peck wartete, gleich ein befreundetes Ehepaar mitbrachte, und während der nächsten Stunden hatte Peck alle Hände voll zu tun, um den beiden Paaren mit vorgespielter Fachkenntnis ein paar tausend Dollar abzuluchsen. Anscheinend hatten seine potentiellen Kunden das Gefühl, daß sich ihr Lebensziel nur verwirklichen ließ, wenn ihre Häuser in die Zeitschrift *House and Garden* kamen. Und Mr. Toney war in ihren Augen die beste Möglichkeit, wie sie zu diesem Erfolg kommen konnten.

Nachdem er das Quartett mit dem Versprechen verabschiedet hatte, daß er sich ihren Häusern im nächsten Monat voll und ganz widmen würde, bestellte sich Peck einen Cognac, um seinen kleinen Sieg zu feiern. Mit dem Drink schlenderte er in die angrenzende Bar, wo er eine brünette Frau entdeckt hatte, die ganz allein war. Doch bevor er die Gelegenheit hatte, sich zu ihr zu setzen und wieder einmal seine oft erprobten Verführungskünste anzuwenden, tippte ihm jemand von hinten auf die Schulter. Er drehte sich um und stand einem großen ausgemergelten Mann gegenüber, der einen dunklen Anzug trug. Die Miene des Mannes war kaum freundlicher als der Farbton des Anzugstoffes.

»Was für eine Überraschung, Mr. Yerkovitch!« begrüßte Peck den Hausverwalter mit überschwenglichem Enthusiasmus. »Es ist mir eine Freude.«

»Ich wünschte, ich könnte dasselbe von mir behaupten«, erwiderte Yerkovitch schroff. »Ich habe mich gerade eben mit Stella Clerkwell aus dem achten Stock unterhalten. Sieht so aus, als stünde ein Lieferwagen auf Ihrem Parkplatz, der von Personen, die nicht hier wohnen, zerlegt wird. Was soll das, Mr. Toney?«

»Das sind Mechaniker, Mr. Yerkovitch«, erklärte Face und schaute dabei dem Hausverwalter über die Schulter. Die Brünette bezahlte ihre Rechnung und war im Aufbruch begriffen. Sie warf ihm einen Blick zu, lächelte aufreizend und ging auf den Ausgang zu.

»Mr. Toney?« meldete sich Yerkovitch wieder zu Wort. »Sie sagten gerade...?«

»Ja, ja, verzeihen Sie mir.« Face stellte sein Glas auf die Bar. Er brauchte mehr Bewegungsfreiheit, seine Körpersprache sollte seine Worte untermauern. »Natürlich habe ich diesen Leuten die Hölle heiß gemacht, aber bei diesen Handwerkertypen scheint ja nichts zu helfen. Die empfangen auf einer ganz anderen Frequenz, das kann ich Ihnen sagen. Ich meine, ich will eine kleine Party schmeißen, als Dank für die Freundschaft, die man mir entgegengebracht hat – ein wenig Champagner, Beluga Kaviar, und, so Gott will, ein wenig Gebäck – und was kommt am Ende dabei heraus: Ich habe eine Horde Dummsäcke am Hals, die ihren Lieferwagen ausschlachten. Die ganze Angelegenheit beschämt mich zutiefst, das können Sie mir glauben, Mr. Yerkovitch.«

»Ich denke nicht, daß ich Sie daran erinnern muß, daß die Garage zum öffentlichen Bereich gehört, Mr. Toney. Fünf Parteien haben sich schon bei mir beschwert. Wenn Sie bei den Bewohnern hier nicht so beliebt wären, dann sähe ich mich gezwungen, härtere Maßnahmen zu ergreifen. Aber die Personen, die sich beschwert haben, wollten nicht, daß ich etwas unternehme, und so hoffe ich doch, daß eine einfache Verwarnung genügt.«

Peck bedeutete dem Kellner, daß er Yerkovitch einen Cognac einschenken sollte, und klopfte dem Hausverwalter beschwichtigend auf die Schulter. »Nun, ich kann Ihnen versprechen, daß ich die Sache bis Sonnenuntergang geklärt habe, und ich werde mich auch darum kümmern, daß diese Monster ein für allemal von hier verschwinden.«

»Das wäre ausgezeichnet... was soll das jetzt?« Yerkovitch schaute den Drink an, den der Kellner für ihn auf die Theke gestellt hatte.

»Ich dachte, wir könnten schnell etwas zusammen trinken, bevor ich gehe«, sagte Peck und hob seinen Cognacschwenker hoch. »Schließlich haben Sie ja morgen Geburtstag, nicht wahr?«

»Woher wissen Sie das?« fragte Yerkovitch, der wahrlich beeindruckt war.

Peck schaute durch die Eingangstür und sah, daß die geheimnisvolle Brünette an der Ecke stand und versuchte, ein Taxi herbeizuwinken. Dann wandte er sich wieder an Yerkovitch und stieß schnell sein Glas gegen das des Hausverwalters. »Das ist ganz unwichtig. Was zählt ist, daß ein Mann das neue Jahr richtig angeht. Zum Wohl.«

»O Gott, danke, Mr. Toney.«

Peck leerte seinen Cognacschwenker, leckte sich die Lippen ab und stellte das leere Glas auf die Theke zurück. »Nun, ich muß los, Sir. Machen Sie sich keine Sorgen, ich werde mich um den Lieferwagen kümmern.«

»Nur keine Eile«, sagte Yerkovitch. »Bis morgen reicht auch.«

»Recht haben Sie.« Peck machte auf dem Absatz kehrt und rannte schnell aus der Bar, genau in dem Moment, als die Brünette in ein Taxi stieg. »Warten Sie!« rief er und eilte zu ihr.

»Ja?« zirpte sie fröhlich und kurbelte das hintere Fenster herunter.

»Hören Sie, ich habe im Augenblick nicht die Zeit, Sie mit meiner normalen Tour zu langweilen«, sagte er und beschloß, die subtile Annäherung zugunsten absoluter Direktheit aufzugeben. »Ich denke, wir sollten bald einmal zusammenkommen.«

»Wie wäre es mit heute abend?« schlug die Frau vor.

»Heute abend?« keuchte Peck überrascht. »Heute abend! Aber sicher. Großartig, warum nicht?«

»Mir fällt kein Grund ein, der dagegen spricht«, stimmte sie zu. »Ich wohne gerade bei meiner Freundin in Nummer neun. In ein paar Stunden bin ich wieder zurück. Warum kommen Sie nicht einfach vorbei und holen mich ab?«

»Gibt es irgendeinen Ort, wo Sie besonders gern hingehen möchten?«

»Wie wäre es mit Ihrer Wohnung?«

»Meine Wohnung... gut, ja, natürlich«, stammelte Face. »Dann braucht man sich wenigstens nicht den Kopf über die Transportmöglichkeiten zu zerbrechen.«

»Also, bis dann«, sagte die Frau und kurbelte das Fenster hoch, als das Taxi losfuhr. Bevor sie dann endgültig verschwand, rief sie: »Ich heiße Gayle.«

»Und ich bin Toney... Mr.... ich meine, Dr. Tony Cork. Beschäftige mich mit Gehirnen. Ich schau um acht vorbei!« rief Peck dem Taxi hinterher. Kaum war das Fahrzeug um die Ecke gebogen, stürmte er in das Gebäude und drückte auf den Fahrstuhlknopf. »Dr. Tony Cork. Ich beschäftige mich mit Gehirnen? O Peck, was bist du doch für ein aalglatter Typ. Wo nimmst du nur immer diese Einfälle her?« murmelte er in sich hinein.

Pecks gute Laune bekam sofort einen Dämpfer verpaßt, als er aus dem Fahrstuhl trat und einen Blick auf den Lieferwagen warf. Jetzt lagen ungefähr doppelt so viele Einzelteile herum wie zuvor. Und die anderen gingen B. A. zur Hand, um das Auseinandernehmen zu beschleunigen.

»Was macht ihr denn!« kreischte Face. Seine romantischen Tagträume waren schnell vergessen. Er rannte zu Mr. Toneys Parkplatz. »Wir müssen hier aufräumen. Und zwar sofort!«

Hannibal hatte einen Blick drauf, der nicht von dieser Welt war, aber er träumte nicht von einem Stelldichein mit einer Schönen, sondern beschäftigte sich im Geiste mit den drängenden Problemen. »Ich sage euch, es ist hier irgendwo!« schäumte er und schlitzte eine Sonnenblende auf. Mit den Fingern fuhr er über die Baumwollfüllung und hoffte, die Drogen zu finden, von denen er annahm, daß sie im Lieferwagen versteckt waren.

»Das hat aber Spaß gemacht«, sagte Amy aufgeregt und wischte mit dem Blusenärmel den Schweiß von der Stirn. »Ich habe noch nie in meinem Leben vierzig Brotlaibe aufgeschnitten. Wenn man bedenkt, daß ich so lange unausgefüllt war...«

»Sehr witzig, Amy«, rügte Hannibal sie.

Als Lin Duk Coo Murdock half, das leere Brotregal aus dem Lieferwagen zu ziehen, lief Amy hinüber und setzte sich auf eine Palette, die unabsichtlich auf mehrere Brotlaibe gelegt worden war, die sie noch nicht kontrolliert hatte. Ihr Gewicht auf der Palette reichte aus, daß die Brotlaibe aufplatzten. Aus den Rissen stob weißer Puder. Überrascht sprang Amy auf, und die anderen schauten zu ihr. »Diese Brote sind entweder nicht ganz durchgebacken, oder Amy hat das Zeug gefunden«, stellte Murdock fest, lief zu Amy und zog die Palette hoch, unter der das eigenartige Brot lag. Während er und Amy die anderen Laibe aufrissen, die dort verstaut waren, steckte Hannibal einen Finger in das weiße Puder und kostete es.

»Hallo, hallo«, sagte er. »Das ist Heroin.«

»Und es gibt noch viel mehr von diesem Zeug«, verkündete Amy und zog eine Plastiktüte nach der anderen aus den Broten.

»Ich glaube, wir haben den Jackpot gewonnen«, murmelte Lin Duk Coo.

Kapitel elf

Tom Angel zog seine Zigaretten heraus und mußte feststellen, daß nur noch eine im Päckchen war. Er steckte sie sich zwischen die Lippen und zerknüllte die Verpackung. Dabei wünschte er sich, er wäre in der Lage, mit Hannibal Smith, Lin Duk Coo, General Kao und all den anderen, die für seine Probleme in den vergangenen Tagen verantwortlich waren, dasselbe zu machen. Er konnte sich nicht daran erinnern, wann er das letzte Mal so einen Schlamassel und derlei Demütigungen erlebt hatte. Nur damals, in Nam, während der ersten paar Wochen im Strafgefangenenlager, war es ihm so ergangen, aber dann hatte er sich mit General Kao angefreundet und sich einen privilegierten Status unter den Gefangenen verschafft. Zumindest wird es nicht lange so weitergehen, sagte er sich, als er seine Zigarette anzündete. Ein paar Tage angespannte Nerven und Schlaflosigkeit, und dann war sicherlich alles wieder in schönster Ordnung, dachte er. Wenn erst einmal alles vorbei war, würde er besser als vorher dastehen. Zuerst brauchte er den Lieferwagen und Lin Duk Coo, dann mußte er Hannibals zusammengewürfelte Truppe loswerden, die Sache mit General Kao in Ordnung bringen und das Heroinverteilernetz so ölen, daß es wie geschmiert lief, auch wenn er ein paar Tage freimachte. An der Ostseeküste hatte gerade die Yachtsaison begonnen. Er wollte den Profit der ersten Ladung chinesischen Stoffs mitnehmen, dann nach New York fliegen, sich ein Zwanzig-Meter-Schiff kaufen und ein paar Wochen auf dem Atlantik verbringen, faulenzen, den besten Fisch der Welt in sich hineinstopfen und mit dem »Alten Geld« Bekanntschaft schließen. Vielleicht konnte er ein paar Kontakte in Atlantic City knüpfen und dort etwas aufziehen. Dann war er im Handumdrehen ein Mann, der sich an beiden Küsten eine goldene Nase verdiente. Große Pläne, große Pläne. Aber in der Zwischenzeit mußten noch ein paar Dinge erledigt werden.

»Habt ihr beiden das Ding da immer noch nicht installiert?« schimpfte er im Büro. Don und Solly waren gerade damit beschäftigt, ein Aufnahmegerät und ein paar andere Dinge am Telefon anzubringen.

»Gleich fertig, Boß«, sagte Solly.

»Na, dann macht mal zu. Wenn der Anruf kommt, bevor ihr fertig seid, war alles nur Zeitverschwendung.« Angel zog an seiner Zigarette und stand dann auf. »Ich gehe und besorg' mir im Foyer neue Kippen. Wenn ich zurückkomme, ist das System funktionstüchtig!«

Es war ein ganz normaler, hektischer Arbeitstag, und draußen auf dem Gang vor Angels Büro herrschte reger Betrieb. Wäre Angel von Natur aus nicht ein gieriger Krimineller gewesen, hätte er vom Ertrag, den die Brotfabrik abwarf, gut leben können, zumal das Finanzamt anscheinend kein Interesse daran hatte. Das Produktionsvolumen der Brotfabrik war so groß, daß die Nachfrage landesweit befriedigt werden konnte. Und mit seinen Lieferwagen wollte Angel auch sein Heroingeschäft landesweit ausdehnen.

Angel gab ein paar Anordnungen an die Vorarbeiter seiner Belegschaft weiter und lief dann den Gang hinunter. Dort stand eine ganze Reihe Automaten, die seine Angestellten mit allen möglichen Dingen versorgten, angefangen von Pfefferminzbonbons bis hin zu Hamburgern. Er fütterte vier Vierteldollarstücke in den Zigarettenautomat und zog seine Marke. Als das Päckchen herunterpurzelte, spürte er, daß er nicht allein war.

»Hast du Lin Duk Coo schon wieder herbeigeschafft?« erkundigte sich eine bekannte Stimme. Angel drehte sich um und sah General Kao im Türrahmen. Er trug immer noch denselben Anzug, den er schon bei ihrer letzten Zusammenkunft angehabt hatte.

»Ich bin dabei!« Angel ließ seinen Zigarettenstummel fallen und trat ihn auf dem Boden aus. Dann genehmigte er sich eine neue Zigarette aus der neuen Packung.

»Ich habe gehört, wie du deine Männer im Büro angeschnauzt hast, weil sie zu langsam arbeiten«, erwiderte General Kao. »Vielleicht sollte ich dich auch anschnauzen, damit ich endlich mal ein paar Ergebnisse sehe.«

»Ich werde dir deine verdammten Ergebnisse liefern«, brüllte Angel. »Und dein Herumgemosere brauch' ich nicht, und daß du hier wie ein kleiner Möchtegernspion herumschnüffelst, paßt mir auch nicht. Mach, daß du von hier verschwindest, bevor meine Tarnung auffliegt. Ich weiß, wo ich dich erreichen kann, und wenn ich Lin Duk Coo habe, werd' ich ihn auf deinem Türvorleger abliefern. Kapiert?«

General Kao nickte unmerklich. »Ich werde dir bis morgen Zeit geben.«

»Oh, wie nett von dir, General. Und was passiert, wenn ich ihn bis dahin noch nicht habe?«

»Das möchtest du nicht wissen«, informierte Kao Angel. »Das kannst du mir glauben.«

Der General drehte sich um und lief zur Tür hinaus, nur wenige Sekunden, bevor Solly in den Korridor rief: »Telefon für Sie, Boss!«

Angel rannte in sein Büro. Sein Herz pochte laut. Kaum drinnen warf er die Tür ins Schloß und flüsterte Don zu: »General Kao ist gerade durch den Seiteneingang verschwunden. Ich will, daß du ihm nachgehst. Ich will wissen, wo er sich aufhält, egal um welche Uhrzeit, damit wir den anderen mit ihm als Köder den Handel schmackhafter machen können.« Nachdem Don das Büro verlassen hatte, warf Angel Solly, der die Anlage bediente, die ans Telefon angeschlossen war, einen Blick zu. Solly hielt ihm einen erhobenen Daumen entgegen, und Angel sah, daß der Recorder schon mitlief. Er nahm den Hörer auf. »Ja?«

»Smith hier«, meldete sich Hannibal. »Nicht schlecht, Tom. Kleine Plastiktüten mit Stoff, im Brot... das ist wirklich klug. Gute Möglichkeit, den Stoff landesweit zu verhökern. Verleiht dem Ausdruck Wunderbrot eine ganz neue Bedeutung. Kann jeder verstehen wie er will, hm?«

»Rufen Sie an, um zu zeigen, wie gut Sie bei Wortspielen sind, Colonel?« fragte Angel. »Vielleicht sollten Sie sich mal bei Johnny Carson melden.«

»An Wortspielen bin ich nicht interessiert, Lieutenant. Ich schätze, daß wir hier Heroin im Wert von einer Million Dollar haben, mehr oder weniger, je nachdem wie sehr du es verschnitten hast. Und so sieht das Geschäft aus: Du leitest in die Wege, daß der General uns morgen um zwölf Uhr mittags bei den Indian Dunes trifft.«

»Und wie soll ich ihn dorthin kriegen?«

»Erzähl ihm, daß wir Lin Duk Coo haben. Das sollte doch reichen, damit er auftaucht. Und dann ziehen wir das Geschäft durch, die Drogen und Lin für General Kao. Keine Sonderkommandos. Und keine Akteure, deren Namen später bekannt werden.«

Angel dachte einen Moment darüber nach, zündete sich eine Zigarette an und warf Solly wieder einen Blick zu. Sein Untergebener drehte wild an den verschiedenen Knöpfen auf einer Konsole mit mehreren Skalen herum. Er hoffte, daß er mit diesem Gerät Hannibals momentanen Standort herauskriegen konnte.

»Halten Sie ihn hin«, flüsterte Solly Angel zu. »Ich brauche noch mehr Zeit.«

Hannibal, der am anderen Ende der Leitung wartete, sagte: »Hast du was gesagt, Angel?«

»Ich bin nicht sicher, ob ich liefern kann«, antwortete Angel. »Können Sie kurz dran bleiben, dann geh' ich schnell zum anderen Telefon und rufe Kao an. Dann wissen Sie gleich, ob ich Ihnen...«

»Kommt nicht in die Tüte, Tommy, alter Junge. Du wirst liefern. Punkt. Wir reden hier ja nicht von Knabberstangen... wir reden von ein paar Millionen in Heroin und deinem ganzen Verteilernetz, ganz zu schweigen von den zwanzig Jahren im Knast, falls wir dich und dein Drogengeschäft verpfeifen.«

»Halt, warten Sie eine Minute, Smith. Ich... hallo?« Angel nahm den Hörer vom Ohr weg. »Zum Teufel, er hat aufgehängt.«

Aber bevor Angel auch den Hörer auf die Gabel legen konnte, sprang Solly zu ihm, schnappte den Hörer und sagte: »Wir haben immer noch eine Chance!«

Solly legte den Hörer an sein Ohr und wartete, dabei baute er die Anlage wieder ab.

»Wie soll das denn funktionieren?« wollte Angel wissen.

»Das werden Sie schon noch erfahren, vorausgesetzt, daß sie über die Vermittlung angerufen haben.«

Nach ein paar Sekunden konnte Solly die Stimme der Person hören, die in der Vermittlung saß. »Falls Sie diesen Anruf beendet haben, hängen Sie bitte auf.«

»Hier ist die Telefongesellschaft«, sagte Solly. Seine Stimme klang ziemlich offiziell. »Einheiten und Gebühren für das letzte Gespräch... fünfzehn fünfundsechzig für sechzehn Einheiten.«

»Hier ist die Vermittlung im Century Tower West«, erwiderte die Vermittlung. »Bitte wenden Sie sich wegen der Gebühren an Ihren Teilnehmer.«

Solly hängte ein und grinste Angel an. »Wir haben Glück gehabt. Die stecken im Century Tower West. Ich denke, das ist einer dieser Luxustürme.«

»Ich weiß, wo das ist«, sagte Angel. »Gute Arbeit. Jetzt, wo wir wissen, wo sie stecken, denke ich, daß es an der Zeit ist für eine Retourkutsche für die kleine Nummer, die sie mit uns auf dem Golfplatz abgezogen haben.«

»Mann, ich bin auf jeden Fall dabei. Dann legen wir doch gleich los!«

Angel schüttelte den Kopf. »Ich gehe davon aus, daß die überaus vorsichtig sind, zumindest im Augenblick. Tun wir doch lieber so, als ob es ihnen gelungen wäre, uns an der Nase herumzuführen. Wir werden ein paar Stunden warten, dann passen sie nicht mehr so auf, und genau dann werden wir zuschlagen.«

Kapitel zwölf

In der Küche der Penthousewohnung roch es wie in einer kleinen Bäckerei, und als Lin Duk Coo wieder ein Blech mit goldenen Broten aus dem Ofen zog, breitete sich das verführerische Aroma in der gesamten Wohnung aus. Auf dem Küchentisch stapelten sich schon die Brote, die in den letzten Stunden gebacken worden waren, und so trug Lin das Blech zur Theke hinüber, wo Amy den neuen Teig durchknetete.

»Die sehen ja wunderbar aus, Lin!« kommentierte Amy begeistert. »Sie werden mir auf jeden Fall das Rezept geben müssen. Vielleicht möchte ich mich irgendwann mal auch aufs Brotbacken stürzen.«

»Das Rezept ist sehr einfach«, sagte Lin. »Das Geheimnis ist, darauf zu achten, daß die Mischung gut gelingt. Kein Gebäck ist gut, wenn der Teig klumpig ist.«

Amy stellte sich neben Lin und beobachtete, wie er den Teig mit seinen flinken Fingern durchwalkte. Ganz offensichtlich resultierte sein Können aus jahrelanger Praxis. In Windeseile war die Mischung fertig, und dann formte er die Laibe und schob sie in den Ofen. Und all das in der Zeit, die Amy allein für das Einfetten des Blechs benötigt hätte.

»Hannibal hat mir erzählt, daß Sie im Gefangenenlager der schnellste Bäcker gewesen sind und doppelt soviel backen konnten wie jeder andere Koch in derselben Zeit. Und daß Sie deshalb ein paar Brote abzweigen konnten, die Sie an die Gefangenen verteilten, ohne daß Sie verdächtigt wurden«, sagte Amy. »Zuerst dachte ich, daß er übertreibt, aber jetzt weiß ich, daß er die Wahrheit gesagt hat.«

»Ist nichts Besonderes«, sagte Lin.

»Unsinn. Es erfordert eine gehörige Portion Mut, das eigene Leben aufs Spiel zu setzen, um amerikanische Gefangene durchzufüttern, die ja eigentlich Ihre Feinde sein sollten.«

Lin wehrte die Schmeichelei höflich ab und fing an, einen neuen Teig zusammenzumixen. »Lin Duk Coo ist nicht politisch«, klärte er Amy auf. »Geboren in Nordvietnam, gezwungen, in die Armee einzutreten. Sie suchen Männer, die gut mit Gewehren sind, aber ich habe denen gezeigt, daß ich besser mit Mehl und Eiern bin. General Kao hat von meinem Spezialbrot gekostet und mich zu seinem Chefkoch gemacht. Als er das Konzentrationslager übernahm, bin ich mitgegangen und habe für alle gekocht. Ich sah hungernde Gefangene und tat, was ich tun mußte. Ein guter Koch haßt es, hungrige Menschen zu sehen.«

»Sie sind wirklich etwas Besonderes, Lin, wissen Sie das?«

Lin errötete und wich Amys Blick aus. »Wenn Sie ein Freund vom A-Team sind«, murmelte er, »wenn sie Sie zum Mitglied machen, dann müssen *Sie* etwas Besonderes sein, denke ich.«

»Oh, danke, Lin.«

Nachdem Lin den letzten Teig zubereitet hatte, ging er zur anderen Theke und hob einen schweren Sack hoch. »Wir haben genug normales Brot. Jetzt ist es an der Zeit, geheime Gewürze beizugeben.«

Als Lin den Sack zur anderen Theke brachte, kam Peck in die Küche. Er roch das Aroma, das in der Luft lag, und leckte sich die Lippen ab. »Ich kann dir sagen, Lin, es ist besser, wenn ich langsam mal das Brot zum Lieferwagen runterbringe, sonst sitzen wir am Ende da und essen alles hier auf.«

»Diese Brote kann man wahrscheinlich schon wegbringen«, sagte Amy und zeigte auf die Ladung, die auf dem Tisch gestapelt war. »Die anderen sind erst gerade aus dem Ofen gekommen und noch zu heiß. Wie kommen denn Hannibal und Murdock zurecht? Wir sind bald fertig.«

»Dauert nur noch einen Augenblick«, sagte Face und lud die Brote auf seinen Arm. »Würdest du mir die Tür aufhalten?«

Amy tat ihm den Gefallen, und Face watschelte hinaus. Sieben Brotlaibe auf einmal zu tragen, war nicht gerade eine einfache Aufgabe, und Peck sah aus, als wolle er den Aufnahmetest für eine Verbindung bestehen. Man hatte unweigerlich das Gefühl, daß er, hatte er erst einmal die Prüfung mit den Broten überstanden und keins fallen gelassen, als nächste Prüfung entweder sackhüpfen oder ein Ei auf einem Teelöffel auf einer Sandstrecke von fünfzig Metern balancieren mußte. Hannibal und Murdock schauten vom Kaffeetisch auf, an dem sie arbeiteten, und sahen Face zu, wie er sich durch den vorderen Korridor kämpfte.

»Ich wette einen Dollar, daß er es nicht schafft«, murmelte Hannibal Murdock zu.

»Da halte ich dagegen«, sagte Murdock und riß ein neues Päckchen Süßstoff auf, dessen Inhalt er in eine größere Plastiktüte leerte. »Komm schon, Face, du kannst es schaffen!« feuerte er seinen Kandidaten an.

»Es wäre für mich wesentlich leichter, wenn ihr mir die Tür aufhalten würdet«, schimpfte Face und verlagerte seine Ladung.

»Das würde ja bedeuten, daß die Zuschauer sich einmischen«, sagte Hannibal. »Dann wäre die Wette nicht gültig.«

»Tut mir leid, Face«, entschuldigte sich Murdock. »Du bist auf dich allein gestellt.«

»Vielen Dank, Jungs.« An der Eingangstür angekommen, streckte Face die Hand unbeholfen nach dem Türknauf aus. Es gelang ihm, seine Hand darauf zu legen, aber als er versuchte, ihn zu drehen, machte sich eines der Brote selbständig. Face versuchte es aufzufangen, und dabei purzelten dann alle Brote von seinem Arm und landeten auf dem Teppich. »Oh, großartig. Einfach super!«

Während Face sich abmühte, die Brote wieder aufzusammeln, streckte Hannibal die Hand aus und nahm Murdock seinen Dollar ab. Murdock schüttete den Inhalt eines Tütchens in die große Plastiktüte, hielt diese unter ein manuelles Schweißgerät und warf sie zu den anderen durchsichtigen Plastiktüten, die mit weißem Puder gefüllt waren. Sein Lieblingsgolfball lag daneben, und Murdock nahm ihn in die Hand, um ihn zu liebkosen. Dieser Vorgang wiederholte sich stündlich, und Murdock empfand jedesmal Mitleid. »Es ist einfach, in die andere Richtung zu sehen, nicht wahr, Hannibal? Ungerechtigkeit wird immer mit Indifferenz vergolten.«

»Ich denke schon«, sagte Hannibal, der sich nicht sicher war, wovon Murdock sprach. Er inspizierte die vollen Tüten und sagte zu seinem Partner: »Heh, Murdock, achte darauf, daß keine Luft mehr drin ist, wenn du diese Tüten versiegelst.«

Murdock nickte abwesend. Er beschäftigte sich immer noch mit dem Leid seines kugelförmigen Lieblings. »Nimm doch zum Beispiel mal die Ungerechtigkeit dieser Golfballwaschanlagen. Da steht dieses Ding, genau neben den ersten Abschlägen, und all diese nackten, kleinen Bälle werden in diese Folterkammer gesteckt, dann ...« Murdock machte eine Geste, die das Herausschießen der Bälle darstellen sollte. »Dann werden sie auf- und abgeworfen, immer und immer wieder, immer schneller, und die Borsten der Bürste pressen sich an ihre kleinen Körper.«

»Ah, denkst wohl immer noch an die Golfball-Befreiungsarmee, nicht wahr, Murdock?«

»So ist es, Colonel. Wir sind zwar gut organisiert, haben aber eine zu dünne Kapitaldecke.«

»Schon mal an eine Fernsehsendung gedacht?« schlug Hannibal vor, während er die Tüten zusammenpackte und sich vom Tisch erhob. »Seht zu, daß ihr Arnold Palmer als Gastgeber kriegt. Holt euch Slammin' Sammy Sneed, der soll das Punktekonto überwachen und zu einem Klagelied über all die Bälle anstimmen, deren Außenwand er beim Schlagen beschädigt hat.«

Als Hannibal schon auf dem Weg zur Küche war, leuchteten Murdocks Augen und er rief: »Natürlich! Das ist eine wunderbare Idee, Colonel!«

Amy kam gerade aus der Küche und traf auf Hannibal. »Hier, Mädchen«, sagte er, »zehn Tüten Süßstoff.«

Amy nahm ihm die Tüten ab und betrachtete sie kritisch. »Glaubst du, daß er darauf reinfallen wird, Hannibal? Ich meine, er ist ja kein Dummkopf.«

»Muß ja nur im ersten Moment ziehen«, erklärte Hannibal. »Handelt sich lediglich um eine kleine Ablenkung.«

In der Küche trällerte Lin Duk Coo seinen Lieblingswesternsong, aber mit einem Akzent, der an John Waynes berüchtigte Dschingis-Khan-Rolle erinnerte.

»Ich denke, er hat es geschafft«, sagte Murdock in seinem besten englischen Akzent. »Mein Gott, jetzt hat er's!«

Hannibal ging auf Murdocks verquere Darstellung von Henry Higgins ein und spielte nun mit. »Nein, er hat es nicht geschafft, lieber Freund«, erklärte er.

Face, der bei der Tür stand und das Brot wieder auf dem Arm hatte, rief: »Heh, es paßt mir ja gar nicht, daß ich diese wunderbare Wiederaufführung von *My Fair Chef* unterbrechen muß, aber meint ihr nicht auch, daß einer von euch mal kurz die Bühne verlassen könnte, um mir die Tür aufzumachen?«

»Ja, richtig«, sagte Hannibal und kam Peck zu Hilfe. »Tut mir leid, alter Junge.«

Peck ging durch die Tür und sagte: »Und denkt bitte dran, ich brauche die Wohnung heute abend, allein, für diese Vorführung. Des weiteren möchte ich, daß diese Wohnung blitzblank ist, bevor ihr abhaut. Mr. Toney hat einen Ruf, dem er gerecht werden muß.«

»Was ist das denn für eine Vorführung, die den ganzen Abend dauert, Face?« fragte Hannibal und grinste anzüglich.

»Heh, du weißt doch, wie das mit diesen gestopften Typen ist. Die muß man mit Wein und Essen versorgen, denen muß man den Hof machen, bevor sie endlich mit der Kohle rüberkommen. Glaub mir, es wäre mir lieber, ich hätte nichts damit zu tun, aber ich muß was für meine Deckung tun.«

»Wie heißt sie denn, Face?«

»Oh, Hannibal, du bist wirklich eine harte Nuß«, scherzte Peck. »Hört mal, überlaßt mir heute abend die Wohnung, und schaut euch irgendwo eine Show an, oder stellt den Kombi am Strand ab und röstet Marshmellows, mir ist's schnurzegal.«

Peck verließ nun endgültig die Wohnung und stolperte den Gang hinunter. Beim Fahrstuhl angekommen, hatte er noch kein einziges Brot verloren. Mit dem Ellbogen drückte er auf den Knopf und drapierte dann seine Ladung neu. Einen Laib hielt er mit dem Kinn fest. Das Aroma überwältigte ihn. Er neigte den Kopf und biß hinein. Er kaute langsam und genoß den Geschmack. Dann endlich glitten die Fahrstuhltüren auf, und er trat ein. Dabei verschluckte er sich beinah. Die Stahlplatten, mit denen der Fahrstuhl verkleidet war, fehlten, und der Rahmen war freigelegt.

»B. A.!« stöhnte er und drückte auf den Knopf für die Garage. Auf dem Weg nach unten zählte er die Stockwerke. Auf diese Weise versuchte er, seine Wut in den Griff zu kriegen. Doch als er dann endlich im Keller war, war er noch wütender. Beim Verlassen des Fahrstuhls hörte er laute Geräusche, die aus der anderen Kabine drangen. Er warf einen Blick hinein und sah, daß B. A. auch dort die Verschalung abnahm.

»B. A., was machst du? Bist du bescheuert?«

»Ein weiterer Teil des öffentlichen Bereichs muß dran glauben«, höhnte B. A. In seinen Augen lag ein mechanisches Funkeln. »Hannibal will, daß der Kombi gepanzert wird. Und das hier ist das Beste, was ich finden konnte.«

»Ich kann's nicht fassen«, schimpfte Face mißmutig. Den Broten, die von seinem Arm purzelten, schenkte er keine Beachtung. »Jetzt weiß ich endlich, wie sich der erste Seemann gefühlt haben muß.«

»Wovon redest du, Trottel?« fragte B. A. »Mann, geh mal beiseite, damit ich diese Platte hier rauskriege!«

Während B. A. sich aus dem Fahrstuhl zwängte, kamen ihnen zwei ältere Damen mit blaugrauem Haar entgegen. Als sie B. A. mit der Metallplatte und Peck sahen, der immer noch ein paar Brote auf dem Arm hatte, blieben sie vor Schreck stehen.

»Ich statte die Fahrstühle neu aus«, erläuterte Peck lahm. »Dieser ganze grauenhafte Stahl, der so schick und männlich ist, muß raus. Werde sie mit Velourtapeten verkleiden... ein wunderbares Muster, glauben Sie mir. In etwa einem Tag sind wir fertig, Mrs. Steiner. Entschuldigen Sie die Umstände.«

Peck und B. A. ließen die beiden Frauen stehen und schleppten ihre Ladungen zum Lieferwagen, der mit kleinen Veränderungen wieder zusammengebaut werden sollte. Die Umgestaltung, die am ehesten ins Auge fiel, waren die Fahrstuhlpaneele, die an den Innenseiten angebracht wurden.

»Jetzt muß ich diese Dinger nur noch anbohren und richtig festschweißen, und schon haben wir einen Panzer!« prahlte B. A. »Mann, diesem Angel und dem General Kao werden wir den Tag versauen!«

»Das ist gut«, sagte Face und legte die Brote auf die hinteren Regale, »denn wegen dieser Sache habe ich mir schon den Magen versaut.«

Nachdem Face die Brote losgeworden war, bürstete er die Brotkrumen von seinen Klamotten und stieg wieder aus dem Wagen, damit B. A. genug Platz hatte, um den Schweißbrenner und die elektrische Bohrmaschine einzusetzen. Der Lärm, der aus dem Brotwagen drang, zerrte an Pecks Nervenkostüm. Er war kurz davor zusammenzubrechen, aber dann entdeckte er etwas und vergaß seine ganzen Probleme.

Ein Taxi fuhr gerade in die Tiefgarage und blieb neben den Fahrstühlen stehen. Gayle, Pecks brünette Traumfrau, stieg aus. Sie kämpfte mit zwei Tüten voller Lebensmittel, die ebenso schwer zu transportieren waren wie Pecks Brote.

»Heh, Gayle, warten Sie! Darf ich Ihnen behilflich sein?« Peck lief schnell zu ihr und nahm ihr die Tüten ab, während sie den Fahrstuhl holte. »Was haben Sie denn besorgt?«

»Etwas zu essen«, sagte sie. »Zwei leckere Steaks, ein paar Maiskolben, frischen Salat, eine große Portion Schokoladeneiscreme und ein paar Überraschungen. Es stört Sie doch nicht, wenn ich uns heute abend etwas zu essen mache, oder, Dr. Cork?«

»Nein, nein, überhaupt nicht!« sagte Peck auf dem Weg zum ersten Stock. »Ist wirklich eine wunderbare Idee. Es dauert aber noch ein paar Minuten, ich muß noch mal kurz in meine Wohnung und mich um etwas kümmern.«

Als sich die Fahrstuhltüren öffneten, sagte Gayle: »Oh, das macht doch nichts. Ich muß ja noch duschen und mir etwas ... Passendes anziehen.«

Peck strahlte erwartungsvoll, als er Gayle folgte, erst durch die Lobby und dann über den Korridor. Da er tief in Gedanken versunken war, bemerkte er nicht, daß jemand auf dem Sofa in der Lobby saß und aufstand, nachdem sie an ihm vorbeigekommen waren. Angels Chauffeur, Solly, verfolgte Peck und Gayle mit einem gewissen Abstand, und als er sah, daß sie vor einer Tür stehenblieben, huschte er schnell um die nächste Ecke und wartete, bis er hörte, wie die Tür auf- und zuging. Dann erst verließ er sein Versteck, ging vorsichtig den Korridor hinunter und notierte sich die Nummer des Apartments. Er lief direkt zur Lobby zurück und rief seinen Chef an. Angel nahm beim dritten Klingeln ab.

»Ja?«

»Boß, ich bin es, Solly. Ich hab' sie gefunden.«

»Weißt du, in welchem Apartment sie sich aufhalten?«

»Ja. Sie wohnen im ersten Stock. Nummer neun.«

»Gut gemacht, Solly.«

»Danke, Boss.«

»Heute abend werden wir uns um sie kümmern. Bleib dort, bis wir einlaufen.«

»Geht in Ordnung.«

Solly hängte den Hörer ein. Er war sehr mit sich zufrieden. Aber leider hatte er nicht mitbekommen, daß Peck gerade eben Gayles Apartment verlassen hatte und mit dem Fahrstuhl zum Penthouse fuhr.

Kapitel dreizehn

Templeton Peck bohrte seine Gabel in den letzten Happen medium-gebratenes Steak, führte sie zum Mund und genoß das Aroma noch für ein paar flüchtige Sekunden, bevor er ihn verschlang. »Mmm«, machte er mit geschlossenen Augen. »Ich glaube nicht, daß ich schon einmal so gut gegessen habe, Gayle.«

»Es freut mich, daß es dir geschmeckt hat«, sagte Gayle, erhob sich von ihrem Stuhl und ging zu Peck. Sie hauchte ihm einen Kuß auf die Lippen. »Was hältst du davon, wenn wir es uns im Wohnzimmer bequem machen und vor dem Kamin das Dessert einnehmen?«

»Dessert?« stöhnte Peck neckisch. »Ich glaube nicht, daß für Eiscreme noch Platz ist.«

»Dann werden wir uns eben darum kümmern, nicht wahr?« Gayle nahm Peck bei der Hand und half ihm aus dem Stuhl. Er trug ein burgunderfarbenes Smokingjackett, das mit Satin abgesetzt war, und sie hatte ein glitzerndes Cocktailkleid an, das einen tiefen Ausschnitt und einen seitlichen Schlitz hatte, der ihr wundervoll geformtes Bein freilegte.

»Warte einen Augenblick«, sagte Peck, ließ kurz ihre Hand los und schnappte sich die Champagnerflasche. Dann gingen sie Hand in Hand vom Eßzimmer ins Wohnzimmer. Die ganze Wohnung war gemäß Pecks Anordnungen saubergemacht worden. Daß die anderen Mitglieder des A-Teams sich hier aufgehalten hatten, war nicht mehr nachzuweisen. Im Kamin glühten ein paar Holzscheite, deren Wärme durch den Schirm strömte. Peck stellte den Champagner ab und deutete auf das Sofa. »Warum machst du es dir nicht bequem und schenkst nach, während ich für Musik sorge?« sagte er zu Gayle.

»Wird die das wilde Tier zähmen?« Gayle setzte sich.

»Nur wenn du es möchtest, meine Liebe.«

»Ich denke nicht im Traum daran. Leg etwas Ruhiges und Temperamentvolles auf.«

Peck ging die kleine Plattensammlung neben der Stereoanlage durch, fand aber nichts, was seinem Geschmack entsprach. Stattdessen schaltete er das Radio ein und suchte einen Klassiksender, der ein heiteres Violinkonzert ausstrahlte. Gayle hatte es sich auf dem Sofa bequem gemacht und rückte nun ein kleines bißchen zur Seite, damit Peck Platz hatte. Keine zwei Sekunden später lagen sie sich in den Armen wie Chromosomen, die einfach zusammengehören. Nach einem langen, bewegenden Kuß setzte sich Peck auf und atmete tief durch. Er erinnerte sich an den Champagner, reichte Gayle ihr Glas und hob seins für einen Trinkspruch hoch. »Auf einen wundervollen Abend!«

»Auf einen wundervollen Doktor!« erwiderte Gayle.

»Äh, ja, sicher, darauf trinke ich.« Peck nippte vorsichtig an seinem Glas und betrachtete Gayle zum ersten Mal mit einem Hauch Argwohn. Die Art und Weise, wie sie »Doktor« gesagt hatte, gefiel ihm überhaupt nicht. So meldete ein Fischer die Länge einer Forelle, die er gerade eben gefangen hatte und die so groß war, daß er sie nicht ins Wasser zurückwerfen mußte. Doch als sie ihr Glas abstellte und sich an ihn schmiegte, vergaß er seine Besorgnis und legte seinen Arm um sie. Mit den Lippen fuhr er an ihrem Hals entlang, bis seine Zungenspitze hinter ihrem Ohr lag.

»Tony«, kicherte sie und wandte sich ab, »wenn du meine Ohrläppchen küßt, muß ich kichern.«

»Ich mag es, wenn du kicherst«, flüsterte Face und knabberte weiter.

»Aber wenn ich kichere und dazu noch Champagner trinke, dann kriege ich Schluckauf.«

»Ich mag es auch, wenn du Schluckauf hast.« Face rückte näher und küßte sie wieder. Mit dem Kuß versuchte er ihren Schluckauf zu unterdrücken. Schnell gab sie seiner Überredungskunst nach und fing an zu schnurren. Peck veränderte seine Position leicht, strich mit seiner Hand an ihrer Seite entlang und schob sie vorsichtig auf ihren Rücken, auf der Suche nach dem Reißverschluß ihres Kleides. Doch bevor seine Finger ihren Zielort erreicht hatten, hickte Gayle so stark, daß ihr Körper zuckte und Peck beinah vom Sofa geschleudert wurde. Während er versuchte, die Balance zu halten, hickte Gayle noch mal und legte schnell die Hand auf den Mund.

»Tut mir leid«, entschuldigte sie sich verlegen. »Ich habe dich aber gewarnt, hiiiiickkkks.«

Der Ernst der Situation war verschwunden, und beide mußten grinsen. Peck streckte die Hand aus und griff nach einer Fernbedienung, die auf dem Beistelltisch lag. »Ich werde dir behilflich sein«, sagte er und drückte auf einen Knopf.

»Was ist das?«

»Warte ab.«

Kurz nachdem Peck das Signal gegeben hatte, war ein Surren zu hören. Neben dem Sofa glitten zwei Teakpaneele auf, hinter denen sich eine mobile Hausbar versteckte. Peck nahm ein Glas heraus und hielt es unter einen Wasserhahn, der in der Bar eingebaut war. Dann reichte er Gayle das Glas.

»Puh!«

»Sollte das Wasser nicht helfen, werde ich etwas anderes ausprobieren«, kündigte Peck an. »Ich bin sicher, daß es hier irgendwo einen Knopf dafür gibt.«

Gayle trank das Wasser und hielt den Atem an, bis sie den Schluckauf unter Kontrolle hatte. Dann lehnte sie sich auf dem Sofa zurück und zog Peck zu sich heran. »Dr. Cork, immer zur Rettung bereit. Nun, was bin ich dir für deine Dienste schuldig?«

»Ach, ich bin zuversichtlich, daß uns etwas einfallen wird.«

»Du bist wunderbar«, flüsterte Gayle Peck ins Ohr. »Das ist mein Ernst. Du bist nicht wie die anderen erfolgreichen Männer, mit denen ich ausgehe. Die nehmen mich kaum wahr, weil sie immer mit einem Kunden telefonieren oder sonst was zu tun haben. Aber du, Tony, du hast mir den ganzen Abend über deine ungeteilte Aufmerksamkeit geschenkt. Ich kann kaum glauben, daß ich den Abend mit einem der besten Neurologen des Landes verbringe.«

»Tja... was soll ich sagen?« erwiderte Peck und strich Gayle übers Haar. »Ich bin eben zufälligerweise einer von der Sorte, die keine Schwierigkeiten haben, Arbeit und Vergnügen zu trennen.«

»Deine Arbeit hast du kein einziges Mal erwähnt«, bemerkte sie, führte seine Hand an ihre Lippen und bedeckte seine Finger mit Küssen. »Das ist bemerkenswert.«

»Ach, das ist auch nur ein Job wie jeder andere. Nerven, Synapsen, Dendriten. Derlei Dinge.« Peck schaute Gayle in die Augen und drehte seinen verführerischen Charme voll auf. Die Streicher, die Mantovani spielten, boten ihm volle Rückendeckung. »Schließlich läuft alles auf Gefühle heraus... und wenn man es so betrachtet, haben wir uns den ganzen Abend lang über meine Arbeit unterhalten.«

»Nun, fürs erste habe ich genug diskutiert.« Gayle legte ihre Arme um Peck und zog ihn zu sich heran. Sie folgten ihrem Instinkt und wollten es sich gerade noch gemütlicher machen, als es an der Tür klingelte.

»Ich kann es nicht glauben!« stöhnte Peck. »Ich habe ihnen gesagt...«

Peck bemerkte seinen Fehler leider nicht rechtzeitig. »Sie?« fragte Gayle. »Erwartest du noch Gäste?«

»Nein, genau das ist es ja.« Peck setzte sich aufrecht hin, löste sich von Gayle und gab ihr noch schnell einen Kuß. »Du bleibst hier, während ich die dort draußen loswerde, wer auch immer es sein mag.«

»Mach schnell.«

»Das werde ich. Versprochen.« Peck stand auf. Auf dem Weg zur Tür strich er seine Smokingjacke glatt. »Wahrscheinlich haben sie hier eine Wanze angebracht, damit sie genau in dem Moment einlaufen können, wenn es interessant wird.«

»Was hast du gesagt, Schatz?« rief Gayle.

»Nichts«, antwortete Peck. Er drehte den Türknauf, riß die Tür auf und rechnete damit, daß Hannibal und die anderen in die Wohnung stürmten. Statt dessen stand er einem alten Mann in Priesterkleidung gegenüber, der ihn über die Gläser seiner Brille hinweg musterte.

»Hallo, mein Junge.«

»Pater O'Malley!« Peck glaubte, seinen Augen nicht trauen zu können. »Was machen Sie denn hier? Als ich letzte Woche im Waisenhaus war und Sie besuchen wollte, ging es Ihnen sehr schlecht. Sie waren ans Bett gefesselt.«

»Der Herr kümmert sich um seine Schafe«, sagte der Priester.

»Ich habe mich außerordentlich schnell erholt, das muß ich zugeben. Aber deshalb bin ich natürlich nicht gekommen. Es tut mir leid, daß ich hier so ohne Voranmeldung hereinschneie, mein Junge, aber es ist etwas passiert, und ich hielt es für so wichtig, daß ich mir erlaubt habe, dich zu besuchen.«

Pater O'Malley leitete zusammen mit dem kränklichen Monsignore Magill das St. Bartholomäus Waisenhaus, in dem auch Templeton Peck aufgewachsen war. Dieses Heim war sein Zuhause gewesen, bis er sich freiwillig zur Armee gemeldet hatte. Die beiden Männer waren für Peck eine Art Vaterersatz gewesen, und deshalb konnte er O'Malley nicht einfach wieder wegschicken, nachdem der Priester meilenweit gefahren war, um ihn zu besuchen.

»Kommen Sie doch herein, Pater«, bot Peck an.

»Störe ich dich gerade?« erkundigte sich O'Malley und spähte in das Apartment. Eine Wand versperrte ihm den Blick ins Wohnzimmer.

»Natürlich nicht.« Face kicherte nervös. »Ich schau' gerade ein bißchen fern und spiele Canasta. Wissen Sie, all das, was man gewöhnlich an einem Samstagabend so treibt.«

»Tooony, ich vermiiiisse diiich!« flötete Gayle fröhlich im Wohnzimmer.

Peck errötete und wandte seinen Blick von Pater O'Malley ab, der draußen im Gang stehenblieb. »Ich werde nicht viel Zeit brauchen, mein Junge.« Seine Hand wanderte zwischen die Falten seiner Robe. Und dann zog der Kirchenmann ein Schmuckkästchen heraus, das er Peck übergab. »Gestern erreichte mich im Waisenhaus ein Paket, auf dem ›dringend‹ stand. Ich wurde gebeten, das an dich weiterzuleiten. Der beigelegte Brief an mich war von einer Leslie Becktall unterschrieben.«

Pecks Überraschung, als er Pater O'Malley vor wenigen Sekunden in der Halle gesehen hatte, war nichts im Vergleich zu dem Adrenalinstoß, der durch sein System jagte, als er Leslies Namen hörte. Face öffnete die Schatulle und sah die Anstecknadel der

Verbindung. Für ihn war es so, als hätte er die langversiegelte Büchse der Pandora aufgemacht, aus der nun die alten Erinnerungen herausquollen. Peck stand einfach nur benommen da und starrte die Nadel an.

»Kennst du Leslie Becktall?« erkundigte sich Pater O'Malley. »Templeton, Junge, bist du in Ordnung?«

Peck nickte hektisch. Er entdeckte die Nachricht, die zusammengefaltet im Deckel des Schmuckkästchens lag und riß sie schnell heraus. Als er die handgeschriebene Nachricht las, wurden seine Augen immer größer, und sein Herz schlug nun wesentlich schneller. »Pater«, keuchte er, »woher kommt das hier?«

»Auf dem Poststempel stand Cayambe, Ecuador«, antwortete der Priester und holte ein zerknülltes Papier aus der anderen Tasche. »Ich habe den Umschlag noch, falls du ihn sehen möchtest.«

»Ja, ja.«

O'Malley beobachtete den jüngeren Mann, der den Umschlag nach weiteren Hinweisen absuchte. »Dann darf ich davon ausgehen, daß du dich über die Nachricht freust?«

»Dessen bin ich mir noch nicht sicher«, gestand Peck. »Aber mein Herz haben Sie auf jeden Fall in Aufregung versetzt. Verdammt, danke... hm, entschuldigen Sie.«

»Aber das ist doch in Ordnung. Dieses Wort habe ich schon oft genug gehört, Junge.«

»Tja, hören Sie, möchten Sie etwas trinken, einen Happen zu sich nehmen oder so?« fragte Peck nach. »Ich habe...«

»Tooony«, meldete sich Gayle wieder aus dem Wohnzimmer zu Wort. »Beeil dich, Doktor, ich möchte untersucht werden.«

»Noch eine Sekunde«, rief Face ungeduldig.

Pater O'Malley zwinkerte. »Ich denke, es ist besser, wenn du wieder zu deinem Canasta zurückkehrst. Ich wollte Pater Charles noch kurz einen Besuch abstatten, bevor ich zum Waisenhaus zurückfahre. Er wohnt ein Stück weiter die Straße hinunter. Es war nett, dich wiederzusehen, Templeton.«

»Gute Nacht, Pater«, sagte Face und drückte O'Malley leicht an sich. »Und ich bin Ihnen wirklich zu Dank verpflichtet.«

»Gern geschehen, mein Junge, gern geschehen.« Bevor O'Malley sich umdrehte, schaute er Peck ein letztes Mal an und lächelte. »Dein Jackett gefällt mir. Ist eins von der Sorte, wie Don Ameche sie trägt, wenn er im Film seine Mädels einwickelt. Du bist also in guter Gesellschaft.«

»Nochmals vielen Dank, Pater.«

Peck schloß die Tür und blieb kurz in der Diele stehen. Er las die Nachricht noch mal durch und betrachtete wieder die Anstecknadel. Das Gefühl von Entschlossenheit überwältigte ihn. Er schloß das Schmuckkästchen, und auf dem Weg ins Wohnzimmer verstaute er es in der Jackentasche seines Smokings.

»Wer war das?« fragte Gayle und rutschte auf dem Sofa ein Stück herüber. Dann packte sie Face am Bein, als er an ihr vorbeilief und nach der Boa Ausschau hielt, die sie zuvor getragen hatte. »Ich habe mich so einsam gefühlt, während ich auf dich gewartet habe.«

»Eines der Kinder aus dem Waisenhaus, in dem ich auch aufgewachsen bin, ist hingefallen und hat sich das Bein gebrochen«, log Peck einfach so los. Die Boa lag auf dem Beistelltisch. »Ich muß ihn sofort ins Krankenhaus bringen.«

Als Peck Gayle beim Aufstehen half und sie zur Eingangstür drängte, fragte sie: »Wieso brauchen sie dafür einen Neurologen?«

»Du hast ja gar keine Vorstellung, wie viele Nervenenden sich im Bein befinden«, erklärte Peck und warf Gayle die Boa über die Schultern. Bei der Tür blieb er kurz stehen, küßte sie flüchtig und sagte: »Es paßt mir gar nicht, daß wir erst knutschen, und dann muß ich abhauen, aber ich hoffe, daß du es verstehst.«

Peck machte die Tür auf, aber Gayle dachte nicht daran zu gehen. »Warum warte ich nicht einfach hier auf dich, bis du wieder zurückkommst?« schlug sie vor. »Ich könnte dir deinen müden Rücken massieren, wenn du aus dem Krankenhaus zurück bist.«

»Nein, nach einer Operation habe ich immer absolut miese Laune«, behauptete Face und schob Gayle auf den Korridor hinaus. »Hör mal, wenn ich das nächste Mal frei habe, melde ich mich bei dir. Danke für den wunderbaren Abend, Gayle.«

»Sicher, Tony. Sicher.« Gayle schaute ihn verunsichert an und ging dann den Flur entlang.

Kaum daß er wieder allein im Penthouse war, holte Peck das Schmuckkästchen hervor und hob den Deckel hoch. Sein Blick ruhte auf der Anstecknadel, und er flüsterte wehmütig: »Leslie...«

Kapitel vierzehn

Sie waren auf einem College-Fest. Peck mußte noch das letzte Jahr hinter sich bringen. Auf dem Campus war er wirklich die große Nummer. Präsident der Verbindung, Kapitän des Leichtathletikteams, Mitglied der Dekanatenliste – die ganze Palette rauf und runter. Und wie gewöhnlich war er derjenige, der Leben in die Party brachte, der alles im Griff hatte und die Annäherungsversuche von einem halben Dutzend Mädchen abwimmeln mußte, während er die ganze Zeit über eine bestimmte junge Frau im Auge hatte, die erst sehr spät auf die Party gekommen war und sich sogleich in eine Ecke zurückgezogen hatte. Schüchtern wie sie war, blieb sie allein, schnappte sich ein paar Zeitschriften und Zeitungen, die herumlagen, um das unbehagliche Gefühl zu überspielen, das sie beschlichen hatte. Hin und wieder blickte sie auf und beobachtete das Partygeschehen. In ihren Augen lag eine seltsame Mischung aus Hunger und Unnahbarkeit, als wolle sie an der Feier teilnehmen und wüßte nicht, wie es ihr gelingen sollte, fröhlich und leichtfertig zu erscheinen. Peck war ihrem Blick ein paarmal begegnet und hatte ihr auffordernd zugelächelt, und sie hatte ihm jedesmal mit schnippisch hochgezogener Lippe geantwortet, bevor sie wegschaute. Und je mehr Zeit verging, desto faszinierter war Peck von ihr. Schließlich ließ er seine zahlreichen Freunde einfach stehen und suchte sie. Aber sie war schon gegangen. Er verteufelte sich dafür, daß er sein Bedürfnis, sie kennenzulernen, so lange unterdrückt hatte, und stürmte nach draußen. Dort schaute er sich verzweifelt um, hoffte, sie zu finden. Nebel war aufgekommen, und die Straßenlaternen verbreiteten milchiges Licht. Geräusche drangen von weit her, und die Reifen zischten leise, als die Wagen an den Schlafsälen vorbeijagten. Bevor er gegangen war, hatte er sich nach ihrem Namen erkundigt, und als er nun den Gehweg entlanglief und nach ihr suchte, rief er laut ihren Namen. Leslie. Leslie. Und dann endlich sah er sie, wie sie über den Hof lief. Eine steife Brise war aufgekommen, und der Wind wehte durch ihr Haar. Wieder rief er ihren Namen und rannte dann hinter ihr her. Sie ging noch ein paar Schritte weiter, blieb dann stehen und drehte sich um. Dabei wischte sie eine Haarsträhne aus ihrem Gesicht. Leslie, warte. Er fühlte sich blöde, ihm war schwindelig. So hatte er noch nie empfunden. Dabei war er sich ganz sicher, daß gerade eben ein neuer Lebensabschnitt begonnen hatte, durchdrungen von einem beneidenswerten Zauber. Er war sich ganz sicher, daß er in dieser jungen Frau, die dort auf ihn wartete, den Schlüssel zu einer ganz besonderen Art von Glück finden würde, das ihm während der vielen Jahre im Waisenhaus so sehr gefehlt hatte.

»Leslie«, rief er wieder. In seiner Stimme schwang Leidenschaft mit.

»Tut mir leid, As. Ich bin's nur.«

Peck wachte auf und sah, daß Hannibal sich über ihn beugte. Das Schmuckkästchen mit der Anstecknadel lag in seiner Hand. Peck mußte auf dem Sofa eingeschlafen sein.

»Hannibal?« murmelte er benommen.

»So ist es, Face«, sagte Hannibal zu ihm. »Willkommen in der realen Welt. Das muß ja ein Traum gewesen sein. Du hattest ein

Lächeln drauf, um das dich jeder Komiker beneiden würde. Wir sind schon fast eine halbe Stunde hier, brachten es aber nicht übers Herz, dich zu wecken.«

Auch B. A. und Murdock hielten sich im Wohnzimmer auf. Murdock spielte mit der Fernbedienung herum, ließ Fernsehapparate aus der Versenkung auftauchen, schaltete den Toaster im Küchenherd ein, ließ die Belüftungsanlage surren und produzierte natürlich in der ganzen Wohnung ein leichtes Durcheinander.

»Heh, sei damit vorsichtig, ja, Murdock?« flehte Face. »Es ist ein Wunder, daß du noch nichts kaputtgemacht hast. Ruiniere hier nicht alles.«

B. A. ließ sich in einen Sessel neben dem Kamin fallen und verschränkte die Arme vor der Brust. »Ich hoffe wirklich, daß du gestern einen schönen Abend gehabt hast, Idiot«, schimpfte er. »Wir mußten im Kombi pennen, und jetzt habe ich ein steifes Genick.«

»Ihr Jungs glaubt ja gar nicht, was passiert ist!« sprudelte Peck los. Sofort berichtete er von den Ereignissen des vorangegangenen Abends, konzentrierte sich dabei aber auf den Besuch von Pater O'Malley und das seltsame Päckchen, das er gebracht hatte. Hannibal nickte während der Ausführung immer wieder zustimmend, aber als Peck einen Plan darlegte, wie sie sich aufgrund der Nachricht verhalten sollten, hörte er mit dem Kopfnicken auf. Seine Miene veränderte sich drastisch.

»Du hast ganz recht«, unterbrach er Face schließlich. »Ich kann nicht glauben, was du da sagst, Face. Du willst, daß wir nach Ecuador gehen, um das Herzchen von Sigma Chi aufzuspüren?«

»Ganz genau!« rief Peck aufgeregt. »Das müssen wir tun, und je eher, desto besser!«

Hannibal warf B. A. das Schmuckkästchen zu und schüttelte den Kopf. »Ich glaube, daß dieser hohe Lebensstandard dir jetzt endgültig auf die Birne geschlagen ist, mein Freund. Selbst wenn wir nicht gerade einen Auftrag übernommen hätten, würde ich immer noch behaupten, daß das einer der blödesten und verrücktesten Vorschläge ist, der mir zu Ohren gekommen ist, seit es das Team gibt. Und würde ein anderer diesen Vorschlag machen, würde ich ihm zeigen, wo die Tür ist.«

»Hör mal, heute nachmittag haben wir Angel und General Kao erledigt, vorausgesetzt, daß alles klappt«, sagte Peck. »Und danach haben wir keine Termine mehr, richtig?«

Hannibal antwortete nicht. Während Murdock immer noch mit der Fernbedienung herumspielte, inspizierte B. A. den Inhalt des Schmuckkästchens und zog ein saures Gesicht. »Das ist alles, was sie zurückgeschickt hat? Ein billiger Manschettenknopf? Mann, dich kann man ja wirklich leicht in Fahrt bringen...«

»Das ist meine Verbindungs-Anstecknadel, und sie ist nicht billig, B. A.«, sagte Face. Jetzt appellierte er an alle. »Wir haben doch auch früher Fälle übernommen, die einen von uns betrafen. Ich sehe überhaupt nicht ein, warum diesmal nicht ich dran sein sollte«, fuhr er fort.

»Erstens«, begann Hannibal, »wissen wir ja nicht einmal, ob dieses Mädchen in Schwierigkeiten steckt. Vor fünfzehn Jahren hat sie dich während deiner Collegezeit versetzt und sich jetzt endlich dazu durchgerungen, dir zu schreiben. Ich würde mal sagen, daß du ohne sie besser dran bist.«

»Ich kenne Leslie«, insistierte Peck. »Der Ton in dem Brief sagt mir, daß irgend etwas nicht stimmt.«

»Welcher Part berührt dich am meisten?« fragte Hannibal. »Die Stelle ›Es gibt keine Worte dafür, wie leid es mir all die Jahre getan hat‹ oder ›Du hattest immer einen ganz besonderen Platz in meinem Herzen‹?«

»Was ist denn hiermit?« Peck holte den Brief aus seiner Hemdtasche, faltete ihn auf und las vor: »›In jedermanns Leben kommt eine Zeit, in der es notwendig ist, sich zu erinnern und sich dieser Erinnerung zu stellen. In meinem Leben ist diese Zeit jetzt gekommen.‹«

B. A. legte die Anstecknadel auf den Beistelltisch und beschwerte sich: »Mann, das hört sich wie der Mist an, der auf diesen blöden Ansichtskarten steht, auf denen zwei Idioten am Strand entlanglaufen.«

»Ich sage euch, ich *kenne* Leslie, und sie würde niemals so einen Brief schreiben, wenn nicht etwas schiefgelaufen wäre!« beharrte Face.

»Und was macht sie überhaupt in Ecuador?« wollte B. A. wissen.

»Ich habe keine Ahnung!« brüllte Face frustriert. Er stand auf und fing an, auf und ab zu laufen. »Und ich sage euch, seit dem Tag, als Leslie Becktall mich versetzt hat, damals in meinem letzten Collegejahr, habe ich nichts mehr von ihr gehört. Es war einfach so, als ob sie nicht mehr existiert hätte.«

»Harte Nummer«, kommentierte Hannibal. »Hat dich aus der Bahn geworfen, was?«

»Ich habe die Schule geschmissen und mich gleich danach zur Marine gemeldet«, sagte Peck. »Das ist alles... Hört mal, Jungs, werdet ihr mir nun helfen oder nicht?«

»Wir werden darüber nachdenken, Face«, sagte Hannibal. »Aber im Augenblick wissen wir ganz genau, was zu tun ist. Der Lieferwagen ist fertig, aber da sind noch ein paar andere...«

Hannibal hielt mitten im Satz inne, als die Eingangstür plötzlich aufflog. Amy und Lin Duk Coo stürmten herein. Die beiden keuchten vor Anstrengung.

»Was ist denn mit euch los?« fragte B. A. »Ihr seht aus, als würdet ihr gerade von einem Leichtathletiktreffen zurückkommen.«

»Unten«, keuchte Amy, »irgendwelche Probleme. Typen mit Gewehren haben eine der Wohnungen zusammengeballert.«

»Was? Wann?« erkundigte sich Hannibal, der sofort vorsichtig wurde.

Amy verschnaufte erst einmal kurz und erklärte dann: »Kurz bevor Lin und ich von der Zeitung zurückgekehrt sind. In der Halle hatten sich eine Menge Leute versammelt, und jemand sagte, daß zwei Männer mit Maschinengewehren gerade eine der Wohnungen im angrenzenden Korridor durchlöchert haben. Zum Glück war niemand zu Hause, aber trotzdem sieht es sehr nach…«

»O nein!« rief Face und schnitt Amy das Wort ab. »Wie war die Nummer der Wohnung, die sie fertiggemacht haben?«

»Ich kann mich leider nicht daran erinnern.«

»Neun«, sagte Peck. »War es Nummer neun?«

»Ja!« rief Lin aus. »Sie sagten Nummer neun.«

»Gayle! Dort wohnt Gayle!« warf Face aufgeregt ein.

»Gayle?«

»Die Frau, mit der ich den gestrigen Abend verbracht habe. Sie wohnt in Nummer neun, bei einer Freundin. Erst gestern bin ich dort gewesen, habe ihr geholfen, die Lebensmittel hineinzubringen und… oh.«

»Denkst du, was ich denke?« fragte Hannibal Peck. Ohne auf eine Antwort zu warten, schaute Hannibal Amy und Lin an. »Kann sich einer von euch beiden erinnern, ob euch jemand gefolgt ist?«

»Ich weiß es nicht«, sagte Amy. »Ich glaube es nicht, aber wir haben auch nicht darauf geachtet.«

»Diese Waffen sind für uns bestimmt gewesen«, sagte Hannibal und eilte zu der Zedernkommode auf der anderen Seite des Wohnzimmers. Er öffnete eine Schublade, holte die Waffen heraus und verteilte sie. »Irgend etwas sagt mir, daß wir heute morgen nicht bis Indian Dunes kommen werden.«

Während die Pistolen und Gewehre von Hand zu Hand gingen, hörte die Gruppe, daß sich vor dem Gebäude etwas tat. Das Geräusch schwoll an, und dann konnten sie einen Hubschrauber sehen, der knappe acht Meter vor dem großen Aussichtsfenster in der Luft schwebte. Solly saß neben dem Piloten. Er öffnete die Tür und zielte mit einem Maschinengewehr auf das Fenster.

»Runter mit euch!« rief Hannibal und ließ sich auf den Teppichboden fallen. Die anderen kamen seiner Anordnung sofort nach, und kaum eine Sekunde später zersplitterte das Tafelglasfenster unter dem Kugelhagel in tausend Scherben. Die zahllosen Kugeln, die ins Wohnzimmer fegten, zerstörten die schöne Inneneinrichtung.

Lin Duk Coo versteckte sich neben dem Fenster hinter einem Marmorsockel, auf dem eine antike Vase gestanden hatte, die jetzt nur noch ein Scherbenhaufen war. Der Koch streckte den Kopf aus seiner Deckung und konnte einen längeren Blick auf den Hubschrauber werfen. »General Kao ist im Helikopter!« rief er.

Der General, der im Hubschrauber saß, entdeckte Lin genau im gleichen Augenblick. Umgehend legte er seinen Arm auf Sollys Schulter und zeigte auf den Sockel. »Töte ihn!« befahl er. »Ich will Lin Duk Coo tot sehen!«

Der Pilot flog näher an das Gebäude heran, und Solly feuerte einen zweiten Kugelhagel auf die Wohnung ab. Lin Duk Coo kroch geschwind von dem Sockel weg, schlängelte sich vorsichtig über den Teppichboden. In der Küche war er relativ sicher. Peck hatte sich ins Schlafzimmer geschlichen und wagte dort einen Blick aus dem Fenster. »Sie sind auf der rechten Seite, Hannibal!« brüllte er nach hinten. Als dann der Hubschrauber vor dem Fenster auftauchte und Solly auch dieses Fenster unter Beschuß nahm, trat Peck den Rückzug an.

In der Zwischenzeit hatten die anderen den Vordereingang erreicht. Keiner von ihnen war schwer verwundet, aber Lin und B. A. hatten oberflächliche Schnittwunden, dort, wo die Glassplitter sie getroffen hatten. Sie warteten ab und lauschten gespannt, wie der Hubschrauber an jedem einzelnen Fenster der Wohnung vorbeischwebte, um Solly die Möglichkeit zu bieten, in das Gebäude zu feuern. Doch dann verstummte der Lärm endlich, den das Gewehrfeuer und das zerberstende Glas produzierten, und das Dröhnen der Rotoren ließ langsam nach.

»Hört sich so an, als wollten sie auf dem Dach landen«, sagte

Hannibal. »Wir verschwinden lieber von hier, bevor wir in der Falle sitzen. Murdock, du kümmerst dich um den Hubschrauber. Lin und Amy, ihr geht mit Murdock.«

»In Ordnung, Colonel«, bestätigte Murdock.

»Bist du in Ordnung, Lin?« fragte Hannibal.

Lin wischte sich das Blut von der Wange und dem Unterarm. »Das hier sind nur Kratzer. Es braucht mehr als Kratzer, um Lin Duk Coo aufzuhalten«, behauptete er.

»Nun gut«, sagte Hannibal. »Face, B. A., wir gehen zum Lieferwagen. Können nur hoffen, daß wir nicht einer ganzen Armee Streifenwagen über den Weg rennen...«

Kapitel fünfzehn

Die Nachricht über die Schießerei im ersten Stock hatte sich schon im ganzen Gebäude verbreitet, als General Kaos Helikopter um die oberen Stockwerke kreiste. Panik war im Wolkenkratzer ausgebrochen, und als Hannibal B. A. und Peck aus der Penthousewohnung führte, mußten sie feststellen, daß sich die verzweifelten Bewohner auf dem Gang versammelt hatten. Sie wirkten wie Sünder, die unerwartet vor das Jüngste Gericht treten mußten.

»Das sind Terroristen!« schrie jemand. »Und die Olympischen Spiele haben noch nicht mal angefangen.«

Stella, die üppige Rothaarige, die Mr. Yerkovitch eingeweiht hatte, daß das A-Team den öffentlichen Bereich mit Autoteilen blockierte, begegnete diesen unerwünschten Personen, als handle es sich um eine Mischung aus einer drei Mann starken Kavallerie-Einheit und der St. George's Königlichen Ordnung der Drachentöter. »Mr. Toney, Mr. Toney!« jammerte sie und hängte sich wie eine Bittstellerin an seine Fersen. »Was geht hier denn vor? Sie müssen uns helfen!«

Peck, der sich durch die Menge pflügte, schüttelte Stella ab und rief laut aus, damit ihn alle hören konnten, »Gehen Sie alle in Ihre Wohnungen! Schließen Sie die Türen ab, und verhalten Sie sich ruhig. Die sind nicht hinter Ihnen her!«

Doch die Psychologie des Mobs hat ihre eigenen Regeln, und deshalb hatten die Bewohner Angst, sich zu trennen. Teil der Menge zu sein, vermittelte ihnen ein vages Gefühl von Sicherheit. Und sie scharten sich um Hannibal, Peck und B. A., während die drei Männer versuchten, zum Fahrstuhl vorzudringen. Draußen vor dem Hochhaus feuerte Solly wieder seine Salven ab, und noch mehr Glas ging zu Bruch.

Einige Kugeln verließen ihre normale Flugbahn, zischten durch den Vordereingang und pfiffen knapp an Dr. Peters vorbei, der umgehend in Ohnmacht fiel. Daraufhin bekam seine Ehefrau einen hysterischen Anfall, weil sie davon ausging, daß er getroffen worden war.

»Sie haben doch gehört, was der Mann gesagt hat!« verkündete Hannibal. »Gehen Sie in Ihre Zimmer, und bleiben Sie da!«

»Jetzt sofort!« knurrte B. A. nachdrücklich und trieb die Bewohner des Hauses auseinander. Da aber einige Leute nicht im obersten Stockwerk wohnten, begleiteten sie das A-Team zum Fahrstuhl. Stella war auch dabei. Die erleuchteten Nummern über den Fahrstühlen zeigten an, daß einer im ersten Stock und der andere in der Garage steckte.

»So lange können wir nicht warten«, beschied Hannibal. »Face, wo ist das Treppenhaus?«

»Dort drüben«, kam jemand Face zuvor. Die Stimme kam ihnen bekannt vor, und als die Männer sich umsahen, wer da sprach, sahen sie, daß Don mit zwei weiteren Männern in der Tür zum Treppenhaus stand. Die drei Männer hatten Uzi-Maschinengewehre dabei. Zwischen den beiden feindlichen Parteien tummelten sich eine Handvoll Menschen, und Don schnappte sich Stella, bevor Peck und die anderen ihre Waffen zücken konnten.

»Laß sie los«, sagte Hannibal zu Don.

Don schüttelte den Kopf. »Laßt eure Waffen fallen, oder sie stirbt«, lautete seine Warnung. Den anderen Hausbewohnern rief er zu: »Ihr anderen verschwindet von hier, oder ihr seht wie Siebe aus!«

Während sich die verängstigten Hausbewohner übereilt verteilten, versuchte Stella vergeblich, Dons Hand abzuschütteln. Hannibal zögerte kurz, beugte sich dann hinunter und legte seine Waffe auf den Teppichboden. Peck und B. A. taten es ihm gleich.

»Jetzt hätten wir mal 'ne Situation, in der Murdock uns als Rükkendeckung von Nutzen gewesen wäre«, murmelte B. A. und biß sich auf die Zähne.

»Ja«, stimmte Face mißmutig zu. »Tut mir leid, Jungs, ich denke...«

»Halt die Klappe!« bellte Don und wartete, bis seine Kumpels die Waffen aufgehoben hatten, bevor er Stella endlich wegschubste. Die Frau taumelte auf ihren hochhackigen Schuhen zur Seite und hyperventilierte, als sie um die nächste Ecke lief. Als sich die Türen des Fahrstuhls öffneten, bedeutete Don seinen Gefangenen einzutreten. »Dann mal los! Der Boß wird mit euch ein paar Worte wechseln wollen, bevor wir euch dann ein für allemal fertigmachen.«

»Oh, sehr schön«, sagte Hannibal mit schleppender Stimme und trat in den Fahrstuhl. »Ich finde es immer gut, wenn 'ne Exekution aufgeschoben wird. Kriegen wir auch noch eine letzte Mahlzeit? Ich bin am Verhungern.«

»Nur wenn du gern Blei frißt«, klärte Don ihn auf. Die Türen gingen zu, und Don holte ein Walkie-talkie aus seiner Gesäßtasche. »Drei von ihnen haben wir erwischt. Landet das Ding, und dann schlagen wir zu!«

Solly, der immer noch im Hubschrauber saß, antwortete: »Verstanden!« Der Pilot hatte Dons Nachricht auch verstanden, und er steuerte den Helikopter zu einem Landeplatz auf dem Dach. Solly versorgte sein Maschinengewehr mit neuer Munition, stieg dann aus und sagte zu General Kao: »Bleiben Sie hier oben, Sir. Drei von ihnen haben wir. Den Rest werde ich mitbringen.«

»Ich will Lin!« schnaubte General Kao. »Und wenn es möglich ist, dann will ich ihn lebend, damit ich mich selbst davon überzeugen kann, wie die Rache aussieht.«

»Ich werde sehen, was ich tun kann«, sagte Solly, trat auf das Dach und brüllte gegen den Rotorenlärm an, »aber ich kann Ihnen nichts versprechen.«

»Tot oder lebendig, ich will ihn haben!«

Solly salutierte spaßeshalber, duckte sich und rannte zum Treppenhaus hinüber. Er schoß die Stufen hinunter und platzte in den Penthouseflur. Dabei schwenkte er sein Maschinengewehr wie ein böser Zauberer seinen Zauberstab. In dem Korridor hielt sich nur noch das Ehepaar Peters auf. Dr. Peters kam gerade wieder zu Bewußtsein, dank der Aufmerksamkeit, die seine Gattin ihm gewidmet hatte. Aber als Solly nun auf sie zukam, wurde Mrs. Peters ohnmächtig und fiel direkt auf ihren Ehemann. Der Schütze schenkte ihnen jedoch keine Beachtung. Mit Riesenschritten lief er an ihnen vorbei, blieb kurz vor der durchlöcherten Tür von Mr. Toneys Penthousewohnung stehen, stieß sie mit dem Fuß auf und stürmte hinein. Er war auf alles gefaßt.

Die ganze Wohnung sah wie ein Kriegsschauplatz aus. Solly stiefelte durch die Trümmer zum Badezimmer und hörte, wie die Dusche abgedreht wurde.

»In Ordnung!« rief er. »Komm heraus, ganz langsam!«

Ein paar Sekunden verstrichen, dann öffnete Amy die Badezimmertür und trat in den Gang. Ein Badetuch bedeckte ihren Körper, das andere hatte sie um den Kopf geschlungen. Als sie den Schützen und die Trümmer sah, schnappte sie nach Luft. »Was geht denn hier vor? Ich – ich bin nur kurz unter der Dusche gewesen, nicht länger als zehn Minuten, und jetzt, sehen Sie doch mal, was in der Zwischenzeit geschehen ist!«

»Wen wollen Sie zum Narren halten, Lady?«

»Sie«, antwortete Amy mit einem spöttischen Grinsen. Ihr Ablenkungsmanöver hatte funktioniert: Solly hatte dem Wandschrank im Flur den Rücken zugedreht, und Lin Duk Coo sprang aus seiner Deckung auf ihn zu.

»Ay-yi-yi!« heulte der Koch.

Als Solly herumwirbelte, um sich dem Angreifer zu stellen, tauchte Murdock hinter dem Sofa auf und warf seinen Golfball mit vollem Schwung in Sollys Richtung. Der Ball landete auf Sollys Hinterkopf.

»Achtung!« brüllte Murdock, als Solly auf dem Teppichboden landete. Lin sprang auf den Schützen und riß ihm die Waffe aus der Hand. Doch sein Gegenüber leistete nicht gerade großen Widerstand. Er war bewußtlos.

»Gute Arbeit, Murdock«, sagte Amy und schälte sich aus ihren Badetüchern. Darunter trug sie Shorts und ein trägerloses Oberteil.

»So viel zu diesem Jungen«, grinste Murdock und nahm Lin das Maschinengewehr ab. »Dann reißen wir uns jetzt mal diesen Vogel auf dem Dach unter den Nagel.«

Kapitel sechzehn

Unter lauten Flüchen versuchte Tom Angel einen Schlüssel in die Seitentür des Lieferwagens zu kriegen, als Don gerade seine Gefangenen aus dem Kellergeschoß führte.

»Die Schlösser haben wir ausgetauscht, Lieutenant«, bemerkte Hannibal mit einem Grinsen auf dem Gesicht. »Du kennst uns doch, wir versuchen immer, die Dinge schwieriger zu machen, als sie ohnehin schon sind.«

Die beiden anderen bewaffneten Männer bewachten B. A. und

Peck, und Don verpaßte Hannibal einen Schubser in Richtung Lieferwagen. Angel riß einen Revolver aus seiner Manteltasche, richtete ihn auf Hannibal und befahl: »Aufmachen, oder ich niete Sie gleich hier um.«

»Sag bitte«, scherzte Hannibal. Mit erhobenen Händen wurde er von Don gefilzt, bis er endlich die Schlüssel gefunden hatte.

»Sie werden wohl noch im Grab die Komiker-Nummer abziehen, oder, Colonel?« knurrte Angel.

»Ein Grab? Ich fühle mich geschmeichelt, Lieutenant.« Hannibal nahm die Schlüssel entgegen und suchte den heraus, der zum Wagen paßte. »Ich hätte nicht gedacht, daß du dich um eine Unterkunft für mich kümmern würdest. Ich hatte diese dumme Idee, daß du meinen Leichnam einfach am Rand irgendeiner Landstraße ablegen würdest, damit ich einem armen Jogger den Tag versauen kann.«

Kaum hatte Hannibal die Tür aufgeschoben, da schob Don ihn beiseite, und Angel inspizierte den Laderaum. Als er die verstärkten Wände und die anderen Veränderungen sah, sagte er: »Verdammt noch mal, was habt ihr denn mit diesem Ding hier angestellt?«

»Oh, wir dachten nur, daß du gern etwas hättest, was ein wenig stabiler ist als ein normaler Lieferwagen, wenn du deinen Stoff transportierst«, meldete sich Peck zu Wort, der ein bißchen weiter hinten stand. »Hat uns 'ne ganz schöne Mühe gekostet, aber da wir so nette Jungs sind, werden wir's dir nicht in Rechnung stellen.«

»Na, dann sehen wir doch mal nach, ob ihr an dem Brot rumgemacht habt.« Angel nahm eines der Brote, die Lin gebacken hatte, und brach es in der Mitte durch. Zum Vorschein kam eine Plastiktüte, die mit weißem Pulver gefüllt war. Nachdem Angel seine Fingerspitze in die Mischung gesteckt hatte, leckte er sie ab und ließ den Brotlaib angewidert fallen. »Zum Teufel, was glauben Sie, wen Sie hier zum Narren halten können, Colonel?«

»Da muß was schiefgelaufen sein«, sagte Hannibal und streckte die Hand nach einem anderen Brotlaib aus. »Hier, ich glaube, das ist der, den wir gesucht haben.«

Dabei handelte es sich um den größten Laib dieser Ladung, und natürlich war er aus gutem Grund so groß. Lin hatte eine abgesägte Schrotflinte eingebacken, und als Hannibal seinen Finger durch die Kruste bohrte und den Abzug erwischte, bewies er, daß die Waffe ganz prächtig funktionierte. Mit dem ersten Schuß ballerte er den Lauf von Dons Uzi weg, der zweite veranlaßte die beiden anderen Schützen, in Deckung zu gehen. Bevor Angel seiner Überraschung Herr wurde und einen Schuß aus seinem Revolver abfeuern konnte, hatte Hannibal ihn schon niedergeschlagen. Dann sprang er behende in den Lieferwagen und schloß die Türen hinter sich. B. A. und Peck, die mit dem Durcheinander gerechnet hatten, hechteten zu den nächsten Autos, duckten sich und konnten somit nicht mehr gesehen werden.

»Ihr werdet mir nicht entkommen!« schwor Angel, kroch auf dem Boden herum und suchte die Waffe, die er verloren hatte. Doch bevor er sie erreichte, hatte Hannibal schon den Wagen gestartet und den ersten Gang eingelegt. Angel mußte zur Seite rutschen, damit die Reifen, die schon seine Waffe unschädlich gemacht hatten, ihn nicht auch überrollten. Dons Kumpane holten aus ihren Uzis raus, was rauszuholen war, aber da das A-Team die Wände verstärkt hatte, konnten die Kugeln nur kosmetischen Schaden an dem Lieferwagen anrichten.

Hannibal entdeckte Peck und B. A., die sich links von ihm versteckt hielten, riß das Steuerrad hart herum und trat auf die Bremse. Der Lastwagen vollzog eine halbe Drehung, und die beiden Männer konnten durch die Seitentür einsteigen, ohne sich den Maschinengewehren von Angels Männern aussetzen zu müssen.

»Nette Tour, Hannibal!« lobte B. A.

»Euer Dank gebührt auch Lin«, sagte Hannibal. »Er ist der einzige Typ, den ich kenne, der eine geladene Waffe in ein Brot einbacken kann, ohne daß der ganze Ofen in die Luft fliegt.«

Es stellte sich heraus, daß Lin nicht nur einen Brotlaib präpariert hatte. B. A. riß ein Baguette auseinander, um an zwei .22er ranzukommen, und Peck löste eine Uzi aus ihrer Sauerteigumhüllung. Während Hannibal den Kombi wieder wendete, rückte B. A. die Fahrstuhlwände vor die offene Seitentür. In die Platten hatte er zwei Öffnungen geschweißt, durch die sie ihre Waffenläufe stekken konnten, und so konnten er und Peck auf den Feind schießen, ohne sich selbst den gegnerischen Schüssen auszusetzen.

Angels Männer brauchten nicht allzulange, bis sie feststellten, daß es nutzlos war, weitere Munition zu verschwenden. Sie flüchteten vor dem Kugelhagel und krochen in ihre Limousine, die schräg geparkt war und drei Parkplätze einnahm. Glücklicherweise hatte man das Gefährt rückwärts abgestellt, und sie konnten nun einfach vom Parkplatz fahren, bevor Hannibal den Lieferwagen gewendet hatte und die Verfolgung aufnahm.

»Verdammt!« fluchte B. A. »Wir hatten sie schon fast.«

»Betrachte es doch mal von der anderen Seite«, sagte Peck. »Die hatten uns auch fast.«

»Und das Spiel haben die auch noch nicht gewonnen«, erinnerte Hannibal sie, als der Lieferwagen endlich auf der Straße war. »Denkt dran, wir haben immer noch unsere Nachhut!«

»Komm schon, Murdock!« murmelte Peck. »Laß uns nicht hängen!«

Gerade in dem Augenblick, als Peck von Murdock sprach, stand er zusammen mit Amy und Lin Duk Coo im Treppenhaus, das auf das Dach führte. Sie hielten eine Kurzkonferenz ab.

»Hier, Lin«, sagte Murdock und gab Sollys Maschinengewehr an den Koch weiter. »Wenn Amy die Tür aufmacht, dann schießt du hinaus und gibst mir Deckung. Achte darauf, daß du rechts an mir vorbeizielst.«

»Was hast du vor?« erkundigte sich Amy bei Murdock.

Murdock zog den Bauch ein, verrückte seine Kappe und erklärte: »Der Range Rider wird versuchen, sich einen Helikopter unter den Nagel zu reißen, kaum daß er bis drei gezählt hat. Eins...«

Amy ging zur Tür und legte ihre Hand auf die Klinke. Lin atmete tief durch und umklammerte das Maschinengewehr.

»Zwei...«

Amy öffnete die Tür noch nicht. Lin legte den Zeigefinger auf den Abzug und zielte mit der Waffe auf den Boden.

»Drei!«

Die Tür flog auf, und Murdock stürmte hinaus, leicht nach links gebeugt, damit die Kugeln, die rechts an ihm vorbeizischten, ihn nicht trafen. Und alles lief so, wie er es gehofft hatte. Das Element der Überraschung und der Kugelhagel sorgten für Verwirrung und verschafften ihm ein paar Sekunden an Bord des Hubschraubers. General Kao schnellte hinter den schützenden Pilotensitz. Dabei hielt er sich am Arm des Piloten fest, der seine Instrumente nicht mehr erreichen konnte. Als der Pilot den General endlich abgeschüttelt und die Hebel und Knöpfe betätigt hatte, daß ein Abheben möglich war, stand Murdock schon auf den Kufen und riß die Tür auf. Der Pilot streckte seine Hand aus, um Murdock abzuwehren. Doch der legte seine Finger um das Handgelenk des Fliegers, hielt sich fest und sprang von der Kufe. Die Schwerkraft tat das ihre. Murdock und der Pilot landeten auf dem Dach. Der Pilot schlug sich im Verlauf des Sturzes den Kopf am Hubschrauber an und wurde bewußtlos. In der Zwischenzeit waren Amy und Lin von der anderen Seite gekommen und nahmen General Kao in Empfang, als er versuchte, aus dem Hubschrauber zu steigen.

»Wir treffen uns wieder, General.« Lin grinste Kao, den er mit seiner Maschinenpistole in Schach hielt, heimtückisch an. »Vielleicht will ich jetzt genausosehr wie Sie Rache.«

Der General blieb wie angewurzelt stehen, warf einen Blick auf die Waffe und versuchte, seine Angst nicht zu zeigen. »Du wirst mich nicht erschießen.«

»Das sagen Sie«, erwiderte Lin kalt.

»Lin, tun Sie's nicht!« mischte sich Amy ein. »Soll sich doch die Polizei um ihn kümmern.«

»Er verdient den Tod!« spuckte Lin.

»Es ist nicht an Ihnen, das zu entscheiden, Lin!« Amy holte ein Stück Kabel aus dem Hubschrauber und trat hinter Kao, um ihn zu fesseln. »Helfen Sie Murdock, den Piloten wegzuschaffen!«

Als Amy General Kao an der Stange einer hohen Fernsehantenne festgebunden hatte, hatten Murdock und Lin den bewußtlosen Piloten an das Gitter einer Klimaanlage gefesselt.

»Okay, dann hauen wir mal von hier ab und sehen nach, was die anderen so treiben!« sagte Murdock und lief zum Hubschrauber.

»Weißt du, wie man den fliegt?« fragte Amy, während sie ihm folgte.

»Heh, kannst du einen fliegen, kannst du alle fliegen«, brüstete sich Murdock. Doch kaum daß er auf dem Pilotensitz Platz genommen hatte, mußte er feststellen, daß die Instrumentenanzeigen in chinesischer Sprache abgefaßt waren. »Na ja, vielleicht ist es doch 'n bißchen schwieriger, als ich dachte.«

Amy setzte sich neben ihn und beobachtete Lin, der noch bei General Kao stand. »Kommen Sie schon, Lin«, rief sie.

Lin verweilte noch einen kurzen Augenblick bei seinem Feind. »Miss Allen hat recht. Ist am besten, wenn Sie vor Gericht kommen, damit jeder sieht, daß General Kao das Letzte vom letzten ist. Ich werde im Gerichtssaal sein und über Sie lachen. Die Rache für all die, die Sie gequält haben, gehört mir!«

General Kao schwieg und betrachtete seine Füße, während sich Lin abwandte, in den Hubschrauber kletterte und sich auf den Rücksitz fallen ließ.

»Haltet eure Hüte fest, Jungs und Mädels«, sagte Murdock und legte seine Hand auf einen Hebel. »Hier geht nichts.«

Doch seine Intuition ließ Murdock nicht im Stich, es gelang ihm, den Hubschrauber hochzubringen und über das Dach zu fliegen.

»Ay-yi-yi-yi!« heulte Lin triumphierend. »Hoch, hoch und weeeg!«

»Genauso machen wir's!« bestätigte Murdock. Er prüfte die einzelnen Kontrollen und wurde immer zuversichtlicher. »Nimm dich in acht, Welt! Hier kommt die Befreiungsarmee der Golfbälle!«

Murdock schwenkte nach links und dann wieder in die normale Flugbahn zurück, veränderte so die Flugrichtung des Hubschraubers und flog schnell die unteren Stockwerke ab. Und gerade in diesem Augenblick jagte Tom Angels Limousine über die Rampe, die von der Tiefgarage auf die Straße führte. Der Lieferwagen der Brotfabrik war knapp fünfzig Meter hinter ihr, aber der Abstand vergrößerte sich, da die Limousine viel leichter und schneller war.

»Das Rauchen einstellen und die Sicherheitsgurte anlegen, Mannschaft!« verkündete Murdock. »Wir haben einen unbequemen Flug vor uns.«

Murdock bewegte einen der Hebel hektisch, der Hubschrauber fiel seitlich ab und landete gerade noch rechtzeitig vor der Limousine, die auf die Straße einbiegen wollte. Angel, der am Steuer saß, mußte ausweichen und die Fahrtrichtung drastisch ändern. Aber jetzt mischte der Lieferwagen bei der Verfolgungsjagd schon wieder kräftig mit, und ein paar gut plazierte Schüsse von Peck und B. A. drangen in die Vorderreifen der Limousine. Angel versuchte noch, auf den Felgen weiterzufahren, aber das brachte nichts mehr ein.

Der Lieferwagen fuhr neben ihm her, während der Hubschrauber auf der anderen Seite neben dem Wagen schwebte. Nachdem B. A. mehrere Salven auf die Fenster der Limousine abgefeuert hatte, hatten Angels Männer endgültig genug. Sie warfen ihre Waffen aus den Fenstern und wedelten mit ihren Armen – als Zeichen, daß sie aufgaben – in der Luft herum. Da es keine weitere Fluchtmöglichkeit mehr gab, brachte Angel die Limousine zum Stehen und schlug frustriert mit der Faust auf das Armaturenbrett.

»Zum Teufel noch mal, ich war so nah dran!« kochte er. »So verdammt nah dran!«

Murdock landete mit dem Helikopter ganz in der Nähe, und Hannibal stieg aus dem Lieferwagen und schlenderte gemächlich zu der Limousine. Peck und B. A. folgten ihm.

»Heute ist einfach nicht dein Tag, Tommy«, sagte Hannibal, als das A-Team Angel und seine Männer aus dem Wagen holte und sie zum Laderaum des Lieferwagens eskortierte. »Das Spiel ist jetzt vorbei. Der Stoff ist bei euch. Seht doch mal, ob ihr ihn finden könnt, bevor die Polizei auftaucht. Ihr seid ja nicht wenige, vielleicht könnt ihr genug von dem Beweismaterial auffuttern, und den Bullen ein Schnippchen schlagen. Natürlich möchte ich nicht in euren Schuhen stecken, wenn ihr das Zeug erst mal intus habt.«

Angel, der inmitten seiner gebrochenen Männer im Laderaum des Lieferwagens stand, sah weitaus weniger wie ein Verbrecherkönig aus als wie ein etwas zu hoch aufgeschossener Schuljunge, der erwischt worden war, weil er während der großen Pause zu viele Streiche gespielt hatte. Als er Hannibal anschaute, war ihm seine Bockigkeit ins Gesicht geschrieben. »Mein Vater wird Sie umbringen lassen!« gelobte er.

Kopfschüttelnd genehmigte sich Hannibal die erste Zigarre an diesem Tag. Er blies Angel den Rauch ins Gesicht und riet ihm: »Du kannst deinem Vater sagen, daß ich vielleicht nach Phoenix komme und ihn auch erledige, wenn ich richtig wütend bin. Sag ihm, daß er sich raushalten soll, denn ich könnte der Postler oder der Typ sein, der ihm den Swimmingpool saubermacht. Wer weiß, vielleicht bin ich ja sogar sein Caddy.«

Hannibal warf die Hecktür ins Schloß und sperrte sie ab. B. A., der hörte, wie einer der Männer seine Hand auf die Türklinke legte, brüllte: »Heh, du Idiot, wenn wir die Schlösser schon auswechseln, dann machen wir es gleich so, daß man die Tür von innen nicht öffnen kann. Du verschwendest nur deine Zeit!«

»Na, na, B. A., laß sie doch machen«, sagte Hannibal zu Baracus. »Warum holst du nicht den Kombi? Dann können wir endlich von hier verduften. Menschenmengen kann ich nicht ausstehen.«

Es hatte den Anschein, als hätte sich die Hälfte der Einwohner beider Türme auf dem Parkplatz versammelt, um die Ergreifung von Angel und seinen Männern zu verfolgen. Dr. Peters war auch darunter. Er trat vor und wandte sich an Peck.

»Hören Sie, Mr. Toney, für all das hier sollte es doch eine Erklärung geben. Was geht denn hier eigentlich vor? Wer sind diese Leute?«

Dr. Peters meinte die anderen Mitglieder des A-Teams, die darauf warteten, daß B. A. mit dem Kombi zu ihnen stieß. Amy trat vor und setzte zu einer Erklärung an. »Wir sind Mr. Toneys Freunde. Die Typen in dem Lieferwagen sind das offensichtlich nicht. Zwei weitere von der Sorte sind noch auf dem Dach, beide sind vietnamesische Staatsbürger. Einer von ihnen ist Kao, ein Kriegsverbrecher. Und in Mr. Toneys Vorführapartment liegt wahrscheinlich noch ein dritter Mann, bewußtlos.«

Und dann tauchte B. A. mit dem Kombi auf. Das A-Team stieg ein, während Peck noch zu Peters sagte: »Übermitteln Sie Mr. Yerkovitch meine Entschuldigung für den Schaden, der entstanden ist. Ich werde versuchen, es wiedergutzumachen. Ach ja, die Fahrstuhlwände sind im Lieferwagen der Brotfabrik... und ich denke, der Sonntagsbrunch wird wohl ausfallen.«

»Aber, aber...«

»Richten Sie allen liebe Grüße aus«, fuhr Peck fort, stieg zu seinen Kameraden in den Wagen und betrachtete die Menschenmenge. Dann warf er ihnen noch eine Kußhand zu und rief *»Ciao!«* aus dem Fenster, während B. A. schon losfuhr.

Kapitel siebzehn

Da Mr. Toneys Penthousewohnung nicht mehr zu benutzen war, sah sich das A-Team gezwungen, *sein Operationshauptquartier* an einen anderen Ort zu verlegen. B. A.s heruntergekommene Wohnung, auf der anderen Seite der Stadt, erhielt den Zuschlag. Diese Entscheidung hatte auch noch den zusätzlichen Vorteil, daß man von dem Mediumrummel weit weg war, der nach dem heutigen Spektakel in den Century Towers zu erwarten war. B. A.s Geschmack, was die Inneneinrichtung betraf, konnte bestenfalls mit Adjektiven wie rustikal oder gemütlich beschrieben werden, aber Hannibal wurde gleich viel konkreter.

»Da hast du ja wirklich einen schönen Unterschlupf, B. A.«, sagte er, während er die vollgestopften Zimmer auf sich wirken ließ.

»Ja, recht behaglich, nicht wahr?« antwortete B. A. stolz und hob eine orange-farbene Kiste, in der er Schallplatten aufbewahrte, von einem der gepolsterten Stühle herunter, damit er sich setzen konnte. »Das ist ein Ort, an dem sich ein Mann heimisch fühlen kann.«

»Ja?« höhnte Peck. »Dann kommen wir beim nächsten Mal lieber gleich hierher, bevor wir auf eins der Dinger zurückgreifen, die ich angeleiert habe, und mir die ganze Tour vermasselt wird. Ich hoffe, daß euch klar ist, daß zwei meiner ausgefeiltesten Betrügereien in den Sand gesetzt wurden, nur weil ich zum Team gehöre. Ihr seid mir was schuldig, und ich weiß auch schon, wie ihr das wiedergutmachen könnt.«

»Nicht schon wieder dieser Trip nach Ecuador«, stöhnte Hannibal. »Irgendwie hatte ich ja gehofft, daß du die Sache während der ganzen Aufregung vergißt.«

»Auf keinen Fall«, beteuerte Face.

Amy telefonierte und unterbrach das Gezänk der anderen, indem sie sich an die Person wandte, die sie angerufen hatte. »Okay. Okay. Das ist großartig. Ich werde Lin heute nachmittag in die Zeitung bringen... Richtig. Richtig... Danke... Tja, nun, das muß man eben können, wenn man eine gute Reporterin sein will, wissen Sie... immer an die großen Sachen ran. Okay, tschüß.«

Nachdem sie den Hörer auf die Gabel gelegt hatte, drehte sie sich den anderen zu und strahlte übers ganze Gesicht.

»Hat alles geklappt?« rief Murdock, der auf dem Boden saß, wo er seinen Golfball auf dem Teppichboden hin und her rollte.

Als Amy nickte, verschränkte Peck die Arme und reagierte beleidigt. »Da bin ich aber froh, daß zumindest einer was Gutes aus dieser Sache rausgeholt hat.«

Peck legte seine Füße auf den Couchtisch. B. A. warf ihm einen wütenden Blick zu und rief: »Nimm deine Füße von meinem Couchtisch runter, Mann. Du zerkratzt mir nur den Lack.«

Peck ließ seine Füße auf den Boden fallen und betrachtete die vernarbte und vergilbte Oberfläche des Couchtisches. »Wie willst du das denn sehen?«

»Komm mir jetzt nicht mit deinem arroganten Gewäsch, Face!«

»Mann, sind wir heute aber wieder empfindlich!«

Hannibal wandte sich an Amy und fragte: »Mit Lin ist also alles in Ordnung?«

»Ja«, erwiderte die Reporterin. »Heute nachmittag werden ein paar Leute von der U. S.-Botschaft in die Zeitung kommen, um die Einzelheiten für die Einbürgerung auszuarbeiten. Lin darf in den Staaten bleiben.«

»Heh, das ist ja super!« sagte B. A.

Murdock lächelte seinem Golfball zu, stand auf und brachte Amy den Ball, die sich ein paar Notizen über das Telefongespräch machte.

»Weißt du, Amy, du bist jetzt eine – eine richtig große Reporterin«, stammelte er noch auf der Suche nach den passenden Worten. »Ich meine, ein vietnamesischer Kriegsverbrecher und der Sohn eines Unterweltkönigs, die festgenagelt werden, weil sie Heroin verscheuern. Und deshalb habe ich mich gefragt... ob du vielleicht gern eine Geschichte über das, was mit Golfbällen passiert, machen würdest. Wir brauchen Aufmerksamkeit, Amy. Etwas, was die Welt auf unser Anliegen aufmerksam macht.« Und um seinem Anliegen Nachdruck zu verleihen, fügte er als zusätzlichen Anreiz hinzu: »Die Golfball-Befreiungsarmee ist eine gewaltfreie Vereinigung.«

Amy schaute an Murdock vorbei und verdrehte die Augen. Dennoch bemühte sie sich, das Gesicht nicht zu verziehen. »Vielleicht eine Story, die das Leben in der Zellophanverpackung beschreibt und das menschliche Interesse weckt?« schlug sie mit kaum verhohlenem Sarkasmus vor. »Vielleicht eine Serie?«

»Das würdest du machen?« stieß Murdock aufgeregt hervor. »Wirklich?«

Amy grinste spöttisch und streckte die Hand nach seinem Golfball aus. Während sie ihn in ihrer Handtasche verstaute, sagte sie zu Murdock: »Für eine gute Sache tu' ich doch alles.«

»In Ordnung!« Murdock riß sich die Kappe vom Kopf und fuchtelte damit in der Luft herum. Dabei hüpfte er im Zimmer auf und ab. »Die Befreiung beginnt!«

»Mann, du solltest dich wieder ins Krankenhaus zurückbewegen!« brummte B. A. »Du mußt unbedingt wieder in psychologische Behandlung, Murdock!«

Doch bevor sich die Auseinandersetzung zwischen B. A. und Murdock ausdehnen konnte, kam Lin mit einem kleinen Tablett in Händen aus der Küche. Erwartungsvoll schaute er die einzelnen Teammitglieder an. »Gibt's für mich gute Neuigkeiten?«

»Genau so ist es«, berichtete Hannibal. »Du wirst hier im Land bleiben können, Amys Zeitung hat alles arrangiert. Man räumt dir die Möglichkeit, amerikanischer Staatsbürger zu werden, ein.«

Lins Blick verschleierte sich, und für einige Sekunden stand er ganz still da. Er war tief bewegt. Und als wolle er das Thema wechseln, hielt er den anderen das Tablett hin, auf dem sich seine neusten Meisterwerke befanden. »Ich habe Glückskekse gebacken... ein altes Rezept. Nicht wie die, die man im Laden kauft.« Er stellte das Tablett auf dem Tisch ab und fügte hinzu: »A-Team, ihr seid meine besten Freunde, denke ich. Ihr habt mir das Leben gerettet.«

»Eine gute Tat muß mit einer anderen vergolten werden, Lin«, erklärte Hannibal dem Koch. »Wenn du uns damals im Strafgefangenenlager nicht etwas zum Essen zugesteckt hättest, wären wir jetzt nicht hier. Und, wenn wir gerade schon von diesem Moment sprechen, vielleicht wäre es besser, wenn du kurz in deine Wohnung gehen und dich umziehen würdest. Diese Kochklamotten trägst du jetzt schon seit ein paar Tagen. Du willst doch auf die Leute von der Botschaft einen guten Eindruck machen.«

Lin nickte und wischte mit dem Handrücken die Tränen weg, dann schüttelte er den Männern vom A-Team die Hände. »Wir werden uns in Zukunft öfter sehen, in Ordnung?« fragte er die Gruppe.

»Darauf kannst du wetten«, lautete Hannibals Antwort.

»Ein paar von Ihren Sachen sind im Kombi. Ich werde mit Ihnen rausgehen, dann können Sie sie holen, und dann zeige ich Ihnen noch, wo die Bushaltestelle ist«, meinte Amy.

Lin schüttelte den Kopf. »Ich werde nur meine Sachen nehmen. Ich gehe zu Fuß nach Hause und genieße, wie es sich anfühlt, ein freier Mann zu sein!«

Amy und Lin winkten den anderen ein letztes Mal zu und verließen das Apartment. Hannibal schnappte sich als erster einen Glückskeks und brach ihn auf. Ein Zettelchen fiel in seinen Schoß.

»Was steht darauf, Hannibal?« fragte Murdock.

Hannibal nahm den Zettel hoch und las die Botschaft leise, dann grinste er. »Darin steht: Ich liebe es, wenn ein Plan hinhaut!«

»Bist 'n kluger Bursche, Lin«, murmelte B. A. und gönnte sich auch einen Glückskeks.

»Da wir gerade beim Thema Pläne sind«, sagte Peck, »also ich bestehe darauf, daß wir nach Ecuador fahren und rausfinden, was mit Leslie los ist.«

»O Face, bitte«, wehrte Hannibal ab. »Hör mal, hat sie eine Telefonnummer oder so was erwähnt? Vielleicht kannst du ein Telegramm schicken.«

Face erhob sich und wanderte um den Couchtisch, um währenddessen seinen Kameraden eine Strafpredigt zu halten. »Ihr Typen seid wirklich gut, wißt ihr das? Nach all dem, was ich für das Team getan habe, denkt ihr, daß ich nicht gut genug bin oder mein Anliegen nicht wichtig genug ist. Ist das der Fall?«

»Heh, wir haben gerade erst einen Auftrag erledigt, Mann!« schimpfte B. A. »Wir hatten ja noch nicht mal die Möglichkeit, uns auszuruhen!«

Amy kam zurück, gerade als Peck in die Hände klatschte und zu einer Entscheidung gekommen war. »Nun gut, wenn ihr euch so verhalten wollt, dann bleibt mir nur noch eine Möglichkeit. Ich werde das A-Team anheuern!«

»Diese Frage stelle ich ja nicht gern«, sagte Amy und schaute Peck fragend an, »aber was geht hier eigentlich vor?«

Peck ignorierte sie und beobachtete statt dessen Hannibal, B. A. und Murdock. »Na, was haltet ihr davon? Ich kann euch nur sagen, daß ihr mir was schuldig seid!«

»Face, das ist doch verrückt«, erwiderte Hannibal. »Wir würden dir die Kohle für eine verlorene Sache abluchsen. Hör mal, vielleicht...«

»Werden wir handelseinig?« drängte Peck. »Ich will eine Antwort. Ja oder nein!«

Hannibal schaute B. A. und Murdock an und zuckte dann mit den Schultern. »Wir sind handelseinig. Aber da du der Klient bist, muß in diesem Fall ein anderer das Geld verwalten.«

»Du glaubst, daß ich euch übers Ohr hauen würde?« fragte Face ungläubig.

»Face, hier liegt ein Interessenskonflikt vor. Wir wollen nicht in

Form von Schulden bezahlt werden.« Und jetzt sah Hannibal Amy an. »Diesmal werden wir ihr die Aufsicht über das Geld anvertrauen.«

»Ich weiß ja immer noch nicht, worum es überhaupt geht!« rief Amy aus. »Um was für einen Fall handelt es sich? Wen retten wir diesmal? Geht es um die Golfbälle?«

»Nein, es dreht sich um Faces alte Flamme«, scherzte Hannibal. »Er möchte, daß wir ihn zu einem Wiedervereinigungstreffen fahren.«

»Wohin?« wollte Amy wissen.

»Frag nicht«, murmelte Hannibal.

Kapitel achtzehn

Beim Start einer DC-10 rumpelte ein Donner durch die Luft, und ihr riesiger Schatten wanderte über die Gegend, in der der Flughafen lag. Das Flugzeug befand sich über dem Kombi des A-Teams, und B. A. blickte vom Lenkrad auf und kicherte, als er zusah, wie sich das Flugzeug in die Luft erhob. Er war so guter Stimmung, weil er nicht an Bord des Fliegers war. Aber die anderen, und Peck insbesondere, schienen sich überhaupt nicht zu amüsieren. Versteinert und still saßen sie im Wagen, als B. A. den Flughafen verließ.

»Das ist gar nicht witzig, B. A.«, beklagte sich Peck.

»O doch, das ist es«, kicherte B. A. »Ihr habt so viele Flugzeuge entführt, daß jedermann in dieser Stadt hinter euch her ist. Und jetzt könnt ihr nicht mal in die Nähe eines Fliegers oder auf einen Flughafen kommen, ohne daß jemand den Alarm auslöst. Und das bedeutet wiederum, daß wir nicht mehr fliegen können!«

B. A. stimmte wieder zu seinem heiseren Gelächter an und schlug mit der Faust auf das Steuerrad.

»Wißt ihr, Jungs«, meldete sich Amy zu Wort, die hinten auf dem Rücksitz saß. »Ich möchte euch ja nicht den Spaß an euren heldenhaften Kunststücken verderben, aber anstatt zu versuchen, ein Flugzeug zu stehlen, könnten wir ja auch Flugtickets kaufen und als ganz normale Passagiere reisen.«

»*Du* könntest das«, klärte Murdoch sie auf, »aber von uns hat keiner einen Ausweis. Wir sind Ausgestoßene... so ähnlich wie Golfbälle...«

»Und ›stehlen‹ ist ein wirklich hartes Wort, Amy«, warf Hannibal ein und knipste die Spitze einer Dutch Masters ab, bevor er sie anzündete. »Wir nennen es doch viel lieber ›kreatives Borgen‹.«

»Ist doch scheißegal, wie du es nennst, Hannibal!« witzelte B. A., »diesmal fliegen wir jedenfalls nicht! Mann, ich hätte nie gedacht, daß es mich so aufmöbelt, einem Betrug aus dem Weg zu gehen!«

»Mann, mußt du denn so darauf herumreiten, B. A.?« fragte Peck. »Wir anderen sind gar nicht scharf darauf, die nächste Woche auf dem Boden oder auf dem Meer zu verbringen.«

B. A. mußte wieder lachen. »Vielleicht sollten wir die ganze Sache abblasen, hm? Wär' mir auch recht.«

Hannibal zog an seiner Zigarre, beanspruchte sein mentales Getriebe und versuchte, eine neue Strategie für ein altes Problem auszuhecken. Als ihm dann eine neue Möglichkeit in den Sinn gekommen war, zeigte er aus dem Fenster und sagte: »B. A., fahr doch mal auf die Tankstelle da drüben. Ich will mal kurz telefonieren.«

»Aber klar doch, Hannibal!« sagte B. A. und riß das Lenkrad herum, damit er umdrehen konnte. »Wirst du Greyhound anrufen und uns Plätze für einen Bus nach Ecuador reservieren?«

B. A. schüttelte sich schon wieder vor Lachen, und Hannibal murmelte: »Etwas in der Art.«

Diese Tankstelle war eine der wenigen im Land, in der das Benzin weniger als einen Dollar pro Gallone kostete, aber wenn man den Tankstellenwärter, der im Büro saß, genauer betrachtete – er hatte gemeine Augen –, kam man unweigerlich zu dem Schluß, daß er routinemäßig seine Taschen füllte, indem er unvorsichtige Fahrer über den Tisch zog. B. A. fuhr an den Zapfsäulen vorbei und parkte neben zwei Telefonzellen hinter der Tankstelle. Der Tankstellenwärter behielt den Kombi im Auge.

»Mein Tank ist voll, und mir gefällt das Aussehen von diesem Typen überhaupt nicht«, sagte B. A.

»Gut, ich brauche nicht lange«, versprach Hannibal und stieg aus. »Bleibt nur ruhig sitzen und wartet auf mich.«

Aber Peck war gar nicht nach Warten zumute. Er stieg auch aus und stellte sich vor Hannibal, als dieser gerade Geld an eines der Telefone verfütterte. »Wen willst du anrufen? Was für einen Plan hast du ausgeheckt?«

»Ich werde uns ein Flugzeug organisieren«, verkündete Hannibal entschlossen, zog einen Fetzen Papier aus seiner Brieftasche und wählte die Nummer, die darauf stand. »Du mußt die Injektion für B. A. fertigmachen, den Rest kannst du mir überlassen.«

»Ich verstehe gar nichts«, sagte Peck. »Ich dachte, wir hätten schon jede Nummer und Beziehung ausprobiert, die möglich sind.«

»Dachte ich auch«, antwortete Hannibal. »Aber ich habe mich geirrt. Wir haben noch eine Trumpfkarte, die nur darauf wartet, ins Spiel zu kommen.«

»Ich kapier' es immer noch nicht.«

Hannibal hatte ein Taschentuch aus seiner Hosentasche gezogen, legte es über die Sprechmuschel des Telefonhörers und verstellte seine Stimme, als sich am anderen Ende jemand meldete. »Hallo, kann ich bitte mit Colonel Decker sprechen?«

»Decker?« Peck schnappte nach Luft, seine Augen traten aus dem Kopf, so erstaunt war er. »Bist du plemplem, Hannibal?«

»Pppppsssst«, zischte Hannibal und legte seine Hand schützend über die Sprechmuschel. »Versau mir diese Tour nicht, bevor ich sie richtig angeleiert habe.«

»Komm schon, Hannibal! Colonel Decker ist noch viel schärfer darauf aus, uns zu erwischen, als Colonel Lynch es je war! Einen guten Monat lang ist es uns gelungen, ihn abzuschütteln und von unserer Fährte abzulenken. Und jetzt rufst du diesen Kerl an, und *ich* bin derjenige, der dir die Tour vermasselt?« Peck riß seine Arme hoch. »Du bist wohl nicht mehr...«

Hannibal schnitt Peck das Wort mit einer kurzen Handbewegung ab, die besagte, daß er zu ihrem neuesten Feind beim Militär durchgestellt worden war. »Colonel Decker?« bellte er. Seine Stimme klang wie die von George C. Scott, der General Patton imitierte. »Hier ist General Randolph Stratton, Militärischer Abschirmdienst. Ich habe gerade das A-Team in seinem Kombi geschnappt, und wir fahren auf der Eins Siebzig in nördliche Richtung. Ja, Sie haben ganz richtig gehört, Colonel. Wir haben die ganze Truppe dingfest gemacht, die warten nur darauf, nach Washington, D. C., überstellt zu werden. Ich brauche eine Militärtransportmaschine, die uns so bald wie möglich auf dem Brandon Flughafen abholt. Wir sind schon unterwegs. Colonel, nachdem Sie so lange darauf gewartet haben, die Typen zu erwischen, meine ich, daß Sie besser beraten wären, wenn Sie sich um die Vorschriften und den Behördenkram nicht scheren würden, sonst gehen sie uns doch noch durch die Lappen. Hören Sie, legen Sie sofort los, und kümmern Sie sich darum, daß das Flugzeug auf der Startbahn steht, wenn wir dort auftauchen. Meine Männer und ich werden uns um alles andere kümmern. Wenn Sie dieses Unternehmen nicht in den Sand setzen, werden wir schon 'ne Möglichkeit finden, daß auch Sie ein paar Pluspunkte für die Ergreifung einheimsen!«

Hannibal hängte ein und zog hektisch an seiner Zigarre, die auszugehen drohte. Er grinste Peck an, der immer noch paralysiert war. »Hannibal, ich glaube, du willst mit aller Gewalt in Murdocks Zimmer in der Klapsmühle befördert werden. Ich sehe keine Möglichkeit, wie wir diese Nummer hinkriegen sollen!«

»Heh«, sagte Hannibal jovial und legte Peck einen Arm um die Schulter. Zusammen gingen sie zum Kombi zurück. »Willst du Leslie nun sehen oder nicht?«

»Jetzt gibt es nur noch eine Möglichkeit, wie ich sie sehen kann, und zwar, wenn sie mich im Knast besucht«, murmelte Peck niedergeschlagen.

»Reiß dich am Riemen, Lieutenant! Hör zu, wir haben einen Auftrag zu erledigen, und wenn du endlich mal mit dem Jammern aufhörst und mir zur Hand gehst, dann ist das alles nur ein Kinderspiel!«

»Wenn du meinst.« Face klang nicht sonderlich überzeugt. »Ich werde die Injektion für B. A. vorbereiten.«

»Das ist die richtige Einstellung!«

B. A. war immer noch bester Laune, als die beiden zum Kombi zurückkehrten und einstiegen. Kichernd erkundigte er sich: »Also, wie reisen wir nun, Hannibal? Mit dem Bus oder per Boot?«

»Weder noch«, sagte Hannibal. »Wir werden mit dem Auto fahren. Ich habe gerade mit einer Agentur telefoniert, die Leute anheuert, damit sie die neuen Autos von anderen Leuten quer durchs Land fährt. In diesem Fall haben wir den Zuschlag für einen neuen Lincoln, der einem ecuadorianischen Konsul gehört. Wir müssen ihn nach Südamerika transportieren.«

»Dein Ernst?« fragte B. A. »Ist das wahr?«

»Natürlich. Wir müssen nur die Eins Siebzig ein Stück nach Norden fahren, dort ist dann die Agentur.«

»Bist du sicher, daß du mich nicht verarschst?« fragte B. A. nach, der plötzlich Verdacht schöpfte.

»B. A., vertrau mir«, beschwichtigte Hannibal. »Du wirst so bequem reisen, wie's nur möglich ist.«

Kapitel neunzehn

»Schauen wir nicht noch mal kurz im Apartment vorbei, um ein paar Klamotten einzupacken?« wunderte sich Murdock.

»Und wie steht es mit Geld?« fragte Amy. »Wie werden wir es mit dem Geld halten?«

»Heh, immer mit der Ruhe«, lautete Hannibals Antwort. »Face wird die Rechnungen mit dem Vorschuß begleichen, den er von diesen Leuten erhalten hat, deren Häuser er nächsten Monat neu gestalten wollte. Und wir haben doch alles, was wir brauchen. Wir haben eine Geschäftsreise und keine kleine Vergnügungsspritztour vor.«

Sie fuhren auf dem Hollywood Freeway in nördlicher Richtung, auch bekannt als Highway 170. Als sie aus dem San-Fernando-Tal rollten, lief die Stadtautobahn mit dem Golden State Freeway zusammen, der wiederum als Interstate Highway 5 bekannt war. Willkommen in Los Angeles, der Traum eines jeden Kartographen und der Alptraum aller Motoristen. Peck hatte B. A. abgelöst und steuerte nun den Kombi. Baracus döste. Ein starkes Schlafmittel hatte den großen Mann bewegungsunfähig gemacht. Amy und Murdock saßen links und rechts von ihm.

»Wenn er schläft, sieht er richtig friedlich aus«, sagte Amy, als sie B. A.s glücklichen Gesichtsausdruck bemerkte.

»Wenigstens hat er sich diesmal mit einem Lächeln auf den Lippen von uns verabschiedet«, sagte Face und wechselte auf eine andere Spur, um einen Sattelschlepper zu überholen. »Ich hätte nicht gedacht, daß es mir gelingen würde, ihm diese Injektion zu verpassen.«

»Das war wirklich ein ausgefuchster Trick, daß wir alle gegen... wie hast du es noch genannt... geimpft werden müssen?«

»Hefa-Grippe-Syndrom«, sagte Peck. »Die Heimsuchung der Tropen. Hochgradig ansteckend.«

»Ganz zu schweigen davon, daß sie hochgradig fiktiv ist«, konterte Amy. »Was war in den Spritzen, die du uns verpaßt hast?«

»Verschiedene B-Vitamine«, erklärte Peck. »Sollte euch munter machen.«

»Stimmt«, gähnte Murdock.

Nachdem das A-Team das Tal hinter sich gelassen hatte, kamen sie durch eine spärlich bevölkerte Gegend, die außerhalb des Countys lag. Zum Teil war das Land unfruchtbar, zum Teil wurde es landwirtschaftlich oder als Testgelände der einzelnen Einheiten der bewaffneten Streitkräfte genutzt. Der Smog ließ langsam nach, die Luft wurde zusehends klarer, der Himmel nahm einen tiefblauen Farbton an, hie und da mit wimpelartigen Wolken verziert.

»Was hast du den Zeitungshengsten erzählt?« fragte Hannibal Amy.

»Nur daß ich einem Tip für eine neue Story nachgehe«, erwiderte sie. »Mittlerweile habe ich einen Punkt erreicht, an dem sie mir nicht mehr wegen der regulären Arbeitszeit im Nacken sitzen. Falls es sein muß, kann ich auch ein paar Dinge, die wir brauchen könnten, als geschäftliche Ausgaben abschreiben.«

»Du bist genau das, was das Team schon immer gebraucht hat, Mädchen«, sagte Hannibal. »Jemand, der gut aussieht, Köpfchen hat und dazu noch kreditwürdig ist.«

»Ich fühle mich geschmeichelt.«

Peck bog um eine Kurve, hinter der die ersten Anzeichen der militärischen Präsenz auftauchten. Ein Panzer wühlte sich durch ein ausgetrocknetes Flußbett, das von einem knapp vier Meter hohen Maschendrahtzaun umgeben war. Ein bißchen weiter entfernt stieg ein Truppentransporthubschrauber über ein paar Gebäuden auf, die aus Wellblech und Betonplatten gefertigt waren.

»Mein Gott, jetzt habe ich wieder dieses *Déjà vu*-Erlebnis, diesmal aber ganz besonders schlimm«, sagte Murdock, als er aus der Windschutzscheibe schaute. »Glaubst du nicht, daß wir mit dem Feuer spielen?«

»Ach, was soll das denn«, erwiderte Hannibal und zog zufrieden an seiner Zigarre. »Ich meine, der letzte Ort, wo uns diese Militärfritzen suchen, ist doch ihr eigener Hinterhof, stimmt's?«

»Pssssst.« Stöhnend fuhr Peck an dem Lager entlang. Ein Stück weiter vorn hatte der Zaun ein Tor, und als der Kombi daran vorbeirollte, schnellten drei olivgrüne Limousinen auf die Straße. Die Sirenen ertönten, die Lichtkegel auf den Autodächern drehten sich, während die Limousinen den Kombi verfolgten.

»Äh, Colonel«, sagte Murdock, drehte sich um und warf einen Blick aus den Rückfenstern. »Die dort hinten sehen ganz nach MP aus, und ich glaube nicht, daß die das ganze Theater abziehen, nur weil gerade jemand geheiratet hat.«

»Ich möchte zu gern wissen, ob das Decker ist!« schnaufte Amy aufgeregt.

»Verdammt, als ob ich das wüßte«, lautete Hannibals Kommentar. Er schnippte seine Zigarrenasche in den Aschenbecher, der im Armaturenbrett untergebracht war.

Peck beschleunigte seufzend. »Ich denke, jetzt wäre der richtige Zeitpunkt, um abzuhauen, nicht wahr, Hannibal?«

Mit Höchstgeschwindigkeit hielten sie auf die Haupteinfahrt zu. Hannibal streckte die Hand aus dem Fenster und deutete auf den Flughafen, wo gerade ein kleiner Jet zum Abflug vorbereitet wurde. »Heh, seht euch das an! Das ist unser Transportmittel! Komm schon, Face, laß uns unseren alten Trick anwenden. Stekken wir unsere Köpfe in das Maul des Löwen.«

»Seltsam, aber irgendwie wußte ich, daß du das vorschlagen würdest.«

Während Face sich bemühte, die Distanz zwischen dem Kombi und den drei Limousinen zu vergrößern und auf das Haupttor zuhielt, drehte Hannibal sich um und schaute Amy und Murdock an. »Haltet euch bereit, ihr müßt B. A. und den ganzen Mist rausschaffen, den wir auf der Reise eventuell brauchen. Murdock, greif in den Werkzeugkasten und reich mir mal die Leuchtraketen, ja?«

Neben der Haupteinfahrt hielten mehrere bewaffnete Soldaten Wache, vor einer Barrikade aus überdimensionierten Sägeböcken aus Holz. Da sie schon von Colonel Decker auf die Ankunft des Kombis vorbereitet worden waren, traten sie beiseite und machten dem A-Team den Weg frei. Peck fuhr viel zu schnell, so daß die Wachen zur Seite hechten mußten, als der Kombi durch die Barriere schoß. Holzsplitter stoben durch die Luft.

»Ich bin nur froh, daß B. A. schläft und das hier nicht sehen konnte«, sagte Peck und steuerte den Wagen auf das Asphaltrollfeld. »Ich denke, daß ich seinem Kühler gerade ein paar neue Dellen verpaßt habe.«

»Der kann froh sein, wenn das alles ist, was dieser Klapperkiste widerfährt«, entgegnete Hannibal. »Ich habe so eine Ahnung, daß Decker sie sich unter den Nagel reißen und seinen Frust an ihr auslassen wird, wenn wir ihn abgehängt haben.«

»Ihn abhängen?« jammerte Amy. »Meiner Meinung nach sieht es so aus, als würden wir uns auf seinen Schoß setzen.«

»Verflucht seien diejenigen, deren Glauben schwach ist«, zitierte Hannibal. Mittlerweile war der Jet gar nicht mehr weit entfernt. Dort hielt sich eine zweite Gruppe Soldaten bereit, die die Ankunft eines gewissen General Randolph Stratton erwarteten. »Gut, sehr gut. Langsam paßt ein Teil des Plans zum anderen.«

»Plan?« fragte Amy ungläubig. »Das hier nennst du einen Plan? Du wärst ein hervorragender Kamikazeflieger geworden, Hannibal, mehr fällt mir dazu nicht ein.«

Als Hannibal sah, daß die Männer vor dem Jet salutierten, flüsterte er den anderen zu, »Okay, haltet euch bereit... schnell!«

Hannibal machte seine Tür blitzschnell auf und zündete die Leuchtrakete mit seiner Zigarre an. Nur wenige Sekunden später hatte sie Feuer gefangen, und Hannibal stieg aus und erwiderte den Salut der Soldaten. Als sie endlich erkannten, daß das A-Team ohne den General eingetroffen war, hatten die anderen den Kombi schon verlassen.

»Granate«, meldete Hannibal gelassen und schleuderte die Leuchtrakete in die Richtung der Männer. Eine beißende Rauchwolke ging von der Leuchtrakete aus. Amy und Murdock eilten die Stufen zum Flugzeug hoch, während Peck und Hannibal schnell nach hinten stürmten, die Türen aufrissen und B. A. herauszogen. Der Wind war auf ihrer Seite, produzierte eine relativ dicke Rauchwand, die es den Soldaten und eintreffenden MPs nicht erlaubte, auf das Trio zu schießen, das sich ins Flugzeug kämpfte. In der Zwischenzeit hatte Murdock es sich im Cockpit schon bequem gemacht, legte die Schalter um und kontrollierte die Meßinstrumente.

»Alle an Bord?« rief er über die Schulter.

»Ja!« grunzte Hannibal, legte B. A. auf den Flugzeugboden und schob die Treppe auf Rädern von der Tür weg, damit er sie schließen konnte. »Dann mal los, aber pronto!«

»Geht in Ordnung, Colonel«, meldete Murdock. Und dann verkündete er in wesentlich gefälligerem Tonfall: »Ecuador Airlines, Flug 169, ist jetzt startklar. Wir hoffen, daß Sie einen angenehmen Flug haben.«

Als der Jet wendete und über die Rollbahn glitt, dabei aber langsam schneller wurde, prallten Kugeln gegen die Metallwände des Flugzeugs.

»Vielleicht hat jemand geheiratet«, murmelte Murdock in sich hinein. »Die Leute werfen mit Reis.«

»Hör auf herumzublubbern und flieg endlich los, Murdock!« befahl Hannibal.

Murdock steuerte das Flugzeug auf die markierte Stelle auf dem Rollfeld und ließ die Motoren aufheulen. Das Flugzeug drängte unter lautem Tosen nach vorn und ließ die Heckenschützen zurück. In der Mitte der Startbahn verloren die Räder den Bodenkontakt, und das A-Team war in der Luft.

Hannibal jubelte. »Ich hab' euch ja gesagt, daß ich uns ein Flugzeug organisiere.«

Amy und Peck waren weitaus weniger enthusiastisch. Peck warf B. A. einen Blick zu und sagte: »Ich denke, beim nächsten Mal fliege ich auf seine Art.«

Kapitel zwanzig

Bis zur Südspitze der Baja-Halbinsel blieb das A-Team in der Nähe des Festlandes, aber später flog Murdock den Jet auf den Ozean hinaus, und die Küstenlinie verschwand aus dem Blickfeld der Passagiere. Wohin sie auch schauten, sie sahen nur noch unterschiedliche Blautöne, vom azurblauen Himmel, der strahlte, bis hin zu den dunklen und düsteren Farbtönen der See. Der weit entfernte Horizont teilte die beiden Farbflächen, aber selbst diese Trennungslinie war undeutlich, schien weniger ein klarer Saum zu sein, sondern vielmehr eine vage Membran, die sich aus den Farbtönen der beiden riesigen Flächen zusammensetzte. Die Sonne bewegte sich in ihrer gewohnten Bahn, wanderte auf die rechte Seite des Flugzeugs, und als sie dann langsam hinter dem Horizont verschwand, breitete sich am Himmel eine tintenschwarze Dunkelheit aus. Die Sterne, die immer da waren und nur darauf warteten, daß sie strahlen konnten, kamen zum Vorschein.

Im Cockpit saß Murdock, unterstützt von seinem Lieblingsgolfball, der aus Amys Handtasche gerettet worden war und jetzt als Co-Pilot fungierte. Er lag auf dem Sitz, direkt neben Murdock, der einen Kopfhörer aufgesetzt hatte.

»Und ich sage dir, G. B.«, schwatzte Murdock, »ich glaube, daß die Dritte Welt genau der richtige Ort ist. Dort müssen wir unsere Bewegung initiieren. Dort unten herrscht immer das richtige Klima für eine Revolution. Wir müssen uns nur die öffentliche Inbrunst zunutze machen, und schon können wir zuschlagen. Oh, tut mir leid, G. B., die Wortwahl war nicht gut...«

Während Murdock in seine hochambitionierte Unterhaltung mit dem Golfball vertieft war, fand hinten im Flugzeug nur eine schleppende Unterhaltung statt. B. A. schnarchte vor sich hin, und die anderen versuchten zu planen, was sie zu tun hatten, wenn sie wieder festen Boden unter den Füßen hätten.

»Der Kerl, mit dem ich mich im Reisebüro unterhalten habe, konnte nicht bestätigen, daß es in Cayambe überhaupt ein Santa-Maria-Waisenhaus *gibt*«, erzählte Amy gerade. »Es ist nicht registriert.«

»Was nicht viel heißen will«, sagte Hannibal. »Dort ist das Päckchen nur abgestempelt worden. Ich gehe davon aus, daß das Waisenhaus versteckt liegt, in einem der angrenzenden Dörfer oder in einer der Gemeinden.«

Hannibal faltete eine Karte auseinander und breitete sie vor ihnen aus. Während er und Amy einen Blick darauf warfen, saß Peck nur schweigend dabei, viel zu sehr in seine eigenen Gedanken vertieft, als daß er an der Planung teilnehmen konnte.

»Scheint ein ganz schön großes Gebiet zu sein, das wir absuchen müssen«, bemerkte Amy und fuhr mit dem Finger über die Landkarte. »Vielleicht müssen wir uns einen Wagen leihen. Falls Cayambe eine Zweigstelle einer der größeren Autovermietungen hat, kann ich Rabatt kriegen – wegen der Zeitung.«

»Das schert uns doch überhaupt nicht, Amy«, meldete sich Peck urplötzlich zu Wort. »Wir werden einen Wagen *kaufen*, wenn's nicht anders geht. Ist mir doch egal! Was immer notwendig sein mag, wir werden es tun!«

Hannibal und Amy warfen sich einen Blick zu. Peck aber schaute wieder aus dem Fenster und atmete tief durch. Er hoffte, so die Beherrschung wieder erringen zu können. Doch das gelang ihm offensichtlich nicht.

»Willst du drüber reden, Face?« fragte Hannibal vorsichtig. Peck schüttelte wild den Kopf und wich Hannibals Blick aus.

Aus dem Cockpit drang Gesang zu ihnen hinüber.

»Was jetzt?« murmelte Amy. »Erzähl mir nicht, daß Murdock versucht, dem Golfball das Singen beizubringen.«

»Da hätte er auch nicht mehr Erfolg als bei Lin«, meinte Hannibal und erhob sich. »Na, wie dem auch sei, ich denke, ich werde lieber mal versuchen, ihn zu beruhigen, bevor er unsere schlafende Schönheit aufweckt.«

Amy wartete, bis Hannibal über B. A. gestiegen und ins Cockpit geklettert war, dann nahm sie gegenüber von Peck auf dem Sitz Platz. Nachdem sie sich vergewissert hatte, daß er sie bemerkt hatte, sagte sie: »Weißt du, ich kenne diese Seite an dir gar nicht. Eigentlich habe ich dich noch nie so nachdenklich gesehen.« Da Peck auf ihre Worte nicht reagierte, lachte sie nervös und wagte noch einen Vorstoß. »Ich meine, seit ich dich kenne, hing immer wieder eine andere flotte Biene an deinem Arm, und deshalb dachte ich, daß Frauen keinen besonders großen Eindruck auf dich machen. Aber dann, vielleicht ist diese Leslie Becktall ja ganz and...«

»Sie ist die einzige Frau, die ich jemals geliebt habe«, unterbrach Peck sie.

»Oh.«

Sie schwiegen einen Augenblick. Vorn im Cockpit stellte Murdock seinen Gesang ein, und man konnte hören, wie er mit Hannibal alle möglichen Hymnen durchsprach, die die Ziele der Golfballbefreiungsarmee am besten verdeutlichten. Peck atmete wieder tief durch, legte dann seine Reserviertheit ab und breitete seine Vergangenheit vor Amy aus. Seine Stimme klang verträumt.

»Sie war wunderbar«, erinnerte er sich. »Klug. Unterhaltsam und amüsant, wenn sie erst mal ihre rauhe Schale abgelegt hatte. Das großartigste Mädchen, das ich je gekannt habe... nimm es nicht persönlich, Amy.«

»Natürlich nicht«, sagte Amy. »Ich denke, hier bei euch bin ich nur einer von den Jungs. Erzähl ruhig weiter.«

»Sie konnte nett und fröhlich sein, wie ich schon sagte, aber sie hatte auch etwas Geheimnisvolles an sich, als ob sich hinter all dem Gelächter etwas wirklich Geheimnisvolles und Besonderes verbergen würde. Und das hat mich eben fasziniert.«

Amy bemerkte den wehmütigen Ausdruck, der auf Pecks Gesicht lag, und in seinen Augen vermischten sich Nostalgie und Trauer. »Was ist geschehen?«

Peck griff in seine Manteltasche und holte das Schmuckkästchen heraus, in dem die Anstecknadel lag. Er hob den Deckel hoch, starrte die Nadel an und erklärte: »Ein paar Monate vor meinem Abschluß habe ich beschlossen, ihr die hier zu geben. Als eine Art Vorverlobungsgeschenk. Weißt du, unter den Bruder- und Schwesternschaften war das so 'ne Art Sitte, und irgendwie schien es mir genau das Richtige zu sein. Ich wollte, daß es eine Überraschung ist, also wartete ich auf die passende Gelegenheit. Valentinstag. Da wurde eine große Tanzparty veranstaltet, eine Art Schülerball mit verrückten Klamotten und so. An jenem Abend bin ich zu ihrem Wohnheim gegangen, um sie abzuholen, aber...«

Als Peck nicht weitersprach, riet Amy: »Sie ist nicht dagewesen?«

Peck nickte traurig. Ein paarmal wollte er weitererzählen, mußte sich aber gedulden, weil seine Stimme ihm den Dienst versagte. Schließlich konnte er fortfahren. »Sie hat die Schule verlassen. Ihre beste Freundin kam nach unten und sagte mir, daß es Leslie leid täte, weil sie mich nicht mehr sehen könnte. Und das war es dann. Puff, heute noch hier, morgen schon woanders. Keine weitere Erklärung. Sie war weg, für immer, und ich habe nie erfahren, weshalb.« Peck schloß die Augen und lachte bitter. »Ich habe ihre Freundin überredet, die Anstecknadel zu nehmen. Ich wollte dieses Ding nicht mehr sehen. Später erzählte jemand, Leslie sei mit einem anderen Kerl abgehauen. Aber zu dem Zeitpunkt scherte mich das Warum nicht mehr, nur noch die Tatsache, daß sie gegangen war.«

Als sie gewahr wurde, daß Peck zu Ende gekommen war, beugte

sich Amy vor und legte ihrem Freund die Hand auf den Arm. »Es tut mir leid, Face.«

»Willst du was Seltsames hören? Seltsam und verquer?« sagte Peck. »Gestern nachmittag, nachdem ich diesen Innenausstattungsdeal in der Bar abgezogen hatte, entdeckte ich eine Brünette, die ein bißchen wie Leslie aussah. Ich meine, Leslie sehr ähnlich war. Ich konnte es nicht fassen. Ich bin ihr nachgegangen und habe sie gefragt, ob sie sich mit mir treffen will. Du kannst dir nicht vorstellen, in was für eine Stimmung mich die ganze Angelegenheit versetzt hat... ich stellte mir vor, daß es mir vielleicht gelingen würde, diesen alten Zauber wieder zu erleben, wenn ich mir einbildete, daß sie Leslie ist.«

»Und aus diesem Grund wolltest du gestern abend die Penthousewohnung für dich allein haben?« fragte Amy.

Peck errötete und nickte. »Nun, im Grunde genommen war es ganz nett, aber diese Frau war eben nicht Leslie, und egal wie sehr ich es mir auch einbildete, es änderte nichts an dieser Tatsache. Nun, und was daran wirklich seltsam ist, ist folgendes: Ich hatte mich gerade dazu durchgerungen, daß ich mich auch mit Gayle, so wie sie ist, vergnügen könnte, als Pater O'Malley mit der Nadel und dem Brief von Leslie vorbeikam. Na, ist das nicht verrückt, oder was meinst du?«

»Puh!« seufzte Amy. »Das ist bestimmt ein ganz schöner Hammer gewesen, hm?«

»Wem sagst du das. Arme Gayle. Zuerst verabschiede ich sie im Eiltempo, und dann wird auch noch die Wohnung, in der sie im Moment wohnt, von Angels Schlägertypen mit Maschinengewehren zu Kleinholz gemacht.«

Die Cockpittür flog auf, und Hannibal kam wieder zu ihnen, während Murdock sich vorn daran machte, den Text eines neuen Broadway Musicals zu verändern, das ihm als Grundlage für seine neue Hymne »Don't Cry For Me, Little Golfball« diente.

»Na, wie steht's bei euch?« fragte Hannibal.

»Gut«, sagte Amy.
»Und was ist mit dir, Face?«
»Mir geht's auch gut, Hannibal.«
Nachdem Hannibal sich gesetzt hatte, berichtete er: »Murdock rechnet damit, daß wir bei Sonnenaufgang in Ecuador sein dürften. Dann könnten wir uns jetzt also ein bißchen aufs Ohr hauen, was haltet ihr davon?«
Während Hannibal seine Rückenlehne verstellte, damit er besser liegen konnte, sagte Peck: »Du denkst wahrscheinlich, daß ich blöde bin, weil ich auf dieser Expedition bestehe, aber ich *weiß*, daß Leslie in Schwierigkeiten steckt. Und egal, was früher passiert ist, ich kann sie jetzt einfach nicht im Stich lassen.«
»Zerbrich dir deshalb nicht den Kopf, Face«, beruhigte Hannibal ihn. »Das Team steht hundertprozentig hinter dir.«
B. A. schnarchte laut und drehte sich um.
»Na, sagen wir mal achtzigprozentig«, verbesserte Amy ihn.

Kapitel einundzwanzig

Templeton Peck hatte recht.
Das Santa-Maria-Waisenhaus steckte in Schwierigkeiten. In großen Schwierigkeiten.
Obwohl der Himmel über dem Pazifik klar war, hatte ein heftiges Gewitter die Berge, die Cayambe einrahmten, fest im Griff. Donner ließ die Hügel erzittern, und Blitze wühlten den regenverhangenen Himmel auf. Der Wolkenbruch prasselte auf die kleinen Hütten nieder, die übers Land verstreut waren, und verwandelte die Lehmstraßen in Morastlöcher. Der Innenhof der Mission Santa Maria war mit einem Netz aus Wasserpfützen überzogen, die schnell größer wurden und sich zu einer großen Lache vereinigten. Doch wie unwirtlich die Nacht auch sein mochte, aus dem

Schulzimmer des naheliegenden Waisenhauses drang ein nicht abbrechen wollender Chor aus ausgelassenem Geschrei und wilden Liedern. Nicht singende Kinder produzierten diese Geräuschkulisse, sondern betrunkene Männer. Fünf von ihnen waren dort untergetaucht, ein Schmelztiegel, bestehend aus ethnischem Abschaum, Männer, die sich einem Leben außerhalb des Gesetzes verschrieben hatten, einem Leben, dessen Mittelpunkt die absolute Befriedigung war, jetzt und um jeden Preis. Ob ihr Saufgelage an den Nerven derer zehrte, die das Waisenhaus leiteten, oder die Kinder verängstigte, die sich in ihren Betten, ein Stück weiter den Gang hinunter, versteckten, scherte die Männer nicht im geringsten. Diesen Platz hatten sie zu ihrem Zuhause erkoren, und sie waren wild entschlossen, diese Heimstatt so zu nutzen, wie es ihnen in den Kram paßte.

Marcos und Sanchez stammten aus Kuba. Sie waren große, olivhäutige Flüchtlinge, denen die Gesetzeshüter von drei Nationen auf den Fersen waren. Sie waren Brüder und sahen sich zum Verwechseln ähnlich, so daß Sanchez immer Patronengurte trug, damit man die beiden auseinanderhalten konnte. Bantu war ein großer, breitschultriger Afrikaner, der aus dem hiesigen Gefängnis in Cayambe geflohen war, wo man ihn für den Mord an zwei Männern festhielt, die früher einmal seine Partner gewesen waren. Der einzige Amerikaner, Swain, war von der Natur benachteiligt, ein schlaksiger Verlierer, der von Land zu Land zog und immer kurz vor der Auslieferung stand. Vor einem Monat hatte er sich mit den anderen Gaunern zusammengetan. Und Gibbens, der zweite Befehlshaber über diese bunt zusammengewürfelte Truppe, war aus Australien abgehauen, wo man ihn wegen Viehdiebstahl suchte. Er hatte den Pazifik überquert und versucht, Kokain aus Kolumbien herauszuschmuggeln. Der Deal war in die Hose gegangen, und seine Kumpel waren exekutiert worden. Eine Laune des Schicksals hatte ihm dasselbe grauenhafte Ende erspart. Und seit diesem Vorfall versteckte er sich in Ecuador, wartete darauf, daß die Männer, die seine Partner getötet hatten, ihre eigene Medizin kosteten. Erst dann wollte er wieder nach Norden ziehen. Die meiste Zeit über war er betrunken, und heute abend mußte er sich zum erstenmal mit dem Gedanken auseinandersetzen, in Zukunft gezwungenermaßen nüchtern zu bleiben.

»Gebt mir 'ne neue Buddel!« blubberte er und warf die fünfte Flasche, die er gerade geleert hatte, quer durch den Raum. Sie zerbarst an der altbetagten Adobe-Wand, und im selben Augenblick ertönte ein ohrenbetäubendes Donnern über ihren Köpfen. Die anderen fanden diesen Zufall besonders lustig, und sie lachten sogar noch lauter, als Gibbens sich in die Mitte des Raumes schleppte, dabei mehrere Tische umstieß und brüllte: »Ich will mehr!«

»Gibt nichts mehr!« höhnte Swain spaßeshalber. »Wir haben nichts mehr!«

»Neeeiiiin!« Wutentbrannt riß Gibbens die Platte von einem Schreibtisch und schlug sie sich immer wieder gegen die Stirn, bis sie endlich durchbrach. »Nein, nein, nein!«

»Ja, ja, ja!« rief Marcos und verpaßte Gibbens einen Schubs, der den Australier gegen die Tafel, die hinter ihm stand, schleuderte. Doch Gibbens prallte einfach ab, fiel auf den Kubaner und riß ihn zu Boden. Ihrem Kampf fehlte das Motiv, aber dieser Mangel wurde durch ihre Zerstörungswut allemal wettgemacht. Sie prügelten sich, und ihre Kumpane feuerten sie an. Alles was in ihrer Reichweite war, mußte als Waffe herhalten. Schwämme, Kreideschachteln, Lineale und Notizbücher wurden in den Händen der kämpfenden Desperados zu Folterinstrumenten.

Der heftige Sturm mag den Krawall im Klassenzimmer für jeden, der an der Mission vorbeikam, übertönt haben, aber im Waisenhaus selbst breitete sich der Lärm über die beiden Korridore aus und drang auch noch in das beengte Zimmerchen, in dem Leslie Becktall zu Hause war. Sie warf sich im Bett hin und her, bemühte sich, den Lärm zu überhören, wie sie das all die anderen

Nächte schon getan hatte, aber heute war sie viel zu aufgewühlt, um ihn wieder zu ignorieren. Leslie schleuderte ihre Bettdecke weg, sprang aus dem Bett und zog einen Flanellmorgenmantel über das Nachthemd. Danach verließ sie ihr Zimmer und lief den Korridor hinunter. Auf halber Strecke traf sie auf eine ältere Frau im Gewand einer Nonne, und man konnte sehen, daß sie dasselbe wie Leslie im Sinn hatte. Schweigend begrüßten sie sich und gingen zum Klassenzimmer.

Marcos und Gibbens kämpften nicht mehr miteinander, und alle fünf Männer ließen ihre Frustration darüber, daß es nichts mehr zu trinken gab, an den Schreibtischen aus, trampelten auf den ohnehin schon malträtierten Rahmen herum und rissen sie mit bloßen Händen auseinander. Sanchez bemerkte die beiden Frauen als erster und grinste sie anzüglich an. »Na, das ist aber 'ne Überraschung!« höhnte er. »Würden sich die beiden hübschen Damen uns gern anschließen, huh?«

Leslie und die Nonne standen schweigend da. Die Männer stimmten zu einem lüsternen Gelächter an. Dann aber meldete sich die ältere Frau mit ruhiger Stimme zu Wort. »Der Lärm weckt die Kinder auf.«

Völlig überrascht betrachtete Gibbens die Nonne, aber als er sich umdrehte und Swain sah, konnte er nicht mehr an sich halten und brach in schallendes Gelächter aus. »Die Mutter Oberin sagt, daß der Lärm die Kinder aufweckt, Swain. Was hältst du davon?«

»Nein, das stimmt nicht, Schätzchen«, klärte Swain die Frau auf. »Kinder lieben Krach, weißt du das nicht?«

Leslie, die sich nicht so gut wie die Mutter Oberin beherrschen konnte, deutete auf die kaputten Möbel und fuhr die Männer an: »Sie haben das Klassenzimmer verwüstet. Schauen Sie sich doch mal um! Es ist schon schlimm genug, daß Sie uns festhal...«

»Ruhe!« zischte die ältere Frau und warf Leslie einen bitterbösen Blick zu. »Es ist nicht nötig, daß du auch noch zu dem allgemeinen Geräuschpegel beiträgst, mein Kind!«

»Ach, lassen Sie sie doch reden!« sagte Gibbens und trat neben Leslie. »Ich mag es, wenn sie sauer ist.«

Der Australier streckte die Hand aus und strich mit dem Handrücken über Leslies zartes Gesicht, wobei er mit der Zunge anzüglich über seine Lippen fuhr. Das konnte sich Leslie nicht gefallen lassen. Sie rammte ihren Ellbogen so hart wie möglich in Gibbens Seite und schlug mit solcher Wucht zu, daß er vor Schmerzen aufheulte und sich krümmte. Aufgebracht stürzte er vor, versuchte, Leslie zu Boden zu schleudern, aber statt dessen landete er selbst auf den Knien. Jetzt konnte nicht einmal mehr die Mutter Oberin passiv dabeistehen. Als Leslie ihr Knie in Gibbens Gesicht stieß und er über den Boden geschleudert wurde, hielt die Nonne sie von weiteren Schlägen ab.

»Jetzt hast du's geschafft!« grölte Gibbens und tupfte das Blut ab, das aus seinem Mundwinkel tropfte. Er wartete, bis Marcos und Sanchez herüberkamen und ihm beim Aufstehen halfen. Dann setzten sich die drei Männer in Bewegung, liefen auf die Frauen zu, die vor ihnen zurückwichen. Marcos zog ein dreißig Zentimeter langes Bowie-Messer aus seinem Stiefel, und sein Bruder legte die Gurte ab, die ihn bei dem, was er Leslie und der Nonne antun wollte, nur störten.

Doch bevor einer der Männer Hand an die Aufseherinnen des Waisenhauses legen konnten, explodierte ein Gewehrschuß hinter ihnen und ließ sie erstarren. Ihre Augen wanderten langsam in die Richtung, aus der der Schuß gekommen war, und sie sahen dort einen sechsten Mann stehen, zwischen Swain und Bantu, der sich auf ein Paar selbstgemachte Krücken stützte und gerade sein Gewehr herunternahm. Salvador war Kubaner wie die beiden Brüder, aber er war eben auch der Chef dieser Bande Abtrünniger, und obwohl die Auswirkungen einer tropischen Krankheit ihn zeichneten, war er doch eine imposante Erscheinung, der die Männer zwangsläufig ihre Aufmerksamkeit schenkten.

»Laßt die Frauen in Ruhe«, flüsterte er heiser. Seine Stimme zitterte vor Schmerzen. Schweißbäche, die vom Fieber herrührten, bildeten sich auf seiner Stirn, und einige Tropfen perlten von seinem Gesicht ab, während er Gibbens und die beiden Kubaner mit Blicken in Schach hielt, bis sie seinem Befehl gehorchten und sich von Leslie und der Mutter Oberin entfernten. »Ihr geht jetzt alle ins Bett«, verkündete er bestimmt. »Sofort! Dieser Krach hört auf. Die Kinder sind nicht die einzigen, die schlafen wollen.«

In dem Klassenzimmer herrschte eine angespannte Gereiztheit. Die Männer tauschten untereinander Blicke aus und schauten die beiden Frauen an. Für einen Augenblick schien es so, als wolle Gibbens sich Salvadors Befehl widersetzen, aber schließlich ging er in einen der hinteren Räume und beruhigte sich. Auch die anderen machten sich auf die Socken, Salvador blieb mit den beiden Frauen allein zurück.

»Ich danke Ihnen«, sagte die Mutter Oberin ruhig.

»Gehen Sie ins Bett«, erwiderte Salvador, bevor er sich umdrehte und in das Zimmer zurückhumpelte, aus dem er vor wenigen Augenblicken gekommen war. »Morgen werden Sie und die Kinder hier aufräumen«, rief er über die Schulter.

Während Leslie mit der Mutter Oberin den Flur entlangging, der zu ihren Zimmern führte, mußte sie einer Pfütze ausweichen. Von einem Loch in der Decke tropfte Regenwasser. »Wie können Sie sich bei diesem Mann bedanken? Wann werden Sie einschreiten und verhindern, daß sie unser Leben kontrollieren?« sagte sie.

Die ältere Frau wandte sich Leslie zu und erklärte: »Wenn ich nicht mehr für die Sicherheit von zwanzig obdachlosen Kindern verantwortlich bin, die nichts haben außer diesen Ort und uns. Dann werde ich mich eventuell zu einem militanten Gegenschlag für den Frieden entschließen.«

»Militant?« protestierte Leslie. »Wir sind Gefangene. Sie lassen ja nicht mal zu, daß wir unser Dach reparieren!«

Sie waren beim Quartier der Nonne angekommen. Sie trat in ihr Zimmer und wollte sich einschließen. »Gute Nacht«, sagte sie zu

Leslie. »Wenn du etwas wirklich Produktives tun willst, dann könntest du es mit Beten probieren. Das ist auf jeden Fall das, was ich zu tun vorhabe.«

Nachdem sie ihre Tür geschlossen hatte, blieb Leslie im Flur stehen. Die Worte der Oberin hatte sie immer noch im Ohr. »Ich habe *gebetet*«, flüsterte sie schwer atmend. »Ich habe mehr getan als nur gebetet, habe mehr getan, als ich hätte tun sollen.«

Donner rumpelte durch die Nachtluft, und Leslie eilte in ihr Zimmer und warf sich aufs Bett. Es war, als ob sich eine Schleuse öffnete: All die angestauten Emotionen drangen an die Oberfläche, und sie weinte lange und heftig. Sie vergrub ihr Gesicht im Kissen, als versuche sie, die gräßliche Realität auszulöschen, die das Waisenhaus – früher ein Ort der Harmonie und der Hoffnung – in eine kleine Hölle verwandelt hatte. Als ihre Tränen versiegt waren und sie nicht mehr weinen konnte, drehte sie sich auf den Rücken. Sie starrte an die Decke, ihre Hand suchte den Nachttisch neben dem Bett und zog eine Schublade auf. Darin lag ein Umschlag, über die Jahre hinweg und aufgrund der Abnutzung gelblich verfärbt. Sie holte ihn heraus, öffnete ihn bedächtig und zog die ebenfalls vergilbten Zeitungsausschnitte heraus. Auf einem dieser Zeitungsausschnitte war das Foto eines Mannes, Anfang Zwanzig, der selbstsicher in die Welt hinaus grinste.

»Oh, Templeton«, murmelte sie, als sie das Bild betrachtete. »Oh, Templeton, was soll ich denn nur tun?«

Kapitel zweiundzwanzig

Der Jet, den das A-Team für seinen Flug nach Ecuador gestohlen hatte, war ein Wunderwerk der modernen Technik – er zählte wahrlich zu den allermodernsten Transportmöglichkeiten. Nachdem sie bei Morgengrauen auf den nebelverhangenen, regendurchweichten Feldern vor Cayambe gelandet waren, tauschten sie das besagte technische Wunderwerk gegen ein Fahrzeug ein, das ein paar Stufen tiefer auf der Leiter der technischen Evolution stand. Nach einem langen und zähen Verhandlungsgespräch mit einem zahnlosen Betreiber auf dem Platz, auf dem die gebrauchten Wagen feilgeboten wurden, hatte Peck die Benutzung eines Chevy Bel-Air ausgehandelt, der in seinem Geburtsjahr vom Band gerollt war. Der unförmige Viertürer sah auch noch aus, als sei er seit damals keinem KFZ-Mechaniker unter die Finger gekommen, und der Regen der letzten Nächte hatte zumindest ein Teil der Schmutzschicht beseitigt. Seit vielen Monaten war der Wagen wieder einmal mit Wasser in Berührung gekommen. Dreckschlieren überzogen die trübe blaue Lackierung und verliehen dem Gefährt ein zebraähnliches Äußeres, das von dem verstaubten, geringelten Waschbärschwanz, der an der Antenne baumelte, noch betont wurde. Peck fungierte als Fahrer, und er setzte sich ganz vorn auf den Rand des Sitzes, damit er über das Spinnennetz von Rissen spähen konnte, das die untere Hälfte der Windschutzscheibe verzierte. Hannibal hatte auf dem Beifahrersitz Platz genommen und hüpfte jedesmal auf und ab, wenn der Wagen über Furchen oder durch Schlammlöcher in der unbefestigten Straße holperte, die sie in die Vororte der Stadt brachte. Die Landkarte lag ausgebreitet auf seinem Schoß, aber sie hatten erst ein paar Meilen zurückgelegt, als er schon jede Orientierung verloren hatte und nicht mehr wußte, wo sie überhaupt waren.

»Na, diese Karte hier hilft uns nicht im mindesten weiter«, beschloß er und faltete sie wieder zusammen. »Sieht aus, als sei sie für Leute hergestellt worden, die per Esel reisen.«

»Man hat auch das *Gefühl*, als würde man auf einem Esel sitzen«, beklagte sich Amy, die auf der Rückbank saß und sich hilfesuchend an der Armlehne festklammerte. »Ich werde bald ein Mittel gegen Seekrankheit brauchen.«

»Beschwerden müssen beim Klienten eingereicht werden«, erklärte Hannibal und suchte bei seiner Zigarre Trost. »Beim billigen Klienten, möchte ich hinzufügen.«

»Ich bin nur sparsam«, wehrte sich Peck.

»Und ich behaupte immer noch, daß es besser gewesen wäre, wenn wir versucht hätten, einen Autoverleih zu finden«, sagte Amy. »Seltsamerweise überfallen mich immer Urängste, wenn ich in einem Ding sitze, das älter ist als ich.«

»Damals haben sie äußerst solide Autos gebaut«, verteidigte Peck den Bel-Air. »Dieses Baby hier ist für die Ewigkeit gebaut.«

Der Chevy stellte seine Widerstandsfähigkeit unter Beweis, indem er seltsame Töne von sich gab und beinah seinen Dienst versagte.

Hannibal schaute die Straße hinunter und deutete auf eine heruntergekommene Hütte, vor der zwei uralte Zapfsäulen und eine Ansammlung zusammengebrochener Wagen und Laster standen. »Dort ist 'ne Tankstelle, Face. Ich weiß, wir pfeifen noch nicht auf dem letzten Loch, aber wir sollten uns auch mal was leisten, und in diesem Fall bedeutet das 'ne Gallone Sprit, okay?«

»Sehr witzig«, knurrte Peck.

Als der Motor plötzlich ganz anders klang, drängte Hannibal: »Na, mach schon, Face, im Tank ist wahrscheinlich mehr Kondenswasser als Benzin. Mach uns das Leben nicht so schwer. Ich habe keine Stiefel dabei, die sich für eine Wanderung im Schlamm eignen.«

Widerwillig fuhr Face von der Straße und kam dann vor den Zapfsäulen zum Stehen. Murdock stupste B. A. und klimperte mit den dreißig Pfund Goldketten des schwarzen Mannes. »Na los, du kleiner Teddybär! Mach deine großen braunen Augen auf und wirf uns einen bösen Blick zu!« Aber B. A. schnarchte weiter. Lamentierend schaute Murdock auf: »Ich mach' mir langsam Sorgen um ihn, Hannibal. Es ist fast schon einen ganzen Tag her, seit er und ich uns in die Wolle gekriegt haben. Wenn's noch lange dauert, stellt sich der Entzug ein.«

»Laß ihm etwas Zeit, Murdock«, sagte Peck. »Wir hatten einen langen Flug, deshalb mußte ich ihm eine gute Ladung Beruhigungsmittel verpassen. Die Wirkung wird bald nachlassen, und dann werden wir uns alle wünschen, er würde noch schlafen.«

Murdock versuchte, B. A.s Kinn zu kitzeln und seine Irokesenfrisur zu zerzausen, schnitt dazu Grimassen und quälte seinen schlafenden Partner mit Babygeschwätz. »Gutschie – gutschie – guuu, du kleiner Teufel, du! Zeit zum aufwachen!« Als er immer noch keine Antwort erhielt, holte er seinen kleinen Golfball heraus und stopfte ihn zwischen B. A.s Ohr und die Schulter, auf der sein Kopf ruhte. »Rede du mit ihm, G. B., verpaß ihm aufpeitschende Reden über die Revolution. Dann kommt er wieder zu Sinnen.«

Während Peck ausstieg und herauszufinden versuchte, wie die Zapfsäule funktionierte, machten Amy und Hannibal den Tankwart ausfindig, der gerade seine Hühner fütterte. Die Tiere lebten in den rostigen Wracks der liegengebliebenen Autos. Der Tankwart war ein korpulenter Mann, mit einem Schnauzbart und einem breitrandigen Hut. Über die Hühner gebeugt gackerte er ihnen zu und gluckte, als wolle er jeden Moment selbst ein Ei legen.

»Entschuldigung, *Señor*«, unterbrach Hannibal ihn. »Sprechen Sie Englisch?«

Der Tankwart wischte ein paar Samenreste von seiner Hose, strich sich eine Haarlocke aus den Augen und schaute Amy und Hannibal an. »Nein«, antwortete er zögernd. »Nicht gerade viel.«

»Oh«, stöhnte Hannibal. »Okay... äh, nun... *Dónde está Santa María*... äh...« Er schaute Amy an. »Weißt du, was Waisenhaus heißt?«

»Casa de niños?« half Amy aus.

»Niños y niñas?« vervollständigte Hannibal. Er beobachtete das Gesicht des Ecuadorianers, wartete auf ein Zeichen, daß der Mann begriffen hatte. *»Santa María? Casa?«*

Das alles war für den Tankstellenwärter Griechisch. Er schob den Hut nach hinten, kratzte sich am Kopf und zuckte mit den Schultern. Murdock bemerkte Hannibals Not und stieg aus dem Bel-Air.

»Colonel, laß mich mal ran«, sagte er, räusperte sich, verzog das Gesicht und sprach mit dem Tankwart in Touristenspanisch. »Biiite zu entschuldigen, aberrr wo iiist Waisenhaus Saaanta Marrria? Wir gern möchten dorthingehen.«

»Ah, *si! La orfandad*!« rief der Tankwart mit leuchtenden Augen. Er drehte sich ein bißchen und zeigte auf die Anhebungen, die sich in der Ferne abzeichneten. »Dort oben, in den Bergen!«

»*Gracias*!« entgegnete Murdock dankbar.

Als die Gruppe zum Wagen zurückmarschierte, wo Peck die letzten Tropfen Benzin in den Chevy pumpte, beugte Hannibal sich zu Murdock hinüber und flüsterte: »Ich begreife gar nichts. Du hast doch nur Englisch mit einem spanischen Akzent gesprochen.«

»Ja, ich weiß. Das sind sie eben gewohnt, Hannibal«, erklärte Murdock. »Das ist wie... das nennt man Dialekt. Man muß eine gewisse Affinität zu dem regionalen Tonfall haben und all die kleinen, subtilen Nuancen der Sprache beherrschen.«

»Stimmt«, murrte Amy. »Des weiteren muß man sich ein paar schlechte Filme mit Leuten ansehen, die grauenhaftes Englisch sprechen.«

Peck hatte bei der Geldwechselbude neben dem Gebrauchtwagenhändler Dollar in Pesos umgewechselt und holte jetzt ein paar Geldscheine heraus, mit denen er das Benzin bezahlte. Während der Tankwart das Wechselgeld abzählte, warnte er die anderen: »Die Schwestern, sie mögen Fremde nicht. Sie nur predigen. Nur wollen in Ruhe gelassen werden.«

»Glauben Sie mir, wir kommen in Frieden«, versicherte Hannibal. Amy, die hinter ihm stand, öffnete die Chevytür, und B. A.s Geschnarche dröhnte nach draußen. Es klang wie das Surren einer Kettensäge, die schon lange nicht mehr geölt worden war. Der

Tankwart warf B. A. einen schiefen Blick zu, und seine Augen quollen voller Ehrfurcht aus den Höhlen. »Auch er kommt in Frieden«, fügte Hannibal hinzu. »Ich geb' Ihnen mein Ehrenwort.«

Bevor einer von ihnen wieder in den Bel-Air einsteigen konnte, donnerte Motorengeräusch durch die Morgenluft. Peck schaute die Straße hinunter und sah einen Jeep, der auf die Tankstelle zuhielt. Bewaffnete Soldaten saßen auf den Bänken.

»Sieht ganz nach Schwierigkeiten aus, Hannibal.«

Hannibal, der den Jeep auch bemerkt hatte, trat schnell seine Zigarre aus. »Ich will euch ja nicht verunsichern, aber wir wollen doch lieber nicht hier sein, wenn die *Federales* ihren Ölstand kontrollieren... wißt ihr, was ich meine?«

Peck gab dem Tankwart noch ein paar Geldscheine und bedeutete ihm, ihre Anwesenheit nicht zu erwähnen. Derweil zogen Hannibal und Murdock B. A. von der Rückbank des Chevys und liefen Amy hinterher, um sich hinter den Autowracks zu verstekken. Es war knapp. Nur wenige Sekunden, bevor der Jeep vor die Tankstelle rollte, gelang es ihnen, sich zu verstecken. Ein Offizier, der auf dem Vordersitz saß, redete sofort auf den Tankwart ein.

Die Wirkung von B. A.s Beruhigungsmittel ließ langsam, aber sicher nach. Hier im Dreck fing er an, sich umzudrehen und mit den Augen zu blinzeln. Als er seinen Mund aufmachte, reagierte Murdock schnell, riß sich die Kappe vom Kopf und stopfte sie B. A. zwischen die Zähne, legte dann einen Finger auf die Lippen und zischte: »Schhhh.« Diese Maßnahmen beschleunigten B. A.s Rückkehr aus der Welt der Träume, und sein Gesicht verfärbte sich vor Ärger noch dunkler, als er versuchte, trotz der Kopfbedeckung in seinem Mund zu brüllen. Murdock sprang wie ein Ringer, der gerade versuchte, seinen Opponenten fertigzumachen, rittlings auf den behäbigen Mann. Peck ging ihm zur Hand und drückte B. A.s Beine auf den Boden.

»Hannibal!« flüsterte Murdock verzweifelt. »Das kann ich nicht sehr lange durchhalten. Das ist ein wirklich fieser Brahma.«

»Mmmpppfffh!« gurgelte B. A. Der Mann raste vor Wut.

Peck spähte über die Motorhaube des Wagens, hinter dem sie sich versteckt hatten, beobachtete die Männer im Jeep und fragte laut: »Meinst du, daß die hinter uns her sind, Hannibal?«

»Scheint mir dann doch etwas weit hergeholt zu sein«, antwortete Hannibal. »Aber wir sollten kein Risiko eingehen.«

»Weit hergeholt, huh?« zischte Peck. »Erinnerst du dich an das kleine Flugzeug, das du den Militärfritzen unter der Nase weggestohlen hast? Ich setze ein Bündel Pesos, daß jeder Anfänger auf der Navigationsschule unseren Flug auf dem Radar mitverfolgen konnte. Verdammt, es besteht die Möglichkeit, daß Decker schon im Cayambe Hilton abgestiegen ist, nach allem, was wir wissen, und darauf wartet, daß diese Schläger ihm unsere Köpfe auf dem silbernen Tablett servieren.«

»Ich denke, darüber brauchen wir uns noch nicht den Kopf zerbrechen.«

Der befehlshabende Offizier gab ein Zeichen, und der Fahrer des Jeeps legte den Gang ein und gab Gas. Der Tankwart winkte ihnen hinterher, warf dann einen Blick in seine Hemdtasche, um sich zu vergewissern, daß sein Bestechungsgeld noch da war, drehte sich dann um und zeigte dem A-Team seinen Daumen. Als Hannibal und Peck sich aus der Hocke erhoben, wurde Murdock urplötzlich von B. A. durch die Luft geschleudert. Baracus war jetzt richtig wach und äußerst lebendig. Er spuckte Murdocks Kappe aus, zerknautschte sie in seinen riesigen Pranken und brüllte: »Hör zu, du Trottel, wenn du mir noch mal deine Kappe in den Mund stopfst, dann hast du keinen Kopf mehr, auf den du sie setzen kannst!«

»Na, na, beruhige dich doch, B. A.«, mischte sich Hannibal ein. »Was ist denn los, bist du auf der falschen Seite des Äquators aufgestanden, oder was?«

»Wo sind wir?« schimpfte B. A. und beäugte die tropische Umgebung kritisch. »Wie sind wir hierhergekommen? Ihr miesen Typen habt mich doch wieder mit Drogen vollgepumpt, nicht wahr?«

»Mann, was für einen grantiger Kerl!« beschwerte sich Murdock, klopfte den Staub ab und lief den anderen hinterher, die auf dem Weg zu der alten Klapperkiste waren. Er drohte B. A. mit dem Finger und murrte: »Griesgrämig am Morgen, griesgrämig den ganzen Tag lang.«

Amy kramte ein Notizbuch aus ihrer Handtasche und erkundigte sich bei Peck: »Nur für die Akten, wieviel hast du fürs Benzin ausgegeben?«

Bevor Peck antworten konnte, deutete B. A. anklagend in Murdocks Richtung und fragte Hannibal: »Hat uns dieser verrückte Kerl hierhergeflogen? Hat er uns nach Ecuador geflogen?«

»Für fünf Mäuse«, sagte Peck zu Amy. »In Pesos.«

»Ist der Tank jetzt ganz voll?«

»Reicht jedenfalls bis zum Waisenhaus, dessen bin ich mir ganz sicher.«

»Mr. Extravaganz schlägt wieder zu.«

Die ersten Sonnenstrahlen brachen durch die Wolkendecke, und B. A. mußte blinzeln und die Hände gegen die Schläfen pressen. »Jedesmal, wenn wir einen dieser Fälle annehmen, wache ich mit einem unerträglichen Kopfweh in einem fremden Land auf. Ich hab' es langsam satt, Hannibal.«

»Wir alle müssen einen Preis bezahlen, B. A.«, sagte Hannibal. »Selbst solche Geizkragen wie Face.«

»Heh, zufälligerweise habt ihr Typen doch meine beiden besten Dinger verhunzt. Wenn ihr euch zurückgehalten hättet, würden wir jetzt in einer Limousine reisen und müßten nicht jeden Pfennig umdrehen«, erinnerte Peck sie, als er B. A. die Wagenschlüssel reichte. »Wenn du schon wach bist, großer Junge, kannst du auch das Fahren übernehmen.«

B. A. stand abwartend herum, während die anderen in den Chevy stiegen, dann fuhr er mit einem Finger über den verdreckten, rechten Kotflügel und ging zur Fahrerseite. Kaum hatte er hinter dem Lenkrad Platz genommen und den Motor gestartet, gelobte er den anderen Wageninsassen: »Es wird gar nicht mehr lange dauern, bis ich euch alle in Grund und Boden stampfe. Bald spiele ich nicht mehr den netten Kumpel.«

Als B. A. auf die Straße fuhr, die in die Hügel führte, vernahm er ein leises Kichern auf dem Rücksitz und schaute mißmutig in den Rückspiegel. »Gibt's dahinten was über mich zu lachen?«

»Nicht daß ich wüßte«, antwortete Murdock.

»Nein, ich auch nicht«, sagte Peck.

»Ich glaube, hier ist irgendwo ein Huhn«, vermutete Amy und beugte sich vor. Und so war es auch: eines der Tiere hatte den Chevy für eine neue Geflügelunterkunft gehalten und hockte unter dem Vordersitz. Amy schob ihren Zeh nach, und der Vogel flatterte aus seinem Versteck und gackerte heiser. Den drei Passagieren, die auf der Rückbank saßen und versuchten, es zu erwischen, entfleuchte das Tier immer wieder. Schließlich kurbelte Murdock das Fenster herunter und scheuchte das Huhn aus dem Wagen. Es landete im Schlamm, watschelte auf die andere Straßenseite und wedelte heftig mit seinen kurzen Flügeln.

»Warum hat das Huhn die Straße überquert?« fragte Murdock.

»Ich habe nicht den geringsten Schimmer«, sagte Peck. B. A. schmollte immer noch vor sich hin, wischte den Staub vom Armaturenbrett und riß an den Troddeln, die von der Wagendecke baumelten. »In der einen Minute sitze ich noch in meinem strahlenden Kombi, den ich wahrscheinlich nie mehr wiedersehen werde, und in der nächsten Minute bin ich schon in Ecuador. Jetzt reicht es. So geht es nicht weiter. Ihr werdet B. A. Baracus nicht mehr herumstoßen. Aus und vorbei. Das war das letzte Mal. Es reicht mir endgültig!«

»Halt die Klappe!« riefen die anderen unisono.

Kopfschüttelnd lenkte B. A. den Chevy um die nächste Kurve und motzte: »Mann, ich hoffe nur, daß wir diese Mieze Leslie finden, Face. Mehr will ich nicht dazu sagen.«

»Das werden wir«, erwiderte Face. »Das werden wir.«

Kapitel dreiundzwanzig

Über Nacht war Salvadors Temperatur leicht gefallen, aber das Fieber war immer noch sehr hoch und schwächte ihn beträchtlich. Schweiß bedeckte sein Gesicht und rann durch die Stoppeln, die auf seinem unrasierten Kinn sprossen. Das Weiß seiner Augen war gelblich verfärbt, die Krankheit, die er zu ignorieren versuchte, stand ihm ins Gesicht geschrieben. Er lag auf einem muffigen Feldbett in der Vorratskammer, sein Körper war leicht zur Seite geneigt, als er sich auf einen Ellbogen stützte. Die Morgensonne strahlte durch das gegenüberliegende Fenster. Die Staubflocken tanzten in dem breiten Lichtstrahl. Salvador blickte aus dem Fenster und konnte ein Stück der Kirche und den größten Teil des Missionshofs sehen, in dem Klettergewächse und andere gut gepflegte Pflanzen nach dem Wolkenbruch vor Frische und Sauberkeit nur so strahlten.

»Bitte, versuchen Sie doch etwas zu essen«, sagte die Mutter Oberin und hielt ihm einen Löffel mit Haferschleim entgegen. Sie saß auf einem Stuhl neben dem Feldbett, vor den Vorratsregalen, auf denen Konservendosen und andere haltbare Nahrungsmittel aufbewahrt wurden.

Salvador betrachtete den dampfenden Brei. Auf seinem Gesicht spiegelte sich Widerwillen, als er ihre Hand wegschob. »Nehmen Sie die Pampe weg!« erwiderte er. Aber seine Stimme klang zittrig und schwach, obwohl er wütend war.

»Sie müssen wieder zu Kräften kommen.«

»Meine Kraft interessiert Sie einen feuchten Kehricht«, sagte er. Ein verzerrtes Lächeln umspielte seine Lippen. »Sie wollen nur, daß ich von hier verschwinde.«

»Ich gebe zu, daß mein Interesse für Ihre Gesundheit nicht allein aus Nächstenliebe resultiert«, gab die Nonne zu und tauchte den Löffel in die Schüssel auf ihrem Schoß. »Aber ich versuche mein Bestes, um allen Menschen freundliche Gefühle entgegenzubringen, ungeachtet ihrer Fehler.«

»Ja«, kicherte Salvador. »Und es ist besser, wenn Sie mir freundliche Gefühle entgegenbringen, Lady, oder Sie müssen Ihrem Gott wirklich vertrauen, denn wenn es mir nicht bald...« Salvador schwieg plötzlich, als er die Glocke hörte, die draußen im Hof ertönte. Auch die Mutter Oberin hatte das Läuten vernommen und stand auf, um nachzusehen, was draußen vorging.

»Ich erwarte niemanden«, sagte sie. »Ich frage mich, wer das sein könnte.«

Salvador mußte sich sehr anstrengen, um die Hand auszustrekken und den Revolver aus seinem Halfter zu ziehen, der an einem Nagel am Ende der Regale hing. Er spannte den Hahn und zielte auf die Nonne. »Sie wissen ja, wie's abläuft. Wimmeln Sie sie ab, Schwester. Schnell... sonst verlieren Sie ein paar Ihrer Waisenkinder.«

»Es besteht kein Grund, mit diesem schrecklichen Ding auf mich zu zielen«, sagte sie und stellte die Schüssel weg. Dann stand sie auf. »Nach all diesen Wochen bin ich mit Ihren Drohungen mehr als vertraut. Sie können ganz beruhigt sein, ich werde die Sicherheit meiner Kleinen nicht aufs Spiel setzen.«

Als die Mutter Oberin die Vorratskammer verließ, bekreuzigte sie sich schnell und küßte das Kruzifix, das an einer einfachen, vergoldeten Kette um ihren Hals hing. Wenn sie das Waisenhaus verlassen wollte, mußte sie am Spielzimmer vorbei, in dem mehrere kleine Kinder mit angeschlagenen Bauklötzen spielten und unter der Anleitung einer anderen Nonne Häuser bauten. Sie blieb kurz stehen, um die Kleinen zu beobachten, die in ihr Spiel vertieft waren und keine Vorstellung von der Tyrannei hatten, unter der sie seit knapp einem Monat lebten, seit jenem Tag, als Salvadors Männer im Waisenhaus aufgekreuzt waren. Da die Männer das Waisenhaus im Augenblick als Versteck nutzten, war die Mutter Oberin gezwungen gewesen, der Außenwelt zu erzählen, daß die gesamte Mission fürs erste unter Quarantäne stand, weil die Masern ausgebrochen seien. Diese Nachricht hatte sich unter den Dorfbewohnern herumgesprochen, und in letzter Zeit waren die Besucher immer seltener aufgetaucht. Seit einer Woche war es tatsächlich das erste Mal, daß die Glocke vor der Hoftür geläutet wurde.

Obwohl die Sonne jetzt mit voller Kraft schien, war der Hof mit unzähligen schlammigen Regenpfützen übersät, und die Mutter Oberin mußte den Saum ihres Gewandes heben, damit er nicht schmutzig wurde. Auf dem Weg zu dem großen Holztor mußte sie einen Zickzackweg zurücklegen. Dann schob sie den schweren Bolzen hoch und öffnete das Tor einen Spaltbreit, um einen Blick auf die Besucher zu werfen. Ihr Herzschlag setzte kurz aus, als sie das A-Team und besonders B. A. sah. Zuerst hielt sie sie für Kameraden von Salvador.

»Kann ich Ihnen helfen?« fragte sie steif.

»Äh, ja«, sagte Peck. »Ich hoffe, daß Sie das können. Wir suchen eine Frau namens Leslie Becktall. Sie soll hier arbeiten.«

Die Nonne runzelte die Stirn und schüttelte dann den Kopf. »Es tut mir leid, aber hier arbeitet niemand mit diesem Namen. Nun, ich muß Sie bitten, sich jetzt zu verabschieden. Vielleicht können Sie kein Spanisch lesen, aber auf Ihrer Seite des Tores ist ein Schild, das besagt, daß dieses Gebiet wegen Masern unter Quarantäne steht. Ich wünsche Ihnen einen guten Tag.«

Als sie versuchte, das Tor zu schließen, streckte Peck die Hand aus, drückte gegen das Tor und fuhr fort: »Aber sie hat mir einen Brief geschrieben; auf dem Briefpapier stand der Name dieses Waisenhauses. Tja, wenn ich mal...«

»Vielleicht handelt es sich um ein anderes Waisenhaus, oder einfach um altes Briefpapier.« Die Mutter Oberin versuchte erneut, das A-Team auszuschließen, aber diesmal mischte Hannibal sich ein und fragte: »Könnten wir mit den anderen Nonnen oder den Kindern sprechen?«

Die Mutter Oberin atmete tief durch und erklärte dann bestimmt: »Wir haben hier niemanden, der Leslie Becktall heißt. Es tut mir leid. Lassen Sie jetzt bitte dieses Tor los, und gehen Sie weg.«

Hannibal und Peck traten zurück, und die Frau knallte das Tor zu.

»Nicht gerade eine freundliche Nonne, oder?« murrte Hannibal.

Amy legte Peck die Hand auf die Schulter. »Tut mir leid, Face.«

Aber Peck starrte immer noch auf das verschlossene Tor. Die Nonne und ihre Worte hatten ihn nicht überzeugt. »Das ergibt doch keinen Sinn. Das hier ist das Santa-Maria-Waisenhaus, und das steht auf dem Briefkopf von Leslies Nachricht. Wie soll sie denn an das Briefpapier herangekommen sein, wenn sie sich nicht hier aufgehalten hat? Und diese Masernepidemie-Geschichte kaufe ich der Nonne auch nicht ab.«

»Tja, im Augenblick können wir nicht viel dagegen tun«, überlegte Hannibal laut. Die Gruppe machte kehrt und schlenderte zum Chevy zurück. »Vielleicht erfahren wir ja noch 'ne andere Version, wenn wir uns ein bißchen umhören, und dann... Heh, seht euch das mal an!«

In einem hohen Grasfeld neben der Mission jagte eine Nonne einen kleinen Jungen, der weinend von der Kirche und dem Waisenhaus wegrannte.

»Enrico!« rief die Frau und hechtete hinter dem Jungen her. Der Abstand zwischen den beiden verringerte sich.

B. A., der die Verfolgungsjagd beobachtete, wunderte sich: »Sieht nicht so aus, als ob der Junge hierbleiben wollte.«

»Nun, wenigstens habe ich jetzt die Möglichkeit, mich mit jemandem zu unterhalten«, sagte Peck und rannte auf das Feld. Die Nonne stolperte und fiel ins Gras, als sie das fliehende Kind ergreifen wollte, und Enrico stürmte davon, ohne sich nach ihr umzudrehen. Peck legte einen Gang zu, hetzte an der liegenden Nonne vorbei und holte den Jungen ein, bevor er in einer Gruppe dickstämmiger Bäume untertauchen konnte. Als Peck ihn hochhob und zur Nonne trug, fing Enrico an zu weinen und mit den Füßen um sich zu schlagen.

»Oh, ich danke Ihnen«, sagte die Nonne, stand auf und klopfte die Grashalme von ihrer Tracht. »Jedesmal, wenn es an der Zeit ist zu baden, versucht er wegzulaufen.«

Als sie die Hand nach dem Kind ausstreckte und Peck in die Augen schaute, stieß die Nonne unfreiwillig einen Seufzer aus. Pecks Kinnlade fiel herunter, und er betrachtete die Frau verständnislos.

»Leslie!« flüsterte er aufgeregt.

Leslie drückte den kleinen Jungen an sich und bemühte sich, ihre entfesselten Gefühle in den Griff zu kriegen. Und dann gelang es ihr endlich zu reagieren. »Templeton?«

Es war schwer abzuschätzen, wer von beiden erstaunter war. Schweigend standen sie sich gegenüber, starrten sich verwundert an und versuchten, die Jahre, die seit ihrem letzten Treffen vergangen waren, zu überbrücken. Selbst der kleine Enrico spürte die Spannung und verstummte. Er hielt Leslies Hand fest und schaute zu Peck auf.

»Warum trägst du diese Klamotten?« fragte Peck, aber genau in derselben Sekunde war ihm schon klar, wie absurd sie waren. Er war geknickt über die neue Erkenntnis.

»Du hättest nicht hierherkommen sollen«, sagte Leslie. »Du mußt verschwinden. Jetzt.«

»Warte eine Minute!« Er streckte die Hand nach Leslie aus, aber sie drehte sich blitzschnell um und zerrte Enrico zum Seitentor. Peck lief hinter ihnen her und brüllte: »Warte! Leslie!«

Doch bevor er Leslie einholen konnte, preschte der alte Chevy durch das hohe Gras und schnitt ihm den Weg ab. Im Wagen saßen natürlich die anderen A-Team-Mitglieder, und Amy hielt die hintere Tür auf, damit er einsteigen konnte. »Beeil dich, Face, die *Federales* sind im Anmarsch!«

Peck warf einen Blick über seine Schulter und entdeckte den Jeep, auf den sie schon zuvor bei der Tankstelle gestoßen waren. Das Fahrzeug hielt direkt auf die Mission zu. »Verdammt noch mal!« schimpfte Face und stieg ein. B. A. raste hinter das schützende Wäldchen.

»Woher wußten die, daß wir hier sind?« fragte sich Murdock.

»Vielleicht hat der Kerl an der Tankstelle seine Meinung geändert und uns doch noch verpfiffen«, meinte Hannibal.

In dem Wäldchen stellte B. A. den Motor ab, und das Team beobachtete die Mission durch die Bäume. Die *Federales* waren vor dem Hoftor stehengeblieben, und der Offizier stieg aus und betätigte die Glocke.

»Wenn die Mutter Oberin uns nicht verpetzt«, sagte Hannibal, »werden sie wahrscheinlich die Furchen sehen, die wir ins Gras gepflügt haben. B. A., ich glaube, es ist besser, wenn du dich darauf einstellst, relativ hektisch von hier zu verduften.«

Peck beschäftigte sich in Gedanken immer noch mit dem Zusammentreffen mit Leslie. »Ich glaube es nicht, ich glaube es nicht«, murmelte er. »Nicht in einer Million Jahren...«

»Na, wenigstens weißt du jetzt, warum keiner was von Leslie Becktall gehört hat«, sagte Hannibal.

Das Hoftor öffnete sich einen Spaltbreit, und die Nonne streckte ihren Kopf heraus. Sie und der Offizier tauschten ein paar Worte aus, während ein zweiter Offizier vom Jeep sprang und ein Plakat neben die Meldung nagelte, die von der Quarantäne in der Mission berichtete.

»Ich hoffe, du hast dich gegen Masern impfen lassen, Face«, sagte B. A. »Mann, du hast das Kind ja überall angefaßt.«

»Meiner Meinung nach hat der Junge vollkommen gesund ausgesehen«, sagte Peck. »Und ich könnte wetten, daß niemand die Masern hat. Sie hat versucht, irgend etwas vor mir geheimzuhalten. Ich weiß nicht, was es ist, aber ich habe vor, es herauszufinden.«

»Aber nicht im Augenblick«, wehrte Hannibal ab.

Das Hoftor der Mission fiel zu, und die beiden Offiziere stiegen in ihren Jeep, wo die anderen Soldaten ruhig gewartet hatten. Der Jeep fuhr rückwärts, aber offensichtlich hatte niemand die Spuren entdeckt, die der Chevy auf dem Feld hinterlassen hatte, denn die *Federales* fuhren in die entgegengesetzte Richtung. B. A. wartete, bis der Jeep nicht mehr zu sehen war, und startete den Motor.

»Und was machen wir jetzt?« fragte er.

»Laßt uns doch was essen gehen, und währenddessen denken wir über die ganze Sache noch mal nach«, sagte Hannibal. »Dieser Job läuft gar nicht wie geplant.«

Kapitel vierundzwanzig

Ein paar Meilen nördlich von der Mission geriet das A-Team in ein kleines Dörfchen, in dem es genug Touristenfallen gab, damit sie sich heimisch fühlen konnten. Sie wählten ein kleines, putziges Café in einer Seitenstraße und setzten sich auf die überdachte Veranda, die unter den unbarmherzigen Sonnenstrahlen fast vollständig getrocknet war. Ein kleiner Mückenschwarm kreiste um eine Pfütze mit schalem Wasser, die unter einem schattigen Baum war, aber keines der Insekten näherte sich dem Patio, um den Gästen das Leben schwerzumachen. Hannibal bestellte einen Krug kaltes Bier und einen Teller frische Chips, während die anderen die Speisekarte studierten. Peck betrachtete seine mit toten Augen, seine Gedanken waren woanders.

»Ist 'n harter Schlag, Face«, sagte Hannibal. »Ich könnte mir denken, daß sie ihren Namen in Schwester Mary Katherine oder so was Ähnliches geändert hat, nachdem sie Nonne geworden ist. Ich bin mir nicht darüber im klaren, warum sie dir diesen Brief geschickt hat, aber ich habe das vage Gefühl, daß sie das alte Feuer nicht wieder aufflammen lassen wollte. Tut mir leid, Junge.«

»Mann«, warf Murdock ein, »als man sich erzählte, daß sie mit einem anderen Kerl abgehauen ist, haben sie wirklich recht gehabt.«

Peck legte seine Karte weg und schüttelte benommen den Kopf. »Ich kann es immer noch nicht glauben... kann nicht glauben, daß sie nichts davon gesagt hat.«

»Vielleicht hast du ihr das Herz gebrochen, ohne es zu wissen, Mann«, vermutete B. A. »Vielleicht war das ja ihre Alternative zur Fremdenlegion.«

»Das glaube ich nicht.« Peck schaute zu den Bergen, die hinter dem Dörfchen aufragten. »Wißt ihr, sie hatte ja immer diese geheimnisvolle Seite. Ich bin immer davon ausgegangen, daß es etwas Künstlerisches ist – wie bei einem Poeten. Ich meine, ich kannte zwar keine Poeten, aber ich stellte mir vor, daß sie sich genauso verhalten, immer etwas abseits stehen und die Dinge anders betrachten als die anderen Leute. Wer weiß, vielleicht hat sie in Wirklichkeit immer gebetet, wenn ich dachte, daß sie sich Gedichte ausdenkt.«

Der bullige Besitzer kehrte mit den Chips und dem Bier zurück und zog dann einen Notizblock raus, um die Bestellungen aufzunehmen. Während die anderen entschieden, was sie nehmen wollten, sagte Hannibal zu Peck: »Nun, jetzt kennst du zumindest die wahre Geschichte. Das sollte dich ein wenig erleichtern.«

»Und es kostet dich schlußendlich auch nicht gerade viel«, sagte Amy und ging die Beträge in ihrem Notizbuch durch. Dann riß sie das Blatt, auf dem die Ausgaben standen, heraus und reichte es Peck.

»Ein Abschlußschuldschein?« sagte Peck und betrachtete das Blatt. Er schob es Amy wieder zu und schüttelte seine Lethargie ab. »Heh, dieser Fall ist noch nicht abgeschlossen! Die Nonnen stecken in irgendwelchen Schwierigkeiten. Wir können nicht einfach einpacken und nach Hause gehen!«

»Willst du darauf wetten?« fragte B. A. »Wird ja 'ne Weile dauern, bis wir wieder daheim sind, da wir nicht fliegen, und wir fliegen nicht, stimmt's? Stimmt's?«

»Kommt schon, Leute!« sagte Peck, als der Wirt wieder in die Küche des Cafés watschelte. »Ich kenne Leslie. Ich habe den Unterton in ihrer Stimme bemerkt.«

Amy, Murdock und B. A. stöhnten, aber Hannibal war weniger gewillt, Pecks Besorgnis einfach zu ignorieren. Er schenkte sich Bier ein. »Okay, hör mal. Ich kann deinen Standpunkt verstehen, Face. Vielleicht hast du ja recht.«

»Ach ja?« höhnte B. A. »Hast du auch den Unterton in ihrer Stimme bemerkt, Hannibal?«

»Für mich hören sich alle Nonnen gleich an, B. A.«, konterte Hannibal. »Nehmen wir mal an, daß im Waisenhaus wirklich keine Masern ausgebrochen sind. Was ist, wenn es einen anderen Grund dafür gibt, daß das Waisenhaus dichtgemacht wurde?«

»Zum Beispiel?« fragte Amy.

»Dessen bin ich mir nicht sicher«, sagte Hannibal. »Aber wir sind um die halbe Welt geflogen, um was herauszufinden, und sollten uns jetzt wenigstens vergewissern, daß wir nicht gebraucht werden. Wenn dort die Masern ausgebrochen *sind*, dann glaube ich trotzdem nicht, daß diese Nonnen so aus der Fassung geraten, wenn Besucher vorbeikommen. Ist ja schon 'ne Weile her, seit ich in der Kirche gewesen bin, aber irgendwie erinnere ich mich daran, daß ein Großteil der religiösen Regeln darauf beruht, daß man mit seinen Mitmenschen etwas freundlicher umgeht, und nicht so, wie man uns behandelt hat.«

»Ganz genau!« rief Peck. »Aber aus einem ganz bestimmten

Grund konnten die Schwestern nicht sprechen! Ich weiß, daß ich herausfinden könnte, was Sache ist, wenn ich an Leslie rankommen könnte.«

Hannibal nahm einen Chip und tunkte ihn in eine Schüssel feuriger Salsa. Er genehmigte sich zwei Kostproben dieser Mischung und griff sofort nach seinem Bier, um das Brennen in seinem Mund zu lindern. Nachdem das Feuer nachgelassen hatte, schaute er Peck an. »Wenn du an Leslie rankommen willst, mußt du zurück und ins Waisenhaus gelangen.«

»Das weiß ich!« antwortete Peck frustriert. »Was soll ich denn tun? Ihnen erzählen, daß ich vom Gesundheitsministerium komme? Ihnen meine Papiere aus dem Waisenhaus zeigen?«

Kopfschüttelnd schaute Hannibal auf den Hinterhof auf der anderen Straßenseite, wo Wäsche auf einer Leine zum Trocknen aufgehängt war. Der überwiegende Teil der Kleider war schwarz, und Hannibal sichtete zwei große, schlanke Nonnen, die Wäsche aufhängten. »Wenn du meine Meinung hören willst – ich denke, daß du deinen Rosenkranz polieren solltest, Face.«

»Meinen was?«

»Du kennst doch die alte Redewendung: Man muß mit den Wölfen heulen.«

Peck merkte, in welche Richtung Hannibal schaute, und sagte: »Ach, komm schon! Das klappt niemals!«

»Na, na, redet man denn so, Schwester Face?«

Die anderen schauten auf die gegenüberliegende Straßenseite und verfolgten, wie die beiden Nonnen die letzten Wäschestücke aufhängten. Peck sagte: »Tja, vielleicht *könnte* es klappen. Die rechte Nonne hat in etwa meine Größe.«

»Die andere ist größer und dünner«, sagte Murdock.

»Genau wie du, Murdock«, erklärte Hannibal.

»Ich, Colonel?«

Hannibal nickte. »Es wäre mir schon lieber, wenn Face diese Nummer nicht allein durchzieht.«

»Wer weiß, Murdock«, fügte Peck hinzu. »Vielleicht besteht die Möglichkeit, daß dein Golfball getauft wird. Ich bin mir sicher, das ist ein absolutes Muß, wenn du in dieser Gegend Unterstützung zusammentrommeln willst. Das hier ist 'n katholisches Land, und ich glaube nicht, daß die Leute viel Sympathie für einen atheistischen Golfball aufbringen können.«

»Ja, ich denke, du hast recht, Face«, gab Murdock zu und holte den Golfball aus seiner Fliegerjacke. »Hast du das gehört, G. B.?«

Der Wirt brachte die Gerichte, und Face und Murdock schlangen das Essen nur so runter, wobei sie die Nonnen auf der anderen Straßenseite im Auge behielten. Als die beiden Frauen ihre Aufgabe beendet hatten, marschierten sie in die angrenzende Kirche.

»Okay, jetzt geht's los«, rief Peck und schluckte den letzten Bissen Burrito im Stehen herunter. »Dann mal los, Murdock.«

B. A. hatte die Wagenschlüssel auf den Tisch gelegt, und Hannibal nahm sie und reichte sie Peck. »Ihr beide fahrt los und parkt in dem Wäldchen neben der Mission. Wir werden hintrampen, wenn wir uns ein bißchen ausgeruht haben, dann auf euch und die Informationen warten. Wenn wir bis zwölf Uhr mittags nichts von euch gehört oder gesehen haben, gehen wir auch in die Mission, egal wie«, sagte er.

Peck nickte und folgte Murdock über die Straße. Sie blickten sich um, vergewisserten sich, daß niemand sie beobachtete und zwängten sich dann durch die Hecke, die die Kirche umsäumte. Die anderen Team-Mitglieder konnten sie ein paar Sekunden lang nicht sehen, aber dann hatte es plötzlich den Anschein, als ob zwei Gewänder von der Leine sprangen, und Hannibal beobachtete, wie Peck und Murdock nach den Kleidungsstücken griffen, bevor sie auf dem Boden landeten. Einen Moment später kamen die beiden Männer wieder durch die Hecke gekrochen, signalisierten den anderen, daß alles okay war, stiegen in den Chevy und fuhren los.

Hannibal, B. A. und Amy saßen immer noch auf der Veranda und aßen schweigend. Amy war die erste, die sich zu Wort meldete. »Langsam fange ich an, mir Sorgen zu machen, Hannibal. Wenn mit der Mission was nicht stimmt, dann sind zwei Leute eventuell nicht genug, um die Sache in den Griff zu kriegen.«

»Immer mit der Ruhe, Amy.« Hannibal schob seinen Teller weg und wickelte eine Zigarre aus, die er sich immer nach dem Essen gönnte. »Sie werden ein paar Erkundigungen einziehen. Wenn's dann ans Losschlagen geht, werden sie schon warten, bis wir ihnen Deckung geben, dessen bin ich mir sicher. Alles wird gutgehen.«

»Das hoffe ich.«

B. A. wischte seinen Teller mit einer Mehltortilla aus, schob sie sich in den Mund und sagte: »Ich hoffe nur, daß Murdock nicht auf einen verrückten Trip geht, wenn er erst mal dieses Nonnen-Getue intus hat. Es sähe diesem Wahnsinnigen ähnlich, daß er anfängt, Sterne zu sehen, und jedem sein Idiotengequassel unterjubelt. Mann, je mehr ich darüber nachdenke, desto mehr denke ich, daß wir Face diesen Clown nicht hätten mitgeben sollen.«

»Er ist der einzige, dem die Nonnentracht passen könnte«, gab Hannibal zurück.

»Ich bin sicher, daß sie mir auch ganz gut gepaßt hätte«, erwähnte Amy.

»Ja, aber du hast keine zehnjährige Kommandoerfahrung mit Face, auf die du zurückblicken kannst«, erinnerte Hannibal sie. »Falls die beiden Probleme kriegen, sind sie weitaus besser geschult als du.«

»Vielleicht hast du recht.«

B. A. lehnte sich auf seinem Stuhl zurück und betrachtete müßig den Parkplatz, aber plötzlich setzte er sich aufrecht hin und flüsterte: »Mann, du wirst es nicht glauben, Hannibal, es fällt uns schwerer, diese *Federales* abzuhängen, als einem Hund, die Fliegen zu vertreiben.«

Hannibal schaute in dieselbe Richtung und sah die uniformierten Typen, die sich jetzt mit dem Wirt unterhielten. »Das sind die Typen von vorhin.«

»Ja, und sie tun auch wieder dasselbe... Sie suchen Ärger.«

»Beruhige dich«, sagte Hannibal. »Vielleicht suchen sie ja gar nicht uns. Nicht *jede* Regierung ist hinter uns her, wißt ihr.«

»Na, ich gehe jedenfalls kein Risiko ein.« B. A. schnappte sich sein Besteck und verstaute es unter dem Tisch, aber so, daß er es schnell zur Hand hatte, falls es nötig war. »Wenn die hinter mir her sind, dann werde ich sie in Scheiben schneiden oder in Würfel hakken!«

»Eigentlich wäre mir wohler, wenn wir nicht all unsere Lieblinge im Wagen gelassen hätten«, sagte Hannibal und legte seine Finger um den Flaschenhals. »Eine Uzi in der Hand wäre besser als das Ding hier. Na, dann bleiben wir mal cool und warten, was passiert.«

Der Wirt nickte auf eine Frage, die der Offizier, mit dem er sich unterhielt, ihm offenbar gestellt hatte, dann deutete er auf die Veranda. Der Offizier bedankte sich bei dem Besitzer und kam daraufhin näher. Zwei Soldaten begleiteten ihn. Einer von ihnen hatte ein Maschinengewehr bei sich, der andere einen Hammer und ein kleines Plakat. Hannibal, Amy und B. A. versuchten, gelassen zu erscheinen, obwohl sie sich innerlich schon mit jeder Faser ihres Körpers auf die Konfrontation einstellten. Doch die drei uniformierten Männer gingen am Tisch vorbei, ohne die Amerikaner zu beachten. Vor einem hohen Träger, der das Spalier, das als Überdachung fungierte, abstützte, blieben sie stehen, und der Soldat hämmerte das Plakat, das er bei sich hatte, an dem Träger fest. Der Offizier strich das Poster glatt, verließ mit seinen Männern die Veranda, und die drei kehrten zu ihrem Jeep zurück.

»Puuuhhh!« Hannibal atmete erleichtert auf.

B. A. holte sein Besteck wieder unter dem Tisch hervor und legte es neben den Teller. »Das war knapp, Mann!«

»Sieht aus, als hätten sie ein Fahndungsplakat angebracht. Ich dachte, das gäbe es seit dem Wilden Westen nicht mehr«, meinte Amy.

»Vielleicht gibt es hier kein Postamt«, scherzte Hannibal und ging rüber, um den Mann, dessen Gesicht auf dem Plakat prangte, zu betrachten. Bei dem Gesuchten handelte es sich um Salvador, und man wollte ihn wegen verschiedener Verbrechen, unter anderem wegen Mord und Raub, fassen. Über dem Kopf wurde ein Preis genannt, den die Regierung für die Ergreifung – tot oder lebendig – zu zahlen bereit war. »Sieht wirklich freundlich aus, der Kerl, nicht wahr?«

B. A. beugte sich vor, um das Kleingedruckte lesen zu können. »Hier heißt's, daß er mit 'nem ganzen Haufen Arschgesichter unterwegs ist.«

»Ich fühle mich plötzlich ganz schlecht«, gestand Amy.

»Vielleicht ist er der Grund, daß die Nonnen nicht reden«, drückte B. A. Amys Ängste in Worten aus.

»Es ist an der Zeit, daß wir uns auf den Weg zur Mission machen«, meinte Hannibal. »Wir sollten einen Wagen anhalten. Ich möchte so schnell wie möglich dort ankommen.«

Kapitel fünfundzwanzig

Zweimal pro Woche fuhr der Priester der hiesigen Gemeinde zum Santa-Maria-Waisenhaus, hielt dort die Messe ab und nahm den Nonnen und Kindern die Beichte ab. Seine Besuche betrachtete er als sinnvolle Verpflichtung, als Buße für die kleinen Sünden, die er in Ausübung seiner Pflichten als Mann Gottes begangen hatte. Und da es sich so verhielt, mochte er weder die Besuche noch die Stunden, die er in der Mission verbrachte. Da es ihm an Mitgefühl beziehungsweise an Hingabe für das Waisenhaus mangelte, überraschte es nicht, daß er das Waisenhaus im letzten Monat achtmal besucht hatte, ohne Verdacht zu schöpfen oder wenigstens zu spüren, daß eine Bande übler Halsabschneider die Heimbewohner auf widerwärtige Weise drangsalierten. Und auch an diesem Morgen verrichtete er seinen Dienst und verließ kurz darauf die Mission durch die Hintertür der Kirche, durch die er auch hereingekommen war. Eigentlich hatte er in der ganzen Zeit, in der er als Teilzeitpriester der Mission fungiert hatte, seinen Fuß niemals in den Hof oder das Waisenhaus gesetzt. Salvador hätte in Santa Maria eine Armee ausbilden können, und der Priester hätte nichts davon gemerkt, vorausgesetzt, daß die Soldaten sich von der Kirche fernhielten.

Nachdem der Gottesdienst zu Ende war, strömten die Nonnen aus der Seitentür der Kirche und stießen gleich auf Marcos, der den Nonnen mit seinem automatischen Gewehr bedeutete, daß sie hintereinander von der Kirche zum Waisenhaus gehen sollten. Marcos hatte diese Aufgabe schon mehrmals ohne Zwischenfälle erledigt, und so beobachtete er seine Umgebung bestenfalls flüchtig. Insofern bemerkte er nicht, daß die letzte Nonne in der Reihe hohe Turnschuhe trug und daß die zweitletzte Nonne ein paar Gucci-Slipper anhatte.

»So weit, so gut«, flüsterte Peck Murdock über die Schulter zu, als sie zum Waisenhaus marschierten. »Ich bin froh, daß es uns gelungen ist, uns einzuschleichen.«

»Falls wir diese Nummer mal wieder abziehen sollten, Face, dann verkleiden wir uns als Priester oder Gärtner«, schlug Murdock vor. »Ich habe schon genug Komplexe, ich muß mich nicht auch noch mit Travestie auseinandersetzen.«

Sanchez und Bantu saßen auf der vorderen Veranda und rauchten Zigaretten, als die Nonnen ins Waisenhaus strömten, und beide warfen den Frauen lüsterne Blicke zu, als sie an ihnen vorbeikamen.

»Habt ihr auch für unsere Seele gebetet, Ladies?« kicherte Sanchez.

Leslie führte die Reihe an, und bei Sanchez' Worten wirbelte sie herum. Sie wollte dem gesellschaftlichen Außenseiter gerade ihre

Meinung sagen, als sie Peck und Murdock hinten in der Reihe ausmachte. Die beiden A-Team-Mitglieder nahmen die Köpfe herunter, um einer Entdeckung zu entgehen. Leslie wußte sofort, daß das Peck war. Sie errötete, drehte sich blitzschnell um und betrat das Hauptgebäude. Im Innern des Hauses liefen die Nonnen gleich auseinander, und Leslie blieb mit den beiden verkleideten Gestalten zurück.

»Was machst du hier?« erkundigte sie sich aufgeregt. »Ich habe gesagt, daß du verschwinden sollst, Templeton!«

»Wir müssen miteinander reden, Leslie«, insistierte Peck. »Komm schon, Murdock, du bleibst hier und schiebst Wache.«

Murdock machte einen Hofknicks und griff nach einem Besen. Er fing an, den verdreckten Boden zu kehren, und Peck und Leslie traten in das Zimmer und schlossen die Tür hinter sich. Wie immer summte Murdock vor sich hin, und erst als eine andere Nonne vorbeikam und diskret hüstelte, bemerkte er, daß er »Sympathy for the devil« zum Besten gab. Gekonnt leitete er zu »Stille Nacht« über, denn das war das einzige Lied, das seiner Meinung nach einer religiösen Hymne ähnelte.

Mehrere Minuten verstrichen, und Murdock hatte denselben Abschnitt schon zum fünftenmal gefegt, als er ein Geräusch vernahm. Salvador versuchte, sich auf seinen Krücken vorwärts zu bewegen, von Gibbens unterstützt. Der Atem des Bandenführers ging schwer, jeder Schritt war qualvoll, und Salvadors Frustration wuchs Sekunde um Sekunde. Als er nur wenige Schritte von Murdock entfernt das Gleichgewicht verlor und umfiel, schlug er mit der Krücke um sich und riß Murdock unabsichtlich den Besen aus der Hand, der gegen die nächste Wand geschleudert wurde.

»Ist einfach noch zu früh, Sal, alter Kumpel«, sagte Gibbens und half dem Kubaner beim Aufstehen. »Du solltest den Heilungsverlauf hinnehmen, anstatt die Sache künstlich voranzutreiben.«

»Zum Teufel damit!« fluchte Salvador. »Bring mich wieder in mein Zimmer!«

Schon in dem Moment, als er den Besen verloren hatte, hatte Murdock sich vorsichtig zurückgezogen, und erst als die beiden Männer in der Vorratskammer verschwunden waren, konnte er wieder reagieren. Er rannte die paar Schritte zurück und klopfte an die Tür, hinter der Peck und Leslie verschwunden waren. »Mach mal voran, Faceman!« flüsterte er durch eine Ritze.

Im Zimmer schälte Peck sich aus seiner Verkleidung und flehte seine ehemalige Geliebte an. »Leslie, würdest du mir bitte erklären, was hier vorgeht?«

»Theresa«, korrigierte Leslie und bemühte sich, ruhig zu bleiben. »Ich heiße jetzt Schwester Theresa.«

Peck legte die Nonnentracht ab, riß sich dann die Haube vom Kopf und fuhr sich mit der Hand übers Haar. »In Ordnung... Schwester Theresa«, sagte er. »Würdest du jetzt die Güte haben, mich aufzuklären. Ich bin ein paar tausend Meilen weit gereist, um dich zu sehen, und so meine ich, daß du mir zumindest das schuldig bist, oder nicht? Die Erklärungen, die du mir schon seit vielen Jahren schuldig bist, verlange ich ja nicht mal von dir.«

Leslie kaute nervös auf ihren Knöcheln herum. Es gelang ihr nicht mehr, ihre Gefühle unter Kontrolle zu halten. »Wenn ich gewußt hätte, daß du kommst, hätte ich dir nie geschrieben«, sagte sie und wich Pecks Blick aus. »Ich hatte nur das Gefühl, daß hier alles zu Ende geht... daß ich ein paar Dinge in Ordnung bringen sollte, falls mir etwas zustößt.«

»Ich verstehe«, sagte Face mit einer Spur Bitterkeit. »Das also bedeute ich dir, hm, ich bin irgendein Ding?« Leslie drehte sich zu Peck um. »Du bist die wichtigste Sache in meinem Leben... weil ich mir deinetwegen solche Sorgen gemacht habe... und immer noch mache. Ich wollte einfach nicht, daß du denkst, daß ich für dich nichts mehr empfinde, nachdem ich so von der Schule abgehauen bin. Im Gegenteil, es war ganz anders, ich wollte nicht eingestehen, daß es hinsichtlich meiner Entscheidung Zweifel gab und... verstehst du überhaupt, was ich sagen will?«

Peck trat näher an Leslie heran und schluckte schwer. »Ja, ich verstehe. Aber warum hat das so lange gedauert? Warum hast du mir das nicht schon vor fünfzehn Jahren erzählt? Alles wäre viel leichter gewesen, für uns beide. Weißt du, was du mir angetan hast? Hast du eine Vorstellung von den Narben auf meinem Herzen?«

Leslie mußte mehrmals blinzeln und schloß dann die Lider. Doch die Tränen quollen dennoch durch ihre Wimpern, und schließlich umarmte sie Peck unsicher und schluchzte. »Es tut mir leid, Templeton. Es tut mir ja so leid.«

»Dann sind wir schon zu zweit«, erwiderte Peck und unterdrückte seine eigenen Tränen. Er konnte sich nicht daran erinnern, wann er zum letzten Mal seinen Gefühlen so ausgeliefert gewesen war.

Als der erste Tränenstrom versiegt war, löste sich Leslie aus Pecks Umarmung und schniefte. »Ich wollte es dir schon damals erzählen, aber wenn ich dich noch einmal getroffen hätte, dann hätte ich es nicht geschafft, Nonne zu werden.«

»Wäre es eine so schlechte Wahl gewesen, Mrs. Templeton Peck zu werden?« fragte er neckisch. Aber mit der Frage war es ihm dennoch ernst.

»Es wäre wunderbar gewesen«, gab Leslie zu. »Aber nach einer Weile hätte ich gewußt, daß es eben nur die zweite Wahl gewesen ist, und nicht die erste.«

»Das ist ja nett«, reagierte Peck eingeschnappt. Er drehte Leslie den Rücken zu und ging auf die andere Seite des Zimmers. »Zumindest weiß ich jetzt, wo ich stehe.«

Leslie seufzte wie jemand, der gegen besseres Wissen ein Geheimnis preisgegeben hatte und es nun bereute. »Ich erwarte nicht, daß das irgend jemand versteht«, sagte sie, »aber irgendwie, Temp, nach all den Schmerzen, die ich dir zugefügt habe, und dem Leid, das mir diese Entscheidung eingebracht hat... wenn ich in dieser Kirche bin oder an die Gelübde denke, die ich abgelegt habe, und an die Dinge, die ich als Nonne erreicht habe, dann ergibt alles in dieser verrückten Welt für mich einen Sinn. Es verleiht meinem Leben eine Bedeutung. Kannst du das nicht einfach akzeptieren und dich für mich freuen?«

Peck blieb vor dem Fenster stehen und schaute zum Himmel. Er bemühte sich ehrlich, die Ereignisse der letzten Stunden in eine Art positive Perspektive zu rücken. Nichts war so gekommen, wie er es sich erhofft hatte, einmal abgesehen von der Tatsache, daß Leslie lebte und gesund war. Die ganze Zeit über hatte er insgeheim gehofft, daß seine Suche belohnt würde, daß er wieder mit Leslie zusammensein könnte, daß ihre Romanze wieder aufblühen würde. Diese Hoffnungen waren nun zerstört, und er wurde darum gebeten, daß er sich für die Frau freuen sollte, die gerade sein Herz zum zweitenmal gebrochen hatte. Doch dann endlich drehte er sich um und nickte Leslie zu. »Ich verstehe«, murmelte er. »Und ich wünsche dir alles Gute.«

Aber bevor Leslie ihrer Dankbarkeit Ausdruck verleihen konnte, stürmte Murdock überraschend ins Zimmer. Dabei stolperte er beinah über den Saum seines Gewandes. »Es paßt mir nicht, daß ich hier so reinplatzen muß, Jungs und Mädels, aber draußen regt sich was. Die Kerle mit den Waffen sagen was von Durchzählen«, unterbrach er die beiden.

»Zweimal pro Tag zählen sie die Kinder und die Nonnen durch, um sicherzugehen, daß niemand geflohen ist«, erklärte Leslie. »Sie haben damit begonnen, nachdem ich eines der Kinder durch einen alten Tunnel im Weinkeller nach draußen geschleust habe. Dem Jungen habe ich es zu verdanken, daß dich mein Päckchen erreicht hat, Templeton.«

»Danke, Junge, wo immer du bist«, seufzte Peck.

»Entschuldigung, Madame«, warf Murdock ein, »aber könnten Sie mir sagen, wer diese Typen sind? Scheinen ja nicht gerade Männer des Glaubens zu sein.«

»Das ist eine Horde Schakale, die eines Tages aus den Bergen gekommen und nie wieder gegangen ist«, erläuterte Leslie. »Man sucht sie wegen verschiedener Verbrechen, und ihr Anführer ist in einem Schußwechsel schwer verletzt worden. Wir haben die Kugel entfernt, aber er hat eine böse Infektion. Bis er sich wieder erholt hat, verstecken sie sich hier vor den *Federales*.«

»Haben sie sich hier ausgetobt?« stammelte Peck. »Ich meine, den Kindern was angetan... dir?«

»Weniger uns als den Möbeln. Sie reagieren ihre Wut ab, indem sie Dinge zertrümmern. Doch die Kinder verängstigt das natürlich. Fast jede Nacht betrinken sich diese Männer und verwüsten dann ein anderes Zimmer.«

Allein der Gedanke an die Angst ließ Leslie erschaudern. »Aber jetzt ist ihnen der Alkohol ausgegangen, und sie werden rastlos. Wir Schwestern haben den ganzen Tag in der Kirche gebetet, daß etwas geschieht, bevor sie zu drastischeren Maßnahmen greifen.«

»Nun, deshalb sind wir ja hier«, verkündete Murdock. Er nahm eine Heldenpose ein, die aber aufgrund seiner Klamotten lächerlich wirkte.

Peck legte seine emotionale Verwirrung für einen Moment ab. Wie konnte man mit diesen Männern fertig werden? Als ihm dann eine Möglichkeit eingefallen war, erklärte er seinem Partner den Plan. »Murdock, du mußt zu den anderen zurück und ihnen berichten, was hier vorgeht. Ich werde bleiben, damit wenigstens einer von uns auf alles ein Auge haben kann.«

»Die anderen?« fragte Leslie. »Du hast das ganze A-Team hergebracht?«

Verwundert schauten Murdock und Peck Leslie an. »Woher weißt du Bescheid?« fragte Peck.

Leslie errötete. »Ich habe alles verfolgt, was in deinem Leben passiert ist... und ich habe jeden Abend für dich gebetet.«

»Bei manchen von den Dingern, die wir abgezogen haben«, sagte Murdock, »mußte jemand für uns gebetet haben, das wußte ich immer.«

Kapitel sechsundzwanzig

Die Felder hinter den Hauptgebäuden der Mission waren von eifrigen Gemeindemitgliedern in fruchtbare Weingärten verwandelt worden, die die besten Weintrauben in der gesamten Region abwarfen. Die Weinproduktion war ein profitabler Nebenerwerb für die Missionare, die mit dem überschüssigen Geld den Bau einer größeren Kirche und angrenzender Schulräume finanzierten. Die Mission prosperierte, und der Bischof zog für eine Zeitlang nach Santa Maria und erklärte die Mission zum neuen Mittelpunkt seiner Diözese. Aber dann, im Verlauf nur weniger Jahre, ließ das Glück der Mission drastisch nach. Zuerst wurden die Weingärten der Mission durch eine gravierende Braunfäule vernichtet und setzten dem Einkommen der Missionare ein Ende. Dann zog der Bischof wieder nach Cayambe zurück, und viele Gemeindemitglieder kehrten Santa Maria den Rücken und besuchten nun die wesentlich günstiger gelegene Kirche im nahen Catonya, wo die meisten von ihnen auf den Bananen- und Kaffeeplantagen arbeiteten, die das kleine Dörfchen umgaben. Die Bedeutung von Santa Maria schwand zusehends, und ab einem gewissen Zeitpunkt ließen die Leute die Mission links liegen, und das für gute zwanzig Jahre. Erst vor kurzem wurden die Gebäude als Waisenhaus eingerichtet, und das hauchte der verlassenen Kirche neues Leben ein. Mittlerweile hatten wilde Gräser fast alle Spuren der ehemaligen Weingärten ausgelöscht, und nur noch der Weinkeller erinnerte an die glorreichen Tage, die die Mission erlebt hatte. In den Kellern befanden sich riesige Fässer und endlose Weinregale. Doch die Fässer waren inzwischen leer, und in den Flaschen auf den Regalen sammelten sich die Staubflocken. Gibbens, der die ersten Anzeichen des Delirium Tremens spürte, weigerte sich zu glauben, daß der Keller nicht noch einen gut versteckten, unangezapften Weinvorrat barg, der in den vergangenen Jahrzehnten nicht angetastet worden war. Er selbst inspizierte jede einzelne der knapp zweihundert Flaschen in den Weinregalen, ohne auf einen Tropfen Alkohol zu stoßen. Dann machte er sich mit einem Schraubenzieher über eines der Fässer her, wild entschlossen, den Deckel aufzustemmen, falls das notwendig sein sollte, um etwas zu finden, das seinen Durst stillte.

»Was für ein lausiger Weinkeller ist das hier?« heulte er geknickt auf, als der Deckel herunterfiel und er sah, daß das Innere des Fasses ebenso trocken wie die äußeren Latten war. »Nirgendwo auch nur ein Tropfen von dem beschissenen Wein!«

Gibbens war ein Mann, der sich viele Sünden gönnte, und als ihm schwante, daß es ihm verwehrt war, sich ordentlich zu besaufen, spielte er im Geiste schon mit seinen anderen Verlangen. Als er Schritte hörte und die schwachen Umrisse zweier Nonnen sah, die in den Keller stiegen, fuhr er sich erwartungsvoll mit der Zunge über die Lippen und rieb sich die Hände.

»Na, ist das nicht nett?« Kichernd erwartete er die beiden Nonnen an der untersten Treppenstufe. Die beiden Gestalten waren überrascht, als sie sahen, daß der Verbrecher vor ihnen stand. »Seid ihr beiden hübschen Damen extra hier runtergekommen, um dem alten Gibbens Gesellschaft zu leisten?«

Leslie trat beiseite, deutete auf die Treppe und warf Gibbens einen bitterbösen Blick zu. »Sie haben hier unten nichts zu suchen! Wir haben Ihnen schon gesagt, daß es keinen Wein mehr gibt. Würden Sie jetzt die Freundlichkeit haben, von hier zu verschwinden, damit wir uns um unsere Angelegenheiten kümmern können?« sagte sie bestimmt.

»Und um welche Angelegenheiten könnte es sich wohl handeln?« antwortete Gibbens kokett und stolzierte auf Leslie zu. »Ah, du bist die, die ich schon die ganze Zeit über im Auge habe. Ich denke, es ist an der Zeit, daß du ein paar Dinge lernst, die dir nur ein Mann zeigen kann.«

Der anderen Nonne hatte Gibbens nicht gerade viel Beachtung

geschenkt, und als er die Hand nach Leslie ausstreckte, wurde er plötzlich durch ein Schulterklopfen unterbrochen.

»Wie steht's mit mir, Matrose?« flötete Murdock in einem schrillen Falsett. Endlich blickte Gibbens in seine Richtung. Der Australier erwartete nicht gerade viel Widerstand von einer Nonne, und so traf ihn Murdocks plötzlicher rechter Haken ganz unvorbereitet. Die Faust des Teammitglieds schoß aus dem Ärmel der Tracht wie eine Kugel aus einer Kanone, und Gibbens taumelte zurück, seine Arme wirbelten ziellos durch die Luft. Er war schon bewußtlos, bevor er umkippte und in einem Dreckhaufen auf dem Boden landete. Murdock machte einen Satz, um nachzuschauen, ob Gibbens wirklich hinüber war, bekreuzigte sich dann schnell und sagte: »Gehen Sie nicht über Los, und ziehen Sie keine zweihundert Dollar ein.«

»Wovon reden Sie?« fragte Leslie Murdock.

»Ich weiß, daß das nicht das Vaterunser ist«, entschuldigte sich Murdock, »aber was anderes ist mir nicht eingefallen.«

Trotz der schwierigen Situation, in der sie steckten, konnte Leslie nicht an sich halten, sie lächelte ihrem Verbündeten zu. »Sie sind der, den man Howling Mad nennt, nicht wahr?«

»Wie kommen Sie denn darauf?« fragte Murdock unschuldig.

»Einfach nur geraten.« Leslie lief zu einem großen Faß, das genau neben dem stand, über das Gibbens hergefallen war. Sie drehte den Zapfhahn in eine bestimmte Richtung, kroch dann unter das Gestell, auf dem das Faß stand, und betätigte einen kleinen Hebel. Der Deckel des Fasses, der an einem Paar unsichtbaren Scharnieren befestigt war, flog wie eine Tür auf. Murdock warf einen Blick über Leslies Schulter und sah, daß das Faß der Eingang zu einem großen Tunnel war, der vom Keller wegführte.

»Wie praktisch«, bemerkte Murdock.

»Man hat uns erzählt, daß der Tunnel vor vielen Jahren gegraben wurde, als Menschen verfolgt wurden und die Missionare den Hafengefangenen halfen. Der hier bringt einen zu einem Wäldchen vor der Mission. Selbst wenn sie eine Patrouille an der Hofmauer haben, können die Sie nicht sehen, wenn Sie rausgehen.«

Murdock raffte seine Tracht und kletterte in die Öffnung. »Sind Sie ganz sicher, daß Sie nicht mit mir kommen wollen?« fragte er. »Sie könnten in wenigen Minuten frei sein.«

»Nein«, erwiderte Leslie bestimmt. »Die kennen mein Gesicht nur zu gut. Wenn die beim Durchzählen feststellen, daß ich fehle, lassen sie es an den anderen aus. Und das kann ich nicht dulden. Gehen Sie mit Gott.«

»Heh, ich reise immer Erster Klasse.« Murdock winkte Leslie zu und verschwand im Tunnel, der relativ hoch war. Er mußte sich nur leicht bücken, um sich nicht den Kopf an der erdigen Decke anzuschlagen. Sobald Leslie den Deckel des Fasses schloß, wurde es im Tunnel stockfinster, aber nachdem sich Murdock um die erste Kurve getastet hatte, tauchten Luftschächte in der Decke auf, durch die auch Licht in den Durchgang drang. Der Boden war nach dem Regen schlammig, und die Luft roch nach Schimmel und Verwesung, denn der Oxygengehalt war extrem niedrig. Murdock atmete nun wesentlich langsamer und legte dafür beim Gehen einen Gang zu. Dem Schlamm, der sein Kostüm nach und nach verunstaltete, schenkte er kaum Beachtung.

An einer bestimmten Stelle war der Tunnel eingestürzt, und Murdock hatte große Mühe, sich durch eine kleine Öffnung zu zwängen. Mittlerweile brannten seine Lungen, und wegen des Oxygenmangels wurde ihm schwindlig. Er versuchte, seine Panik zu unterdrücken, schleppte sich weiter und erreichte schließlich eine Reihe Holzstufen, die in einen lehmigen Abhang gebaut worden waren. Dort oben wartete die Freiheit. Mit seinem ganzen Gewicht preßte er sich gegen die Eichentür, die leicht quietschend nachgab. Der Tunnel endete in dem Wäldchen, in dem das A-Team in Deckung gegangen war, als die *Federales* bei der Mission aufgetaucht waren.

»Halleluja!« jubelte Murdock und atmete die frische Luft ein.

Er streckte seine malträtierten Gliedmaßen. Doch seine Freude sollte nicht lange anhalten: direkt hinter ihm wurden ein paar Zweige bewegt. Der Rosenkranz war das einzige Hilfsmittel, das Murdock als mögliche Waffe einsetzen konnte, und er umklammerte die Perlenschnur, als handle es sich dabei um eine Peitsche. Dann wollte er wissen, wer sich an ihn herangeschlichen hatte, und er wirbelte herum. Seine Gesichtszüge entspannten sich sofort, und keuchend rief er: »Bruder B. A.!«

»Ich bin nicht dein Bruder, Trottel!« schimpfte B. A.

Aber die Freude hatte Murdock überwältigt, und er sprang in die Luft und landete in B. A.s Armen. B. A. paßte das überhaupt nicht, und er plazierte Murdock unfein auf dem Boden, gerade in dem Moment, als Hannibal und Amy erschienen.

»Murdock, wo ist Face?« fragte Hannibal.

Murdock erhob sich, zupfte seine Tracht zurecht und warf B. A. einen pikierten Blick zu. Erst dann setzte er zu einer Erklärung an. »Er wollte drinnen bleiben, als Schutz. In der Mission sind sechs Verbrecher, die die Schwestern als Geiseln halten, bis ihr Anführer wieder gesund ist.«

»Sieht aus, als hätten wir recht gehabt«, brummte Hannibal. »Heißt der Anführer Salvador?«

Murdock nickte.

»Geht es Leslie gut?« erkundigte sich Amy.

»Sie hält schon durch, aber den Typen ist der Sprit ausgegangen, und das macht sie noch gemeiner, als sie's sowieso schon sind«, erklärte Murdock. »Ich mußte einen zum Träumen bringen, bevor ich abgehauen bin. Ich sage dir, Colonel, wir müssen ziemlich schnell was unternehmen, sonst läuft da 'ne ziemlich fiese Nummer ab. Außer den Nonnen werden noch ungefähr zwanzig Kinder festgehalten. Ein paar heißblütige Temperamente haben 'ne ganz schöne Menge Leute, an denen sie Dampf ablassen können.«

»Warum gehen wir nicht einfach so rein, wie du rausgekommen bist?« wollte Amy wissen.

»Zu riskant. Der Platz reicht kaum für einen, und wir würden auch ohne Deckung reinkommen«, meinte Murdock. »Der Tunnel führt in einen Weinkeller, und ich habe so das Gefühl, daß die meiste Zeit jemand da ist und nach Sprit sucht. Wir brauchen einen besseren Plan.«

»Ich werde mich aber nicht als Nonne verkleiden!« erklärte B. A. hartnäckig.

Hannibal betrachtete den Umriß der Kirche durch die Bäume. »Nun, eigentlich ist es ein ganz simples Manöver«, sagte er. »Wir müssen ja nur in die Mission gelangen, ohne daß einer von ihnen es erfährt, und dann braten wir ihnen eins über. In der Geschichte muß es Dutzende ähnlicher Manöver gegeben haben, richtig?«

»Nenn eins«, forderte B. A. ihn heraus.

Murdock und Amy starrten Hannibal an, als sei er ein Teilnehmer bei einer Spielshow. Sie erwarteten die Antwort auf die große Bonusfrage des heutigen Tages.

»Das Trojanische Pferd«, lautete Hannibals Antwort.

Kopfschüttelnd wandte sich Amy Murdock zu und sagte dann zu Hannibal: »Ich denke, du solltest dir was anderes einfallen lassen.«

Aber Hannibal malte sich schon den Plan aus. »Es wird klappen«, sagte er siegessicher. »Es ist nur schwierig, das richtige Pferd zu kriegen.«

Kapitel siebenundzwanzig

Das A-Team machte sich auf den Weg zu der baufälligen Tankstelle, wo sie – noch am Anfang ihrer Erkundigungen – getankt und sich nach dem Weg erkundigt hatten. Der Tankwart kümmerte sich wieder um seine Hühner, doch diesmal krabbelte er im Innern eines alten Ramblers herum und suchte Eier. Umgeben von gluckenden Hennen hörte er das Tuckern des Bel-Air nicht, und als Murdock ihn plötzlich durch die Windschutzscheibe des Ramblers beobachtete, schrie der Ecuadorianer vor Schreck auf und ließ seinen Eierkorb fallen.

»Heh, heh, ich bin es nur, guter Mann!« sagte Murdock und verfiel dann wieder in sein Touristenkauderwelsch. »Biiitte mich entschuldigen, seeeeeñor, *por favor*.«

Als der Tankwart Murdock wieder einordnen konnte, verflog seine Furcht, und er lächelte erleichtert, als er aus dem Wagen kroch. Amy, die Murdock gefolgt war, flüsterte: »Da bin ich aber froh, daß er dich nicht für das Gelbe vom Ei hält.«

»Amy, du überraschst mich« – Murdock rümpfte die Nase – »sich so über das Mißgeschick eines Mannes lustig zu machen!«

»Was ist los mit dir, Murdock, habe ich dir die Schau gestohlen?« erwiderte Amy. »Ich glaube, du bist nur eifersüchtig.«

Der Tankwart war immer noch ein bißchen nervös. Er sagte zu Murdock und Amy: »Banditos in Cayambe.« Er zeigte dann auf Salvadors Steckbrief, den er an der Außenwand seines Büros befestigt hatte.

»Dachten Sie, wir seien die bösen Buben?« fragte Murdock.

Der Tankwart nickte und schaute an Murdock vorbei. Dort stand der Bel-Air, in dem die anderen Teammitglieder warteten. »Der Cheveeeee, macht keiner Probleme, nix?«

»Nein, keine Probleme«, bestätigte Murdock. »Wir nur möchten etwas Gröööößeres.«

Amy ließ ihren Blick über die Wracks schweifen und deutete dann auf einen altersschwachen Lieferwagen. »Wie wär's damit?«

Der Tankwart fuhr sich übers Kinn, während sein Blick vom Chevy zum Lieferwagen und wieder zum Chevy zurückwanderte. *»Este por esta?«*

»*Si*«, nickte Murdock. »Wir wollen kein Geld, nur ein Tausch.«

Der Einheimische beschäftigte sich noch eine Weile mit seinem Kinn, zuckte dann mit den Schultern und nickte.

»*Ah, muchas gracias, muchacho*«, rief Murdock überschwenglich und klopfte dem Mann auf die Schulter. Dann winkte er die anderen herbei. B. A. öffnete zuerst den Kofferraum des Chevy und holte mehrere große Leinentaschen heraus, in denen die wenigen, ausgesuchten Gegenstände untergebracht waren, die das Team aus dem Jet geholt hatte, bevor sie ihn vor Cayambe stehengelassen hatten. Hannibal stöhnte unter dem Gewicht seiner Last, die er zu dem Lieferwagen schleppen mußte.

Amy wartete, bis der Tankwart in seinem Büro verschwunden war, wo er seine Hose säubern wollte, und sagte dann: »Er hat diesen Lieferwagen gegen den heruntergekommenen Chevy eingetauscht. Ich kann's nicht fassen.«

»Nun, der hier sieht ja auch nicht gerade so aus, als sei er eben erst vom Band gerollt«, lautete Hannibals Kommentar.

B. A. stellte sein Gepäck ab und rutschte auf den Fahrersitz des Lieferwagens. Er drehte den Zündschlüssel, doch unter der Motorhaube klickte es nur leise. Er warf Murdock einen bösen Blick zu und motzte: »Der Chevy ist wenigstens angesprungen, Mann!«

»Ich glaube, er hat irgendwas von wegen kleiner Reparatur gesagt«, entgegnete Murdock lahm.

»B. A., warum wirfst du nicht mal einen kurzen Blick unter die Motorhaube, während ich losgehe und mich mit dem Tankwart unterhalte«, schlug Hannibal vor. »Wir brauchen sowieso ein paar von den Sachen, die hier herumliegen. Murdock, bevor wir den Chevy abgeben, könntest du ja versuchen, einen Schnapsladen aufzutreiben und ein paar Kisten Tequila oder sonst einen billigen Fusel, den es gibt, kaufen. Setz es auf Pecks Rechnung. Wenn du über einen Stapel leerer Kisten stolpern solltest, könntest du sie auch noch mitbringen. Wir werden dieses Trojanische Pferd schon noch zusammenbauen.«

In einer der Leinentaschen war Werkzeug verstaut, und B. A. ging sofort an die Arbeit. Er öffnete die Motorhaube und stellte die Schäden, die unbedingt repariert werden mußten, fest. Währenddessen machte Amy die hinteren Türen auf und fing an, den Müll, der dort herumlag, herauszufischen. »Verglichen mit dem hier, müssen die Arbeiten an dem Brotlieferwagen in L. A. im nachhinein wie ein Kinderspiel wirken«, sagte sie zu B. A.

»Erinnere mich nicht daran«, grunzte Baracus und kratzte die Korrosion von den Batteriepolen ab. »Den Lieferwagen mußte ich ja nur ausstatten. Aber diesen hier muß ich neu zusammensetzen. Ich spreche von umfassenden Maßnahmen!«

Kurz darauf kehrte Hannibal von dem Büro zurück und erzählte B. A.: »Wir können auf dem Schrottplatz schalten und walten, wie's uns gefällt. Alles, was wir brauchen, gehört uns. Wie steht es hier?«

»Die Batterie ist im Arsch. Der Anlasser und die Lichtmaschine ebenfalls«, sagte B. A. »Und ich weiß nicht, wie schlimm der Motor aussieht, bis wir ihn herausgeholt haben!«

»Dort hinten habe ich noch einen Lieferwagen gesehen, der dem hier ähnelt, vielleicht ein paar Jahre älter«, sagte Hannibal. »Wir müßten doch in der Lage sein, aus den beiden ein Gefährt zu machen, das bis zur Mission kommt, ohne daß es den Geist aufgibt. Und mehr brauchen wir ja nicht.«

B. A. machte sich daran, die notwendigen Teile aus dem anderen Lieferwagen zu bergen, während Hannibal Amy beim Aufräumen des Wagens half, der benutzt werden sollte. Amy sagte: »Ich bin mir nicht sicher, ob das hinhaut, Hannibal. Es ist doch ganz offensichtlich, daß dieser Lieferwagen schon seit Jahren rumsteht. Schau dir mal den Rost und den abblätternden Lack an! Ist schnurzegal, wie dunkel es ist, wenn wir dort auftauchen, es wird schwierig, irgend jemanden mit diesem Ding zum Narren zu halten.«

»Klingt meiner Meinung nach so, als stiegen wir ins Lackierergeschäft ein, Amy«, erwiderte Hannibal gelassen. »Ich könnte schwören, daß hier irgendwo ein Eimer und eine Bürste herumliegen. Wir brauchen nichts Ausgefallenes, kapiert?«

In der nächsten Stunde erfuhr der Lieferwagen eine drastische Verwandlung. B. A. brachte den Motor in Gang, Amy übermalte die rostigen Stellen mit einer weißgrauen Farbe – wenn man es richtig betrachtete, eigentlich den ganzen Wagen –, und Murdock lief mit fünf Kisten Tequila und einer Menge leerer Kisten ein, die den Eindruck entstehen lassen konnten, daß der ganze Lieferwagen voller Sprit war. Hannibal schraubte behutsam ein paar Paneele von anderen Fahrzeugen ab, und B. A. schweißte sie innen an den Rahmen des Lieferwagens. Eine zweite Wand entstand, hinter der sich vier Leute bequem verstecken konnten. Eine weitere Stunde verging mit kosmetischen Veränderungen, und als die Sonne langsam hinter den Bergen verschwand, war der Lieferwagen beladen und fahrbereit.

»Na, jetzt muß ich nur noch meinen Make-up-Koffer und einen Spiegel zu Rate ziehen«, verkündete Hannibal. »Und dann geht's nach Troja!«

Kapitel achtundzwanzig

Der Besuch der *Federales* an diesem Morgen hatte die Unruhe der Abtrünnigen, die sich im Waisenhaus versteckt hielten, noch gesteigert. Besonders Salvador war mißtrauisch, und bevor er nach dem Abendessen in sein Zimmer zurückkehrte, hinterließ er seinen Männern die Order, daß sie die ganze Nacht den Hof und das vordere Tor bewachen sollten. Keiner der Typen war bereit, sich freiwillig für diese Aufgabe zu melden, und so beschlossen sie, schnell ein paar Runden Poker zu spielen. Es war klar, daß der, der bis zum Sonnenuntergang die höchste Summe verspielt hatte, auch noch die Nachtwache abhalten durfte. Swain, der Amerikaner, hatte das Pokerspiel vorgeschlagen, er ging davon aus, daß seine Spielerfahrung ihm sowohl einen netten Profit einbrachte als auch die Möglichkeit, ums Wacheschieben zu kommen. Doch das Glück war ihm nicht hold, und heute war die erste Nacht, in der Swain bis zum Morgengrauen in den Hof hinausgeschickt wurde.

Da es keinen Alkohol gab, der die Abende versüßte, befolgten die anderen Salvadors Ratschlag und gingen früher als sonst zu Bett, nachdem sie der Mutter Oberin versichert hatten, daß sie alle einen leichten Schlaf hatten und jeder Fluchtversuch von seiten der Nonnen oder der Kinder sie aufwecken würde. Swain, der davon ausging, daß niemand kontrollierte, ob er seiner Pflicht nachkam, drehte ein paar Runden im Hof, bevor er in eine Nische neben dem Haupttor kroch und sich auf einer Bank ausstreckte. Das automatische Gewehr quer über den Schoß gelegt, zog er den Kopf ein, fiel leicht vornüber und machte es sich so bequem wie nur irgend möglich. Innerhalb weniger Minuten schlief er tief und fest. Doch bevor er richtig ins Land der Träume abdriften konnte, zog jemand vor dem Haupttor an der Glockenschnur, und die große Messingglocke über Swains Kopf läutete. Swain kam wie ein k. o.-gegangener Boxer, dem man gerade das Riechsalz unter die Nase gehalten hatte, wieder auf die Beine. Auf dem Weg ins Waisenhaus lief er der Mutter Oberin über den Weg, die das Läuten gehört hatte und zum Tor ging.

»Schnell zu Fuß, Lady«, sagte Swain, als er die Nonne begleitete. Das Gewehr lag in seiner Hand. »Ich muß dir ja nicht erzählen, was du zu tun hast, oder?«

Kopfschüttelnd erreichte die Mutter Oberin das Tor und schob den Bolzen hoch. Swain blieb hinter ihr, konnte aber nicht gesehen werden, als sie langsam das Tor öffnete und hinausspähte. Ein Mann mittleren Alters, mit dunklem, strähnigem Haar und einem zerknautschten Hut, stand vor ihr. Als er sah, daß er einer Nonne gegenüberstand, nahm er seinen Hut ab und spielte mit ihm herum.

»'tschuldigung, Schwester«, murmelte er gelassen, »ich möchte Sie ja nicht gern belästigen … ich weiß, es ist spät … aber mein Lieferwagen... er ist nur ein paar Schritte von hier liegengeblieben.« Der Mann deutete über seine Schulter auf einen Wagen, der ungefähr zwölf Meter weiter hinten auf dem Seitenstreifen stand.

Der Mutter Oberin kamen die Stimme des Mannes und seine Erscheinung irgendwie bekannt vor, aber sie brachte ihn mit keinem der beiden Männer in Verbindung, mit denen sie an diesem Morgen über Leslie Becktall gesprochen hatte. Kopfschüttelnd entschuldigte sie sich. »Es tut mir leid, aber wir können Ihnen nicht helfen.«

Hannibal spürte, daß der falsche Bart sich von seiner Oberlippe löste, und er drückte ihn schnell wieder an, bevor er nach vorn trat und verhinderte, daß die Nonne ihm das Tor vor der Nase zuschlug. Er flehte sie etwas lauter an: »Aber Schwester, ich muß den Whisky liefern. Wenn ich den Whisky nicht liefere, wird mein Boss...«

Die Unterhaltung wurde plötzlich unterbrochen, denn Swain zerrte die Nonne von dem Torspalt weg und nahm ihren Platz ein. Er betrachtete Hannibal. »Wo, hast du gesagt, ist der Lieferwagen mit dem Whisky?«

»Dort drüben, *Señor*«, antwortete Hannibal und zeigte in die Richtung. »Wenn ich nur jemanden kriegen könnte...«

»Mach dir keine Sorgen, Kumpel«, beruhigte Swain ihn. »Du bist am richtigen Ort. Wir Missionarstypen sind unseren Mitmenschen gern behilflich... nicht wahr, Schwester?«

Die Mutter Oberin nickte leicht, aber ihr Gesichtsausdruck widerlegte ihre Geste deutlich. Sie drehte Hannibal den Rücken zu und ging zum Waisenhaus zurück.

»Gelobt sei der Herr«, sagte Hannibal und lächelte Swain dankbar zu.

»Ist mir eine Freude, Kumpel, das versichere ich dir.« Swain machte kehrt, legte die Hände trichterförmig über den Mund und brüllte: »Gibbens, mach, daß du deinen Australierarsch hier rausschaffst, und zwar schnell!«

Während sie auf den Australier warteten, hustete Hannibal in seine Faust und sagte dann: »Ich glaube, es liegt am Starter. Wenn Sie vielleicht eine Taschenlampe hätten, dann könnte ich...«

»Nur keine Sorge, Freundchen, wir werden uns um dich kümmern. Du sagst, du hast Whisky geladen? Wieviel?«

»Tja, eigentlich ist es mehr Tequila. Ein paar Kisten.«

Gibbens stolperte endlich in den Hof und rieb sich dabei das Genick. »Was, verdammt noch mal, willst du?« fragte er Swain. »Du hast dir den Job beim Spiel eingehandelt, das war fair, also...«

»Halt endlich die Klappe und hör zu«, schnitt Swain ihm das Wort ab. Er konnte seine Aufregung kaum verbergen. Er deutete auf Hannibal. »Hier ist ein Mann, dessen Lieferwagen direkt vor dieser Mauer liegengeblieben ist. Er hat Schnaps geladen. Er fragt, ob wir ihm vielleicht helfen könnten.«

Gibbens spähte über Hannibals Schulter auf den Wagen, und sein Gesicht strahlte, als er leise zu kichern anfing. Swain stimmte in das Gelächter ein. Hannibal tat so, als könnte er den Grund für ihre Heiterkeit nicht herausfinden und lächelte ihnen verwirrt zu. Gibbens rannte ins Waisenhaus und kehrte kurz darauf mit Marcos, Sanchez und Bantu zurück.

»Wir werden dir schon helfen«, versprach Gibbens Hannibal, als er das Haupttor ganz öffnete. »Du bleibst, wo du bist, und überläßt uns die Angelegenheit. Wir sind barmherzige Samariter, ja, das sind wir, richtig, Jungs?«

»Recht hast du!« johlte Swain, lief zu dem Lieferwagen und kletterte ins Führerhäuschen. Die anderen stemmten sich mit voller Kraft gegen das hintere Ende und schoben das Fahrzeug langsam in den Hof. Sie jubelten sich lautstark zu. Das Hin und Her weckte die Nonnen, und ein paar von ihnen liefen nach draußen, um nachzusehen, was los war. Leslie und Face waren auch unter ihnen. Face trug wieder seine Tracht.

»Was geht da vor, Templeton?« fragte Leslie.

Peck musterte Hannibal – er erkannte seinen Partner trotz Maskerade sofort. »Ich bin mir nicht sicher«, sagte Peck zu Leslie, »aber ich habe so das Gefühl, als ob es sich um einen Teil eines meisterlichen Plans handelt.«

Kaum daß der Lieferwagen in der Mitte des Hofes stand, schlossen Marcos und Bantu das Tor, und Gibbens riß die Hecktüren auf. Seine Augen strahlten wie die eines Kindes an Heiligabend, als er die übereinandergestapelten Kisten sah. Er riß den Deckel der nächstbesten Kiste auf und zog eine Flasche Tequila heraus.

»Bingo!« rief er aufgeregt. »Leute, es ist Party-Zeit!«

»W-w-warten Sie!« stammelte Hannibal schüchtern und schlurfte zum Lieferwagen. »Was machen Sie mit meinem Schnaps?«

»Wir machen deine Ladung ein wenig leichter, mein Freund«, klärte Swain Hannibal auf. »Ich könnte wetten, daß die alte Karre viel besser läuft, wenn die Ladung sie nicht mehr so runterdrückt.«

»Aber...« Hilflos schaute Hannibal zu, wie die Männer sich in einer Reihe aufstellten und alle Kisten aus dem Lieferwagen holten, inklusive derer, die mit Autoteilen gefüllt und fest verschlossen worden waren, damit der Eindruck entstand, daß auch in ihnen Schnaps war. Kurz nachdem der Lieferwagen entladen worden war, gingen mehrere Flaschen herum. Swain warf die Hecktüren zu und klopfte Hannibal kräftig auf den Rücken.

»Heh, das Zeug gehört doch nicht dir, Kumpel, stimmt's?« sagte er. »Du hättest es nicht verhindern können, wenn man dich mit vorgehaltener Waffe ein paar Meilen nördlich überfallen hätte, oder? Richtig? Kannst du mir folgen, Freundchen?«

Während Hannibal das Spielchen mitspielte, schoben Murdock und B. A. im Innern des Lieferwagens die falsche Wand vorsichtig beiseite, hinter der sie und Amy sich versteckt hatten. Murdock zündete ein Steichholz an, damit sie sich sehen konnten.

»Das Trojanische Pferd ist ein Erfolg«, flüsterte Murdock.

»Ja«, murmelte B. A. »Jetzt müssen wir nur noch im Dunkeln herumsitzen, bis sie alle betrunken sind!«

»Nach dem Geräuschpegel dürfte das meiner Meinung nach nicht allzulange dauern«, meinte Amy zuversichtlich.

Die Verbrecher waren fürs erste mit dem Tequila in der Kiste zufrieden, die sie aufgerissen hatten. Jeder der Männer hatte inzwischen eine eigene Flasche, und es bestand keinerlei Grund, die anderen Kisten zu inspizieren. Nachdem Gibbens einen großen Schluck aus seiner Flasche genommen hatte, schlenderte er zur Eingangstür, in der Leslie mit Schwester Peck stand. Der Alkohol feuerte schon die grundlegenderen Instinkte des Australiers an, und er schielte Leslie geringschätzig an. »Für den kleinen Haken, den du mir vor ein paar Stunden verpaßt hast, bin ich dir noch was schuldig«, sagte er. »Was hältst du davon, wenn wir uns ein Zimmer suchen und darüber diskutieren, hm?«

Bevor Gibbens sich Leslie greifen konnte, tauchte Hannibal hinter ihnen auf, legte seine Hand auf die Schulter des Australiers und beklagte sich: »Hören Sie, ich finde das nicht richtig, was Sie mit meinem Whisky machen.«

»Das ist kein Whisky, das ist Tequila, du Idiot!« schimpfte Gibbens, wirbelte herum und packte Hannibal bei der Gurgel. Hannibal wehrte sich nicht sonderlich, da ein Gauner von hinten kam, ihm Alkohol in die Kehle schüttete und brüllte: »Da, kannst du den Unterschied schmecken?«

Während Hannibal sich hin und her drehte, um Gibbens abzuschütteln, scheuchte Peck Leslie ins Waisenhaus. Hannibal fiel auf die Knie und stemmte die Hände in die Seiten, als ginge es ihm dreckig. »Ohhhhhh«, stöhnte er.

»Na«, höhnte Gibbens, »da geht es einem doch gleich besser, oder? Beruhige dich, vergnüge dich, ja? Die Nacht ist noch jung.«

Kapitel neunundzwanzig

Die Nacht mag jung begonnen haben, aber sie altert unverhältnismäßig schnell. Überglücklich über das unerwartete Eintreffen von solchen Mengen Tequila, feierten die Halunken, entfachten mitten im Hof ein großes Lagerfeuer und saßen im Kreis drum herum. Sie sangen derbe Lieder und tauschten endlose Geschichten über ihre unterschiedlichen Mißgeschicke aus, die ihnen früher widerfahren waren, bevor sie sich unter Salvadors Führung zusammengetan hatten. Wann immer das Feuer auszugehen drohte, stapften ein paar Männer nach drinnen, schnappten sich Teile des demolierten Mobiliars und warfen sie dann in die züngelnden Flammen. Lange Trinkgelage waren den Männern nicht fremd, und deshalb hatte ihre konsequente Tequilavernichtung nicht den Effekt, den Hannibal sich erhofft hatte. Die Stunden verstrichen, aber keiner der Verbrecher zeigte irgendwelche Anzeichen, daß er bald die Besinnung verlor. Ganz im Gegenteil, der Alkohol belebte die Männer offenbar und riß sie aus der trüben Stimmung, die sie den ganzen Tag verfolgt hatte.

Hannibal saß abseits in der Dunkelheit, grübelte und tat so, als mache er eine Flasche Tequila nieder. Dabei war er selbstverständlich vollkommen nüchtern und versuchte, ruhig zu bleiben. Er wartete auf die beste Gelegenheit, die Operation Trojanisches Pferd in Gang zu setzen. Kurz nach Mitternacht schlich sich Peck aus dem Waisenhaus und gesellte sich zu Hannibal.

»Ich würde sagen, wir legen jetzt los, Hannibal!«

»Kommt nicht in Frage«, murmelte Hannibal. »Sieh sie dir doch an. Sie tragen Waffen, und auch wenn sie betrunken sein sollten, können sie immer noch 'ne Menge Probleme verursachen, bevor ich die anderen aus dem Lieferwagen geholt habe.«

»Wir könnten im Waisenhaus ein bißchen Unruhe stiften«, schlug Peck vor.

Hannibal schüttelte erneut den Kopf. »Ich möchte sie lieber von den Frauen und Kindern fernhalten, wenn sie abgefüllt sind. Wer weiß, wozu die imstande sind, wenn sie das Gefühl haben, daß man sie provoziert. Nein, Face, wir müssen abwarten und an meinem Plan festhalten. Ich glaube, du solltest im Haus bleiben und aufpassen, daß sich niemand rührt. Du wirst es schon merken, wenn du gebraucht wirst.«

Seufzend schob Peck seine Haube zurecht und ging ins Haus. Hannibal blieb, wo er war, und wartete. Und wartete.

Kurz nach vier Uhr morgens gähnten Marcos und Sanchez, entfernten sich von dem Lagerfeuer und brachen dann auf dem Boden zusammen. Nun waren nur noch Gibbens, Swain und Bantu übrig, die noch fast eine Stunde sangen. Als Gibbens losging, um weiteres Feuerholz zu organisieren, verfiel Bantu in seinen Dialekt, und als Gibbens mit einem Armvoll Schreibtischholz zurückkehrte, hatte der Monolog des Afrikaners Swain eingeschläfert.

»Halt's Maul, Bantu!« schimpfte Gibbens, als er neuen Brennstoff nachlegte. »Niemand will dein Geplapper hören!«

Die Bemerkung beleidigte Bantu, und er sprang auf die Füße. Aber die plötzliche Bewegung war mehr, als sein Gleichgewicht vertragen konnte, und bevor er voller Wut die Faust gegen Gibbens erheben konnte, verlor er das Bewußtsein und brach neben Swain zusammen. Sein Gewehr landete im Lagerfeuer, und Gibbens mußte es mit dem Fuß wegschieben, damit keine der Kugeln im Ladestreifen explodierte.

»Verfluchter Emporkömmling!« schimpfte Gibbens in sich hinein. Er setzte sich vor das Feuer und nahm seine Flasche. Dabei konnte er Hannibal gut sehen, und er rief ihm zu: »Heh, du! Komm und trink einen mit mir!«

Hannibals Kopf war nach unten gebeugt, und er tat so, als schliefe er. Gibbens rief ihn wieder, gab dann auf und beschwichtigte sich mit ein paar Schlucken aus der Flasche. Mittlerweile zeichnete sich am Himmel die Morgendämmerung ab. Gibbens stierte ins Feuer, bis es ausging, leerte seine Flasche und schleuderte sie in die glimmende Asche.

»Ich will mehr!« heulte er, sprang auf und schwankte unsicher zu den aufgestapelten Kisten neben dem Lieferwagen. In dem Augenblick, als er Hannibal den Rücken zudrehte, um eine der Kisten zu öffnen, sprang Hannibal behende auf die Beine und schlich zu den Hecktüren. Seine Hand lag schon auf dem Türgriff, als Gibbens entdeckte, daß in der Kiste, die er aufgemacht hatte, ein alter Auspuff anstatt Tequila lag. »Verflucht noch mal! Was soll der Mist hier! Ich will Sprit, verdammt!«

Hannibal riß die Hecktür auf und rief: »Hörst du das, B. A.? Der Mann sagt, daß er Nachschub haben will. Wie wär's, wenn du dem armen Kerl aushilfst?«

Es krachte laut, als B. A. die improvisierte Wand aus dem Lieferwagen schleuderte. Dann sprang er nach draußen, Murdock und Amy kamen gleich nach. Gibbens glotzte ungläubig die Truppe an, die urplötzlich vor seinen Augen aufgetaucht war.

»Swain! Bantu!« brüllte er. »Marcos! Sanchez! Ihr Ärsche, wacht auf! Wir haben Besuch bekommen!«

Aber Gibbens hatte vergessen, seine Waffe zu den Kisten mitzunehmen, und es gelang Hannibal, ihn zu überwältigen, bevor er zur Feuerstelle zurücklaufen und sich wieder bewaffnen konnte. Hannibal duckte sich flink, und der Australier schlug ins Leere. Gibbens taumelte. Die beiden Männer landeten in den Kisten, und Gibbens' Hand entdeckte zufällig ein Radkreuz, mit dem er sich verteidigen wollte. Hannibal konterte mit einem alten Auspuffrohr, und die beiden Feinde trugen einen wilden Fechtkampf aus.

In der Zwischenzeit überholten Amy und Murdock die beiden kubanischen Brüder auf dem Weg zu ihren Waffen und zwangen Marcos und Sanchez, sich breitbeinig an die Seitenwand des Lieferwagens zu stellen. B. A. und Bantu fielen wie zwei Schwergewichtsringer übereinander her, rollten über den Boden und schlugen aufeinander ein, aber B. A. war im Vorteil, weil er nicht betrunken war. Die Schlagkraft seines Gegenübers ließ schnell nach, und ihre Auseinandersetzung endete damit, daß Bantu vor Schmerzen jammerte.

Peck führte die Nonnen auf die Vorderveranda des Waisenhauses, damit sie die letzten Schläge, mit denen sich Hannibal und Gibbens traktierten, beobachten konnten. Dem Australier gelang es, Hannibals Auspuffrohr in zwei Teile zu zerlegen, aber mit Hannibals Fußarbeit konnte er eben nicht mithalten. Hannibal, der sich auf Muhammed Alis Sparringbuch besann, zog eine Reihe Mätzchen ab und machte Gibbens mit seinen kunstvollen Ausweichmanövern und Rückzügen fertig. Schließlich ließ Gibbens seine Deckung eine Sekunde außer acht, und Hannibal konnte einen Karateschlag plazieren, der den Australier im Rumpf traf und zu Boden schickte. Murdock warf Hannibal eine Waffe zu, und der Kampf war offiziell vorbei. Als müßte dieser Sieg gefeiert werden, stieg im Osten die Sonne auf.

»In Ordnung, Kumpel«, sagte Hannibal keuchend, als er Gibbens auf die Füße stellte. »Hinten in den Lieferwagen mit dir, zusammen mit deinen Kollegen!«

Während die betrunkenen Verbrecher in den Lieferwagen getrieben wurden, stürmte Peck ins Waisenhaus und entledigte sich geschwind seiner Verkleidung – so schnell, wie Clark Kent sich in Superman verwandelt. Als Murdock dann endlich die Hecktüren vor den Nasen der Gefangenen schließen konnte, kam Peck zu ihnen. Salvador hatte er über die Schulter geworfen. Der Bandenführer schimpfte und trat mit den Füßen nach ihm, aber er war viel zu geschwächt, um sich aus Pecks demütigendem Griff zu befreien.

»Warte, Murdock!« rief Hannibal. »Sieht aus, als gäb's noch einen.«

»Dafür wirst du bezahlen!« warnte Salvador Peck, bevor er in den Laderaum geworfen wurde.

»Das weiß ich«, erwiderte Peck. »Meine Freunde setzen die einzelnen Beträge auf meine Rechnung. Aber einen Drecksack wie dich fertigzumachen, das ist es mir schon wert, das verspreche ich dir!«

Während das A-Team sich vorn in den Lieferwagen zwängte, boxte sich die Mutter Oberin durch die herumstehenden Nonnen und stürmte auf Hannibal zu. »Wer sind Sie?« wollte sie wissen. »Was tun Sie da?«

»Morgen, Schwester«, grüßte Hannibal freundlich. »Wir haben nur mal kurz vorbeigeschaut, um Ihren Müll abzuholen. Ich hoffe, es macht Ihnen nichts aus.« Er kletterte auf die hintere Stoßstange und hieb mit der Faust auf den Lieferwagen. B. A. startete den Motor ohne Probleme und fuhr langsam aus dem Hof. Hannibal winkte den Nonnen zu und rief: »Wir kommen in Kürze wieder und helfen Ihnen beim Aufräumen.«

Kapitel dreißig

Der Lieferwagen stotterte und protestierte jeden Zentimeter des Weges, aber B. A. schaffte es doch, ihn in die Berge zu jagen, vorbei an den vereinzelten Häusern und Farmparzellen, auf ein ausgedehntes, freies Gelände. Mittlerweile stand die Sonne hoch, trocknete die Spurrillen in den schlammigen Straßen und den Morgentau, der an den wilden Gräsern hing. Während der ganzen Fahrt stand Hannibal auf der hinteren Stoßstange und lehnte sich auf eine Seite, damit B. A. im Rückspiegel sehen konnte, wie er ihm zuwinkte.

»Ich glaube, das ist weit genug!« rief Hannibal. »Gönnen wir der Karre eine Verschnaufpause!«

»Ich halte an, aber den Motor stelle ich nicht ab«, rief B. A. über die Schulter. »Man weiß ja nie, ob er wieder anspringt!«

Nachdem der Lieferwagen zum Stehen gekommen war, sprang Hannibal auf den Boden und trat ein paar Schritte zurück. Er richtete sein Gewehr auf die Hecktüren, als Peck und Murdock nach hinten liefen und sie aufrissen.

»Raus mit euch!« wies Peck die Verbrecher an und spannte den Hahn seiner Pistole.

Mißmutig krochen die Gefangenen aus dem Fahrzeug. Die grellen Sonnenstrahlen veranlaßten sie, Grimassen zu schneiden. Mit blauen Flecken und einem grauenhaften Kater stellten sie im Augenblick keine große Bedrohung für das A-Team dar. Salvador mußte erst einmal alle Kraft zusammennehmen, damit er überhaupt aussteigen konnte. Swain und Gibbens halfen ihm. Er spuckte sie an, vertrieb sie mit einer lahmen Handbewegung und wütete: »Ihr stinkenden, betrunkenen Scheißkerle! Das ist nur eure Schuld! Wie konntet ihr nur so blöd sein!«

Die anderen wandten sich beschämt ab, als sich Salvador auf den Boden herunterließ. Mit stolzer Miene stand er einfach nur da. Obwohl er immer noch krank war, schien er sich über Nacht ein wenig erholt zu haben. Aber vielleicht lag es nur an seiner Wut, daß er sich aufrecht halten konnte.

»Das war's, Freunde«, sagte Hannibal zu Salvador und seinen Männern. »Die Party ist vorbei. Und damit ihr auch wißt, wieviel Spaß uns eure Gesellschaft gemacht hat, möchten wir, daß ihr uns ein paar Souvenire überlaßt. Ich will, daß ihr euch bis auf eure Unterhosen auszieht. Und zwar sofort!«

»Soll das ein Witz sein?« rief Swain.

Hannibal nahm seine Waffe und jagte ein paar Schüsse in den Schlamm vor Swains Füßen. »Falls ich scherze, dann sind das hier meine Pointen, und da fallen mir noch einige ein. Ich sagte, ihr sollt euch ausziehen!«

Während sich die Banditen widerwillig auszogen, wendete B. A. den Lieferwagen, damit er gleich wieder in Richtung Mission davonbrausen konnte. Murdock und Peck sammelten die Klamotten der Gefangenen ein und leerten die Taschen aus.

»Na, na, na«, sagte Peck, als er die dicken Geldbündel und die kostbaren Juwelen entdeckte, die in den Taschen der Männer versteckt waren. »Sieht aus, als ob ihr Jungs ziemlich geschäftig gewesen seid, bevor ihr untertauchen mußtet, hm? Ich denke, ich bin euch Dank schuldig, denn ich gehe davon aus, daß das hier reichen wird, um unsere Reisekosten zu minimieren. Was hältst du davon, Hannibal?«

»Die Beute gehört dem Gewinner«, sagte Hannibal. »Wie gewonnen, so zerronnen.«

»Macht euch nur lustig, solange ihr's noch könnt, Gringos«, schnaubte Salvador. »Wer zuletzt lacht, lacht am besten.«

»Vielleicht, aber wir werden's nicht hören.« Hannibal schloß die Türen und stieg auf die dicke Stoßstange, während Murdock und Peck wieder vorn einstiegen. Als B. A. schon den Hügel hinunterrollte, salutierte Hannibal spaßeshalber vor Salvador und seinen Männern und rief jovial: »Schönes Sonnenbad, Jungs! Ich denke, wenn ihr in die andere Richtung lauft, könntet ihr bis Sonnenuntergang die Grenze erreichen. Wie ich hörte, suchen sie im kolumbianischen Kit-Kat-Klub exotische Tänzer. Und ihr seid ja schon richtig dafür angezogen, ihr müßt nur noch die Schritte üben!«

Die unbekleideten Gauner fluchten, als der Lieferwagen wegfuhr. Dann ließen sie ihre Wut an sich selbst aus, schoben sich gegenseitig den Mangel an Wachsamkeit in die Schuhe, der sie ins Verderben geführt hatte.

Hannibal zündete sich eine Zigarre an und kletterte dann auf das Dach des Lieferwagens, wo er sich auf der Fahrt zur Mission ausstrecken konnte. Aber er lag noch nicht richtig, da hörte er schon ein seltsames Motorengeräusch. Und dann war es ganz plötzlich beängstigend still. Der Lieferwagen fuhr den Berg hinunter, aber die Bewegung resultierte mehr aus der Erdanziehungskraft. Mit Pferdestärken hatte das nichts mehr zu tun.

»Was ist denn?« erkundigte sich Hannibal.

»Der Motor hat den Geist aufgegeben, das ist los«, brüllte B. A.

zurück. Als der Wagen beschleunigte und ruckartig über die Spurrillen holperte, fügte B. A. mit einem Hauch Angst hinzu: »Und die Bremsen ebenfalls!«

»Wie charmant!« murmelte Hannibal und wappnete sich gegen das Unvermeidliche.

Glücklicherweise funktionierte die Steuerung des Lieferwagens noch, und B. A. gelang es, das Fahrzeug auf der Straße zu halten. In großem Bogen nahm er die Kurven, und auf geraden Strecken lenkte er mal in die eine, dann in die andere Richtung, in der Hoffnung, damit das Tempo zu vermindern.

»Die Handbremse!« rief Amy und zwängte sich zwischen Murdock und Peck, die auf dem Vordersitz saßen. »B. A., versuch es mit der Handbremse!«

»Daran hab' ich auch schon gedacht, aber es gibt keine!« klärte B. A. sie auf. »Und ein Schleudersitz existiert auch nicht. Wir haben Probleme!«

Der Lieferwagen war mehrmals kurz davor umzukippen, als er um die Kurven donnerte, und gerade als B. A. einen Frontalzusammenstoß mit einem Traktor hatte vermeiden können, fuhr ein anderes Fahrzeug eine Viertelmeile vor der Mission auf die Kreuzung. Jetzt waren sie wenigstens nicht mehr in den Bergen. Es ging immer weniger abwärts, und der Lieferwagen wurde langsamer. Als die Mission in Sichtweite kam, umklammerte B. A. das Lenkrad und rief: »Haltet euch fest. Ich fahre ins Feld, das wird unsere Geschwindigkeit abbremsen.«

Hannibal hielt sich hinten am Lieferwagen fest, während sich die anderen gegen das Armaturenbrett stemmten. B. A. verließ die Straße. Der Lastwagen pflügte sich durch das hüfthohe Gras, das neben der Mission wucherte. Und wie er gehofft hatte, beeinträchtigten das dichte Gras und das weiche Erdreich die Weiterfahrt des Wagens, und als er das Fahrzeug durch das Haupttor in den Hof lenkte, betrug ihre Geschwindigkeit weniger als fünf Meilen die Stunde. B. A. wich drei Nonnen aus, die im Freien standen, krachte dafür aber in die aufgestapelten Kisten, die in der vorangegangenen Nacht vom Lieferwagen abgeladen worden waren. Der Wagen blieb ein paar Meter vor dem Haupteingang des Waisenhauses stehen. Die Fahrgäste wurden kräftig durchgeschüttelt, waren aber nicht verletzt.

»Puh!« stöhnte Murdock und atmete tief durch. Er wandte sich B. A. zu und scherzte: »Ich kann nur eins sagen, du hast Nerven, daß du dich über meine Fliegerei beschwerst.«

»Halt die Klappe, Idiot!« brummte B. A. »Ich fahr' nur so, wenn ich unbedingt muß. Du fliegst wie ein Verrückter, weil es dir Spaß macht! Das ist ein Riesenunterschied!«

»Okay, hört jetzt auf, ihr beiden«, sagte Peck, öffnete seine Tür und stieg aus. »Wir sind noch ganz, nur das zählt.«

Als Hannibal auf den Boden sprang und um den Wagen ging, um sich den anderen anzuschließen, kam die Mutter Oberin mit großen Schritten auf sie zu. Auf ihrem Gesicht lag ein mißbilligender Ausdruck. »Sie haben hier etwas Grauenhaftes angestellt!« lautete ihre Beschuldigung.

»Tja, tut mir leid, Schwester«, entschuldigte sich Hannibal, »aber wir hatten mit dem Lieferwagen ein paar Probleme, und eine Bruchlandung war der einzige Ausweg, der uns noch blieb.«

»Davon spreche ich ja nicht. Ich meine das, was Sie mit diesen Männern angestellt haben. Sie mögen es ja gut gemeint haben, aber das war dennoch sehr dumm.«

Hannibal schaute Peck an, als könne er nicht glauben, was er gerade gehört hatte. »Dumm? Hat sie dumm gesagt?«

»Ja, dumm«, wiederholte die Nonne.

Hannibal schnippte die Zigarrenasche ab und blickte dann der Mutter Oberin fest in die Augen. »Lady, wir haben ein paar Drecksäcke weggebracht, die Ihnen in den letzten Wochen das Leben schwergemacht haben. Nun, wir haben keine Belohnung von Ihnen erhofft – vielleicht ein einfaches Dankeschön –, aber wir haben *nicht* erwartet, daß Sie uns als dumm bezeichnen.«

»Ich versichere Ihnen«, erwiderte die Nonne, »ein Dankeschön hätte ausgereicht, wenn Sie sie losgeworden wären, aber Sie haben sie nur beleidigt, und jetzt werden sie sich dafür rächen wollen. Und deshalb werden sie auch zurückkommen, das weiß ich.«

»Na, dann schaffen wir sie eben wieder weg«, schlug Peck vor. »Das sind doch nur sechs äußerst beschränkte Gesetzesbrecher. Und sie haben nicht mal mehr Waffen.«

»Im Moment haben sie nicht mal mehr Klamotten«, fügte Murdock hinzu.

»Aber sie haben Freunde«, gab die Mutter Oberin zu bedenken.

Das überraschte Hannibal sehr. »Freunde?« Er schaute Peck und Murdock an. »Ihr Typen seid doch drinnen gewesen. Wie kommt es, daß keiner von euch erwähnt hat, daß sie Freunde haben?«

»Ich höre zum ersten Mal davon«, verteidigte sich Peck.

Die ältere Nonne setzte zu einer Erklärung an. »Ich habe zufälligerweise gehört, wie sie in den letzten Nächten davon gesprochen haben, daß sie sich mit ihrer Verstärkung treffen wollen. Deshalb haben wir ja auch versucht, alles geheimzuhalten, soweit das möglich war, in der Hoffnung, daß ihre Kameraden sie nicht finden würden. Jetzt haben Sie sie wahrscheinlich an ihre Verbündeten überstellt.«

»Wie viele sind es?« fragte Hannibal. Plötzlich hatte er ein ganz flaues Gefühl im Magen. »Mit wie vielen Männern werden sie sich wohl zusammentun?«

Die Mutter Oberin sagte nichts, aber der besorgte Ausdruck in ihrem Gesicht sprach Bände.

»So viele, hm?« kommentierte Peck trocken.

Kapitel einunddreißig

Während des Frühstücks heckte das A-Team die nächsten Schritte aus. Sie mußten davon ausgehen, daß Salvador mit Verstärkung zurückkehrte, um sich an jedem in der Mission zu rächen, den er sich greifen konnte. Es war also selbstverständlich, daß sie die Nonnen und Kinder auf gar keinen Fall allein ließen.

»Unser Plan ›Trojanisches Pferd‹ war ein großartiger Angriff«, faßte Hannibal zusammen, »aber jetzt müssen wir uns langsam Gedanken über die Verteidigung machen. Das Spiel geht noch mal von vorn los.«

Das A-Team machte einen Rundgang durch die Mission und registrierte dabei alles mögliche, was eventuell als Waffe herhalten konnte. Dabei gingen sie immer wieder ihre Strategie durch – bis ins kleinste Detail. Schließlich war der Zeitpunkt gekommen, die praktischen Vorbereitungen zu treffen. Nachdem Amy bei B. A. einen Schnellkurs absolviert hatte, begann sie, ein Arsenal selbstgemachter Molotow-Cocktails herzustellen. Sie füllte Benzin und andere leicht entflammbare Flüssigkeiten in die leeren Weinflaschen und stopfte die Flaschenhälse mit Stoffetzen zu. Murdock blieb neben ihr stehen, um Amys improvisierte Bomben zu begutachten, hob eine der Flaschen auf und sog die Gasdämpfe ein, die trotz der Stoffkorken austraten.

»Hmmmm, ein guter Jahrgang, da bin ich sicher« – Murdock schnüffelte mit aristokratischem Elan – »aber das Bouquet läßt wahrlich zu wünschen übrig. Auch ein Körper von minderer Qualität, das muß ich schon sagen.«

»Er mag ja nicht gerade großartig schmecken, aber er kann einen umwerfen«, scherzte Amy. »Es wäre besser, wenn diese Flasche nicht in Hannibals Nähe gelangt, wenn er gerade eine seiner Zigarren qualmt.«

Murdock sammelte Bauholz und schleppte es zu der Hofecke,

in der Peck und Leslie ein paar Zimmererarbeiten ausführten. Bezeichnenderweise hielt Leslie die Waffen, während Peck sie an Vierkanthölzern befestigte, die wiederum an einer langen Latte angebracht wurden.

»Ich hab' noch mehr Vierkanthölzer gefunden und ein halbes Dutzend Holzdübel«, berichtete Murdock und legte seine Last ab. »Ich hoffe, daß das hinhaut.«

»Dann schauen wir doch mal nach.« Peck hob die lange Latte hoch und fixierte an ihrer Unterseite ein paar Holzdübel. Als er die Latte wieder ablegte, rollte sie auf den Dübeln ohne Schwierigkeiten hin und her. »Ja, das funktioniert blendend, Murdock. Gute Arbeit.«

Murdock trödelte noch ein paar Sekunden bei ihnen herum, bevor er merkte, daß Peck und Leslie darauf warteten, daß er verschwand. »Na, ist nicht die richtige Zeit für Müßiggang, Soldaten«, sagte er und trollte sich. »Ich seh' mal nach, was mein alter Kumpel B. A. so treibt.«

»Tu das«, sagte Peck.

B. A. schaute gerade die Kisten durch, in denen die Autoteile lagen, und prüfte die Belastungsfähigkeit einzelner gebrauchter Stoßdämpfer. Die Stoßdämpfer des Lieferwagens hatte er schon ausgebaut und an langen Holzpaneelen befestigt, die von den Kirchenbänken stammten. Ein paar Waisenkinder beobachteten ihn bei der Arbeit. Staunend verfolgten sie seine Bewegungen.

»B. A., alter Freund«, rief Murdock, als er auf ihn zu stolzierte. »Wie läuft's denn?«

»Wie *sieht* es denn deiner Meinung nach aus, Idiot?« antwortete B. A. mürrisch. »Das hier ist harte Arbeit. Irgendwie läuft es immer darauf raus, daß ich die harten Arbeiten erledigen muß.«

»Das liegt daran, daß du von uns allen der Härteste bist«, erklärte Murdock. »Du solltest dich geehrt fühlen.«

»Ha!« B. A. schüttelte den Kopf, zwang sich dann aber, seinen jugendlichen Bewunderern zuzulächeln. »Diese Kinder sind cool,

Mann! Die würden mich nicht zum Fliegen überreden, wenn ich's nicht will, und sie würden mich auch nicht einen schlechten Fahrer schimpfen, wenn ich sie vor einem Zusammenstoß mit einem Traktor bewahre!«

»Oh, immer noch sauer wegen dieser Sache? Ich habe schon gesagt, daß es mir leid tut.«

»Vergiß es!« Er deutete auf die falsche Wand, die sie für das Unternehmen ›Trojanisches Pferd‹ in den Lieferwagen gebaut hatten. »Bring das Ding zu Hannibal. Er sagt, daß er es braucht.«

Eingeschnappt schob Murdock die Unterlippe vor und begutachtete die Metallplatte, die seitlich am Lieferwagen lehnte. Doch bevor er sie hochhob, griff er in seine Tasche und holte seinen Lieblingsgolfball heraus. »Ich sage dir, G. B., du meinst, daß es beschissen ist, ein Golfball zu sein; wenn du wüßtest, wie es ist, ein Handlanger zu sein, würdest du dich nicht beschweren. Das ist nicht schön, G. B., gar nicht schön.«

Die Platte war so breit, daß Murdock sie kaum festhalten konnte. Unbeholfen mühte er sich mit dem Ding ab, war gezwungen, seitwärts zu gehen, damit er überhaupt sehen konnte, wohin er trat. Einige Kinder schauten ihm zu und liefen ihm lachend hinterher. Als er dann endlich die Veranda erreichte, wo Hannibal einen hölzernen Dachsparren an einen Bürodrehstuhl hämmerte, schwitzte und keuchte er vor lauter Anstrengung.

»Warum hast du sie allein hierhergebracht, Murdock?« fragte Hannibal und kam ihm zu Hilfe, um die Metallplatte auf den Dachbalken zu hieven.

»Wir alle müssen unser Kreuz tragen, wie die gute Schwester sagen würde. Ich trage meins, ohne zu klagen.«

»Ich bin beeindruckt«, gestand Hannibal. Er mußte sich gegen den Stuhl lehnen, um das zusätzliche Gewicht der Metallplatte auszugleichen. »Mal sehen, ob ich für dich nicht 'ne Medaille auftreiben kann, wenn wir all das hinter uns haben. In der Zwischenzeit könntest du mir aber dabei behilflich sein, das Gewicht so auf diesem Stuhl zu verlagern, daß ich darauf sitzen kann, ohne umzukippen.«

Hannibal und Murdock verrückten den Dachbalken und die Platte immer wieder, bis sie dann endlich so ausbalanciert waren, daß sie Hannibal als beweglicher Schutzschild dienen konnten. So konnte er auf dem Drehstuhl sitzen und durch die kleinen Schlitze in der Platte ein Gewehr abfeuern. Während Hannibal die Manövrierbarkeit der Konstruktion testete, kam die Mutter Oberin zum erstenmal seit dem Frühstück in den Hof und stieß vor lauter Schreck einen Schrei aus.

Murdock beobachtete, wie die Nonne auf ihn und Hannibal zustürmte. »Ich denke, es liegt wohl an den Kirchenbänken.«

Aber die Mutter Oberin erregte sich über Gravierenderes als über die Kirchenbänke, die zur Verteidigung der Mission verwendet wurden. »Das werde ich nicht hinnehmen!« keuchte sie und begutachtete das umfangreiche Munitionsarsenal, das das A-Team zusammengetragen hatte, während sie ein Schläfchen gehalten hatte. »Ich muß unschuldige Kinder schützen. Was haben Sie mit den Waffen und allem anderen vor, das Sie hier zusammenschrauben?«

»Wir haben vor, die bösen Jungs zu erschießen, wenn sie ihre häßlichen Gesichter zeigen«, erwiderte Hannibal gelassen. »So funktioniert dieser Plan, Schwester. Ich hoffe, daß Sie sich nicht einbilden, daß wir Spielzeugpistolen mit Weihwasser füllen und sie so zu vertreiben versuchen.«

»Ersparen Sie mir Ihre Blasphemie«, schimpfte die Nonne pikiert zurück. »Ich werde im Hofbereich kein Feuergefecht dulden, das ist zu gefährlich.«

»Sie und die anderen Nonnen werden sich zusammen mit den Kindern im Weinkeller verstecken, wenn das Theater losgeht«, erklärte Hannibal. »Was uns betrifft, wir brauchen diese Waffen und was uns sonst noch nutzen kann, falls sie durch das Tor kommen sollten... es sei denn, Sie haben noch ein paar Wunder in petto.«

Der Schlagabtausch zwischen Hannibal und der Mutter Oberin dauerte nur ein paar Minuten. Im Augenblick meldete sich keine der Parteien zu Wort, aber ihre gegensätzlichen Vorstellungen prallten dennoch aufeinander. Bevor einer von ihnen nachgeben oder die Differenzen vorantreiben konnte, gesellten sich Peck und Leslie dazu, die das mobile Gewehrgestell anschleppten.

»Colonel«, sagte Peck, »das Ding hier ist fertig und kann benutzt werden, aber ich habe festgestellt, daß wir es nicht dort raufbringen können, wie wir's vorgehabt haben, wegen des Daches.«

»Was stimmt mit dem Dach nicht?« erkundigte sich Hannibal.

»Es hat ein paar Löcher«, erklärte Leslie. »Wir waren gerade dabei, es zu reparieren, als Salvador und seine Männer auftauchten. Sie haben nicht zugelassen, daß wir es fertig reparieren, weil sie Angst hatten, wir würden, wenn wir erst einmal oben sind, um Hilfe rufen.«

Hannibal trat ein paar Schritte zurück, um das Dach besser in Augenschein nehmen zu können. »Haben Sie zufälligerweise Teer benutzt, um die Löcher zu stopfen?«

»Na klar«, sagte Leslie. »Man hat uns genug gespendet, um das ganze Dach neu zu machen, und es steht in einem der hinteren Zimmer, seit diese Männer gekommen sind.«

»Warum fragen Sie?« wollte die Mutter Oberin wissen. »Sie haben doch nicht vor, irgendeine Art Teerbomben herzustellen, oder etwa doch?«

»Nicht ganz«, sagte Hannibal und ließ seinen Blick über den Hofbereich vor dem Haupttor schweifen. »Schwester, haben Sie eine Ahnung von Baseball?«

»Wie bitte?«

»Baseball. Wissen Sie, was ein Ersatzwerfer ist?«

»Nein, nicht ganz.«

»Nun, ein Ersatzwerfer ist sozusagen ein Plan B, etwas, auf das man zurückgreifen kann, wenn man beim erstenmal keinen Erfolg hatte.«

Die Mutter Oberin runzelte die Stirn. Ihre Verwirrung steigerte sich zusehends. »Was hat das mit dem Teer zu tun?«

»Viel«, sagte Hannibal mit funkelnden Augen. »Ich denke, ich habe eine Möglichkeit gefunden, wie wir ein paar von unseren Problemen lösen können. Murdock, Peck, treibt diesen Teer auf. Solltet ihr über ein paar Schaufeln stolpern, könnt ihr die auch gleich mitbringen. Wir haben eine Menge zu erledigen.«

»Wir wollen doch nicht noch einen Tunnel graben, oder doch, Colonel?« fragte Murdock.

Hannibal schüttelte den Kopf. »Nein, Murdock, ich dachte an etwas, das mehr in Richtung eines großen Durchbruchs durch die Schützengrabenlinie geht.«

Die Mutter Oberin schnitt eine Grimasse und drehte sich auf dem Absatz um. »Ich werde beten.«

»Das ist gar keine schlechte Idee«, rief Hannibal ihr hinterher. »Und wenn Sie schon gerade dabei sind, dann sagen Sie doch bitte auch ein paar Worte für uns hier. Ich glaube, wir können sie brauchen.«

Kapitel zweiunddreißig

Bei der kriminellen Verstärkung, von der Salvador gesprochen hatte, handelte es sich um zwölf Männer, neben der das dreckige Dutzend wie eine Pfadfindertruppe aussah. Sie stammten wie Salvador aus Kuba, und vor gut einem Monat waren sie in Havanna losgezogen, nachdem sie Salvadors Nachricht erhalten hatten, daß er die Nase von kleinen Dingern, die er normalerweise drehte, voll hatte und nun eine kleine Armee zusammenstellen wollte, mit deren Hilfe er die Regierung einer der kleineren karibischen Inseln stürzen und ein Teilnehmer im Spiel um die Macht werden konnte. Die Kubaner sollten Salvadors ecuadorianische Gang in den Bergen vor Cayambe treffen. Dort wollten sie ihr Geschick bei Aufständen in den hiesigen Dörfern testen, bevor sie sich in die Karibik aufmachten. Da sie nicht wußten, daß ihr Anführer in einer Schießerei verletzt worden war, kurz nachdem er ihnen telegrafiert hatte, daß sie in den Süden kommen sollten, hatten die neuen Bandenmitglieder die malerische Route zum Treffpunkt als Reiseweg gewählt. Unterwegs hatten sie nicht weniger als zehn karibische Inseln terrorisiert, um sich schon mal auf den Krieg einzustellen. Ihre Spezialität war das Herausfischen der größten Drogendealer im jeweiligen Hafen. Sie nahmen ihnen ihr Hab und Gut ab, machten sich dann über den Seeweg davon und steuerten die nächste Insel an, um dort auf dieselbe Taktik zurückzugreifen. Als sie endlich Venezuela erreichten, hatten sie ein Vermögen zusammengerafft, das viel zu verführerisch war, als daß es bis nach Ecuador reichen konnte. Ein Teil der Beute wurde versoffen und verspielt, ein anderer Teil ging für die Bestechung von Zollbeamten drauf, und wieder ein Teil ging verloren, als die Männer eine Nacht in der kolumbianischen Hauptstadt Bogotá verbrachten und dort von einer Bande Straßenkinder überfallen wurden. Die Kinder raubten ihre Zimmer aus, während sich die Männer in einem Bordell vergnügten. Als sie schließlich die ecuadorianische Grenze überschritten, waren die Kubaner völlig abgebrannt und bedurften dringend eines Führers. Siebenundzwanzig Meilen vor Cayambe überfielen sie einen Lastwagen, der grüne Bananen geladen hatte. Den Lastwagen hatten sie immer noch – wie auch die Magenbeschwerden, die aus dem Verzehr von zu vielen grünen Bananen resultierten –, als das Schicksal ihnen hold war und sie an diesem Nachmittag auf ihren kränklichen Anführer und seine unbekleideten Kameraden stießen. Daraufhin überfielen sie erst einmal ein Bauernhaus, stahlen Klamotten, Lebensmittel und säurebindende Tabletten. Salvadors wiederbelebter Haufen machte sich sofort in Richtung Mission auf, die ihnen in der Tat eine nette Gelegenheit bot, ihre Frustrationen abzureagieren und die Kampftechniken zu erproben, die sie später einsetzen wollten, wenn sie ihr eigenes Inselreich übernahmen.

Kurz vor Einbruch der Nacht standen sie vor der Mission. Die Gebäude wirkten öde und verlassen, aber Salvador wußte es besser. Er beugte sich aus dem Beifahrerfenster des Lastwagens und brüllte: »Heh! Du hübsche Heiligkeit! Wir sind zurückgekehrt, um die Hunde zu zertreten, die es gewagt haben, uns zu demütigen! Ich weiß, daß sie da sind, ich kann sie riechen! Seien Sie gute Schwestern, und geben Sie uns, was wir wollen... dann machen wir uns vielleicht auf die Socken. Wenn nicht, brennen wir Ihre Kirche ab und zeigen Ihnen, wie böse wir wirklich sein können!«

In der Mission antwortete niemand. Salvador stieg vorsichtig aus dem Lastwagen und lehnte sich an den vorderen Kotflügel. Er bedeutete der Hälfte seiner Truppe, daß sie um die dicken Hofmauern laufen sollten. Er hoffte, daß sie durch den Hintereingang, den der Priester zweimal pro Woche benutzte, in die Mission gelangen konnten. Die anderen Männer bezogen vor dem Haupteingang Stellung und warteten mit Sanchez auf ein Zeichen von drinnen.

»Wir geben Ihnen noch eine Chance, Schwestern. Schicken Sie Ihre Freunde nach draußen, und Ihnen wird kein Leid geschehen, das verspreche ich!« Während er sprach, spannte Salvador den Hahn der Pistole, die er einem der neuen Männer abgenommen hatte. Er zählte bis zehn und feuerte dann hintereinander sechs Schuß in das dicke Holztor.

»Wir meinen es ernst!« rief Swain, als die Schüsse nichts bewirkten. Er wollte gerade eine Salve aus seinem automatischen Gewehr abgeben, als überraschend zwei Objekte über den Hofzaun auf sie zugeflogen kamen. Das waren die Molotow-Cocktails, die weit über ihr Ziel hinaus gingen, und nur einer von ihnen explodierte. Der Krieg war offiziell erklärt worden, und der Kampf hatte begonnen.

Hannibal hockte auf dem Pfarrhausdach in seinem veränderten

Drehstuhl. Er spähte durch die Schlitze in dem Schutzschild und wartete, bis er das Weiß in den Augen der Kubaner sehen konnte, dann feuerte er mit seinem Maschinengewehr. Die Kugeln demolierten die Wand dort, wo die Männer versuchten, in den Hof zu klettern. Da die Angreifer nicht die geringste Lust hatten, ihre Finger zu verlieren, ließen sie los, plumpsten auf den Boden und traten den Rückzug an. Die erste Offensive war gescheitert.

Swain nahm das Haupttor unter Beschuß. Er zielte genau in die Mitte und versuchte offensichtlich, den Holzbolzen zu durchlöchern, der als Torschloß fungierte. Bantu und Marcos stürmten immer wieder mit einem improvisierten Rammbock auf den Eingang zu, als ein zweiter Molotow-Cocktail über die Mauer auf sie zuflog. Sie warfen sich zu Boden, als die Flasche explodierte. Der Balken, den sie benutzt hatten, war nur noch Anmachholz.

Sanchez und drei weitere Männer versuchten sich an der rechten Wand neben der Kirche. Es gelang ihm, ein Seil über eine Wetterfahne zu werfen, die so stabil war, daß sie sein Gewicht halten konnte. Dann zog er sich seitlich an der Wand hoch. Oben angekommen spähte er in den Hof und sah, wie Amy neben dem Haupteingang wieder eine Feuerbombe anzündete. Nachdem er sich vergewissert hatte, daß ihn niemand entdeckt hatte, kletterte Sanchez auf der anderen Seite hinunter und ging hinter einem langen Gerüst in Deckung, während er seinen beiden Begleitern ein Zeichen gab, daß sie ihm leise folgen sollten. Aus seiner Perspektive konnte der Kubaner nicht erkennen, daß das Gerüst von einem Satz manipulierter Stoßdämpfer getragen wurde, die mit einer hydraulischen Pumpe verbunden waren. B. A., der sich in der Mülltonne der Mission versteckte, war bereit, zu handeln. Als alle drei Eindringlinge gleichzeitig auf dem Gerüst standen, setzte B. A. die Pumpe in Gang. Mit einem unglaublichen Ruck hüpfte das Gerüst in einem spitzen Winkel nach oben, wie ein breites Sprungbrett, auf das gerade jemand mit voller Wucht gesprungen war. Unter lautem Geschrei wurden Sanchez und seine Männer über die Mauer katapultiert. Ihre Arme wirbelten wild durch die Luft, bis der harte Boden ihrem freien Fall ein Ende machte.

Face betrieb eine ähnliche Falle an der gegenüberliegenden Mauer, und es gelang ihm, eine zweite Gruppe Männer zurückzutreiben, die versuchten, in den Hof zu kommen. In der Zwischenzeit bediente Murdock den breiten Holzbalken, auf dem die Gewehre fixiert waren. Er rollte ihn vor und zurück und zog an zwei gespannten Drähten, die mit den Abzugshähnen der Gewehre verbunden waren. Da sie alle gleichzeitig abgefeuert wurden, entstand der Eindruck, als ob sich eine ganze Kompanie auf dem Dach des Waisenhauses versammelt hätte. Da jedes der A-Team-Mitglieder genügend Munition hatte, die sie bei der Durchsuchung der Mission gefunden hatten, war es ihnen möglich, die wiederholten Versuche von Salvadors Männern, in die Mission zu gelangen, immer wieder abzuwehren. Ununterbrochen flogen Kugeln in beiden Richtungen durch die Luft. Der Höllenlärm des Schußgefechts und die Nachbeben der selbstgemachten Bomben hallten in dem Hof wider. Währenddessen näherte sich die Sonne langsam dem Horizont und drohte, dem Konflikt eine ganz neue Dimension zu verleihen.

Salvadors Frustration steigerte sich, als er merkte, daß immer mehr Männer, denen es nicht gelungen war, in die Mission einzudringen, zum Lastwagen zurückkehrten. Er versteckte sich immer noch hinter dem Kotflügel, zielte vergeblich auf das Haupttor und hoffte, daß er mit Hartnäckigkeit den Sieg davontragen konnte.

»Niemand hat es über die Mauer geschafft, Salvador! Die haben auch Verstärkung gekriegt, dessen bin ich mir sicher!«

»Pah!« Salvador spuckte auf den Boden. »Schon eher möglich, daß sich die Nonnen bewaffnet haben und euch jetzt wie kleine Kinder verjagen!«

»Das ist nicht wahr!« protestierte Marcos. »Wir sind mehrere Male über die Mauer geklettert und jedesmal zurückkatapultiert worden! Wir haben alles versucht!«

»Nicht alles!« Salvadors Blick fiel auf einen nicht gezündeten Molotow-Cocktail, der ein paar Schritte vom Lastwagen entfernt im weichen Gras lag. In seiner Verzweiflung wagte er sich von dem Kotflügel weg, schnappte sich die Bombe und zündete sie an. Dann warf er sie in die Mission zurück, bevor sie explodierte. Der Anführer hatte gut gezielt, denn die Feuerbombe ging neben dem Haupttor los, riß ein paar Löcher in das Holz und entflammte es. »Alle in den Lastwagen!« brüllte Salvador und kam schwerfällig auf die Beine. »Wir gehen vorn rein!«

Alle achtzehn Männer kletterten auf den Lastwagen, drängten sich in das Führerhäuschen oder hielten sich seitlich fest. Swain saß am Steuer, drückte aufs Gaspedal, ließ dann die Kupplung kommen und hielt mit voller Kraft auf die augenscheinlich schwächste Stelle im Tor zu. Der Lastwagen selbst wog schon mehrere Tonnen, und das zusätzliche Gewicht der Bande verstärkte den Aufprall noch. Das Tor zerbarst in brennende Holzsplitter.

Doch die Euphorie der Desperados hielt nicht lange an, denn kaum war der Lastwagen durch das Tor gebrochen, schoß er plötzlich einen kleinen Abhang hinunter – in einen See aus flüssigem Teer, der mit einer dünnen Schicht Dreck und Sägespänen getarnt gewesen war. Der Teer ergriff von dem Lastwagen Besitz, als handle es sich um einen Dinosaurier, der konserviert werden sollte, und als Swain aufs Gaspedal drückte, tauchte das Fahrzeug tiefer in das teergefüllte Loch ein.

Inzwischen hatte Hannibal seinen Drehstuhl weiter nach vorn geschleppt. Von dort aus hatte er einen guten Ausblick auf die Zwangslage der Gauner. Murdock, der neben ihm stand, lud seine Gewehre nach und richtete den Balken so aus, daß seine Waffen auf den Lastwagen zielten. B. A. und Peck flankierten das schachmatt gesetzte Fahrzeug. Beide waren mit einer M-16 bewaffnet. Amy hatte sich hinter die Mülltonne zurückgezogen.

»Ergebt euch!« rief Hannibal Salvador zu. »Sag deinen Männern, daß sie ihre Waffen zu uns herüberschmeißen sollen!«

Einer der Männer beschloß, einen Fluchtversuch zu riskieren. Er hielt sich seitlich am Lastwagen fest und setzte zu einem Sprung an. Beinah wäre es ihm gelungen, die Teergrube zu überspringen. Aber beinah war eben nicht gut genug, und nur wenige Sekunden später stand er knietief in der schwarzen Pampe.

»Will sonst noch jemand sein Glück versuchen?« höhnte Peck.

Irgend jemand versuchte, auf Peck zu schießen, und Hannibal traf prompt den Unterarm des Mannes, der ebenfalls im Teer landete.

Mittlerweile waren die Desperados mehr als überzeugt. Einer nach dem anderen warf seine Waffe weg, und dann warteten sie schweigend auf die letzten Demütigungen ihrer Gefangennahme.

»Das war's, Jungs«, rief Hannibal, erhob sich von dem Drehstuhl und kletterte eine Leiter in den Hof hinunter. Er steckte den Kopf kurz in das Waisenhaus, meldete, daß die Nonnen und Kinder nichts mehr zu befürchten hatten und aus dem Weinkeller heraufkommen konnten. Dann ging er auf die Teergrube zu. »Ihr habt die Wahl. Ihr könnt hierbleiben, bis die *Federales* auftauchen und euch aus dem Land werfen, oder ihr könnt euch den Kopf über die Fluchtmöglichkeiten zerbrechen und als Fossile in dieser Teergrube enden. Denkt in Ruhe darüber nach. Ihr werdet von bewaffneten Wachen beaufsichtigt, bis ihr verschwunden seid, auf die eine oder andere Weise.«

Weniger als die Hälfte der Kriminellen verstand Englisch, aber sie alle kannten die Sprache, die Pecks und B. A.s M-16 sprachen, und sie wollten nicht hören, wie die Waffen sich zu Wort meldeten. Sie blieben, wo sie waren.

Schließlich tauchte die Mutter Oberin im Türrahmen des Waisenhauses auf und betrachtete die Verwüstung, die sich in Grenzen hielt und zur Festnahme ihrer Peiniger geführt hatte.

»Nun, Mutter Oberin«, sagte Hannibal, der ihr kaum verborgenes Staunen bemerkte, »sieht nicht sehr schlimm aus, was?«

Die Nonne mußte eine Zeitlang nachdenken, bevor sie die richtigen Worte fand. Sie verabscheute die Mittel, mit denen die Mission die Renegaten losgeworden war, noch immer.

»Der Herr ist mit uns gewesen«, räumte sie schließlich ein.

»Das mag wahr sein, aber *ich* habe den Plan für die Ergreifung dieser Burschen ausgeheckt«, erinnerte Hannibal sie.

»Unter der großzügigen Anleitung des Herrn«, klärte die Nonne ihn auf. »Er hat ja doch dafür gesorgt, daß wir den Teer hatten.«

»Ich will mich nicht mit Ihnen streiten, Madame«, sagte Hannibal. »Sie können sich jetzt wieder dem widmen, was Sie am besten können, ohne gezwungen zu sein, wegen ein paar angetrunkener Gauner in Angst und Schrecken zu leben.«

Die Mutter Oberin betrachtete den kunterbunten Haufen, der sich in ihrem Hof versammelt hatte, und versuchte, das A-Team und die Halsabschneider, die sie gefangengenommen hatten, auseinanderzuhalten. Kurze Zeit später zuckte sie mit den Schultern und drehte sich um, um wieder nach drinnen zu gehen. Als sie im Türrahmen stand, hielt sie inne und schaute noch einmal zu Hannibal zurück.

»Ich danke Ihnen«, lautete ihre schlichte Botschaft.

Hannibal nickte und schenkte der Nonne ein breites Grinsen. »Ist doch gern geschehen.«

Kapitel dreiunddreißig

Als die *Federales* aufgrund eines anonymen Telefonanrufs am Hintereingang von Santa Maria eintrafen, entdeckten sie Salvador und seine Männer, die geknebelt und dicht aneinandergebunden vor den Toren saßen. Man mußte sie nur noch in einem Lastwagen verstauen und wegfahren. Der diensthabende Offizier, der für die Ergreifung verantwortlich war, fragte die Mutter Oberin, wie es zu der Gefangennahme der Männer gekommen war, aber die Nonne bedachte ihn nur mit einer vagen Antwort und stützte sich auf die alte Redewendung, daß der Herr manchmal seltsame Wege geht. Das A-Team, das nicht daran interessiert war, den eigenen außergesetzlichen Status ins Scheinwerferlicht zu rücken, gab sich damit zufrieden, sich auf dem Dach zu verstecken, von wo aus sie die Gefangenen bis zum Eintreffen der hiesigen Behörden bewacht hatten. Nachdem Salvadors Bande weggebracht worden war, stiegen die Amerikaner vom Dach und bekamen das aufwendigste Mahl vorgesetzt, das mit dem Lebensmittelvorrat der Mission zubereitet werden konnte. Nach der Feier begab sich das Team zu den improvisierten Betten und fiel in einen tiefen, längst überfälligen Schlaf.

Am nächsten Morgen klopfte Amy an die Zimmertür, hinter der Hannibal und Murdock laut schnarchten.

»Ein neuer Tag hat begonnen, Jungs«, rief sie fröhlich.

Hannibal und Murdock stöhnten, verabschiedeten sich von ihren Träumen und ließen sich wieder auf die reale Welt ein. Hannibal bemerkte als erster, daß das dritte Bett im Zimmer leer war. »Wo ist B. A.?« fragte er gähnend.

»Ich weiß nicht«, sagte Amy. »Als ich aufgestanden bin, war er schon weg. Er hat unseren Lieferwagen mitgenommen.«

»Und wo ist Face?«

»Läuft draußen im Hof auf und ab. Es ist nicht leicht, in eine Nonne verliebt zu sein.«

»Woher soll ich das wissen?« brummte Hannibal, setzte sich in seinem Bett auf und streckte sich. Er sah sich im Zimmer um und beobachtete, wie Murdock seinen Golfball unter dem Kopfkissen hervorzog. »Was hast du vor, Murdock, versuchst du, eine Patin für deine Befreiungsarmee aufzutreiben?«

»Ich halte G. B. nur warm«, verteidigte sich Murdock und rieb den Ball an seinem Hemd, bevor er ihn in seiner Tasche verstaute. »Er ist ja schließlich nicht an dieses Klima gewöhnt.«

Im Haus war es still, aber im Hof spielten die Kinder. Amy, Murdock und Hannibal gingen nach draußen und stolperten über die Mutter Oberin, die die Kinder hütete und darauf achtete, daß sie nicht zu nah an der Teergrube spielten.

»Ein großer Teil des Teers kann noch für die Reparatur des Dachs verwendet werden, Schwester«, meinte Hannibal. »Wir würden ja dableiben und Ihnen helfen, aber wir haben uns hier schon länger aufgehalten, als wir's uns erlauben können.«

»Das geht schon in Ordnung. Ich habe veranlaßt, daß ein paar Männer herkommen und uns zur Hand gehen«, sagte die Mutter Oberin. »Falls Sie sich erinnern, für die Ergreifung dieser Kriminellen hat es eine Belohnung gegeben. Ich möchte nur so viel, um hier alles wieder in Ordnung zu bringen, den Rest können Sie haben.«

»Wir denken nicht im Traum daran«, sagte Hannibal.

Alle vier Personen schwiegen und schauten dem Spiel der Kinder zu. »Es tut gut, die Kinder wieder lachen zu hören. Eine Zeitlang dachte ich, daß ich es nie wieder hören würde«, seufzte die Mutter Oberin.

»Mutter Oberin, ich glaube nicht, daß Sie in nächster Zeit wieder Verbrecher beherbergen müssen«, sagte Hannibal. »Wenn Sie wieder Probleme haben sollten, dann wissen Sie ja, wo Sie uns erreichen können.«

»Tja, die Geschichten, die sich um Sie ranken, sind ziemlich ...«

»Das ist alles ziemlich langweilig«, behauptete Murdock. »Das ist nicht der Stoff, aus dem Evangelien gemacht werden.«

»Wenn Sie eine Beichte ablegen möchten«, bot die Nonne an, »Pater Lopez kommt heute nachmittag her.«

»Danke, Mutter Oberin«, sagte Amy, »aber ich denke nicht, daß wir seine Zeit in Anspruch nehmen möchten.«

Hannibal sah sich im Hof um, konnte Peck aber nicht entdekken. »Heh, Amy, ich dachte, du hättest gesagt, daß Face hier draußen ist.«

»Er ist in die Kirche gegangen«, erklärte die Mutter Oberin. »Ich glaube, Schwester Theresa betet dort. Sie kennen sich, nicht wahr?«

»Ja, ich denke, so könnte man es nennen«, murmelte Hannibal.

Eine Reihe Fehlzündungen lenkte ihre Aufmerksamkeit auf das Haupttor, durch das B. A. gerade fuhr – mit dem alten Bel-Air. Er drückte auf die Hupe, wich der Teergrube aus und blieb vor den anderen stehen. »Los! Hauen wir ab! Wir sind schon spät dran!« rief er.

»Wieso spät?« fragte Amy.

»Das Boot legt um Punkt zwei Uhr ab«, sagte B. A. »Wir müssen ein paar Stunden fahren, bis wir dort sind!«

»Das Boot?« staunte Hannibal.

»Richtig, Bruder!« rief B. A. grinsend. »Diesmal hat sich B. A. Baracus um den Transport gekümmert. Es kostet zwar fast soviel, wie wir diesen miesen Typen abgenommen haben, aber für Essen und so ist noch was übrig. Wird 'ne nette Kreuzfahrt! Diesmal kommt dieses blöde Herumgefliege nicht in die Tüte!«

»Du hast unser ganzes Geld für Bootspassagen ausgegeben?« keuchte Murdock. »O Mann, wir werden nicht nur drei volle Wochen brauchen, bis wir wieder in den Staaten sind, nein, die Golfball-Befreiungsarmee ist auch noch um das Geld gekommen, das man ihr zugesprochen hat.«

»Was für Geld, Idiot?« grollte B. A. »Ich spende deinen verdammten Golfbällen keine Kohle, Mann!«

Die Mutter Oberin entschuldigte sich und gesellte sich zu den Kindern, während Murdock und B. A. sich weiter über die Angelegenheit stritten. Amy und Hannibal hielten sich raus, verfolgten die Auseinandersetzung aber mit distanziertem Vergnügen.

»Weißt du, Amy, eine nette Ozeankreuzfahrt muß ja gar nicht so übel sein«, sagte Hannibal. »Ich denke, es ist besser, wenn ich Face hole. Würde mir gar nicht gefallen, wenn wir... nachher auf dem falschen Dampfer sitzen, wie man so schön sagt.«

»Aua.« Amy verzog die Miene bei diesem Wortspiel.

Auf der gegenüberliegenden Hofseite trat Peck leise in das Vestibül der Missionskirche. Leslie war in einer der vorderen Kirchenbankreihen und betete stehend einen Rosenkranz. Als sie Peck bemerkte, lächelte sie ihm verlegen zu.

»Ich hoffe, du legst für mich ein gutes Wort ein«, sagte er.

»Das mache ich immer«, antwortete Leslie. »Das habe ich dir schon gesagt.«

Sie standen eine Zeitlang schweigend nebeneinander. Beide fühlten die unausgesprochene Spannung, die entsteht, wenn sich zwei Menschen, die sich sehr nah sind, verabschieden möchten. Schließlich griff Peck in seine Tasche und zog das kleine Schmuckkästchen heraus, in dem seine Verbindungsnadel lag. Er nahm die Nadel heraus, streckte sie Leslie entgegen. »Ich weiß, daß es ein bißchen blöd ist, aber ich würde mir wirklich wünschen, daß du sie behältst.«

Leslie nahm die Nadel, ihre Finger umschlossen sie fest. »Ich danke dir. Ich werde sie in Ehren halten.«

»Du hattest recht, Leslie«, sagte Peck. »Wenn du mir vor fünfzehn Jahren gesagt hättest, daß du Nonne werden willst – ich glaube, ich hätte es nicht akzeptiert. Dann hätte ich mich von dir verabschieden müssen… und jetzt erst erkenne ich, wie schwer mir das fällt.«

»Dann sag eben nicht Lebewohl«, schlug Leslie vor. »Außerdem bedeutet das Wort normalerweise, daß jemand geht.«

Peck war einen Augenblick äußerst verwirrt. »Aber jemand *geht* tatsächlich«, sagte er. »Ich.«

Leslies Lächeln war voller Wärme, als sie den Kopf schüttelte. »Nein, Templeton. Für mich nicht. Für mich bist du immer hier. Und das wirst du auch immer sein. In meinen Gedanken und in meinem Herzen.«

Die beiden umarmten sich kurz. In dieser Umarmung lag genau das Quentchen Intimität, das unter diesen Umständen erlaubt war. Dann ertönte Hannibals Stimme hinter ihnen. Leslie und Peck lösten ihre Umarmung.

»Face...«

Peck trat einen Schritt von Leslie weg. »Mein Kommandant ruft.«

Leslie nickte und blieb in dem Vestibül, während Peck sich umdrehte und wegging. Doch bevor er durch die Tür ging, rief sie ihm nach: »Templeton...«

Face blieb im Türrahmen stehen und schaute sich um.

»Gott schütze dich«, sagte Leslie.

»Danke«, lautete Pecks schlichte Antwort. Dann verließ er die Kirche.

Hannibal bemerkte den verkniffenen Gesichtsausdruck seines Partners. »Bist du in Ordnung?«

»Ja«, sagte Peck, wich Hannibals Blick aus und marschierte an ihm vorbei. »Laß uns von hier verschwinden.«

»Richtig«, sagte Hannibal. »Wir sind schon unterwegs.«

Knight Rider

Glen A. Larson/Roger Hill
Gewagtes Spiel
23772

Glen A. Larson/Roger Hill
Tödliches Vertrauen
23773

Glen A. Larson/Roger Hill
Ein hochkarätiger Killer
23775

Glen A. Larson/Roger Hill
David gegen Goliath
23776

GOLDMANN